Wissen

Historische Einführungen

Herausgegeben von Frank Bösch, Angelika Epple, Barbara Potthast, Susanne Rau, Hedwig Röckelein, Gerd Schwerhoff und Beate Wagner-Hasel

Band 19

Die *Historischen Einführungen* wenden sich an Studierende aller Semester, an Examenskandidaten, Doktoranden und Dozenten. Jeder Band gibt einen Überblick über wichtige, innovative Arbeits- und Themenfelder der Geschichtswissenschaft und methodisch-theoretisch Zugänge, die in jüngerer Zeit in das Blickfeld der Forschung gerückt sind und die im Studium als Seminarthemen angeboten werden. Der Schwerpunkt liegt dabei auf sozial- und kulturgeschichtlichen Themen und Fragestellungen.

Marian Füssel ist Professor für die Geschichte der Frühen Neuzeit unter besonderer Berücksichtigung der Wissenschaftsgeschichte an der Universität Göttingen.

Marian Füssel

Wissen

Konzepte – Praktiken – Prozesse

Campus Verlag
Frankfurt/New York

Unter *http://www.campus.de/spezial/historische-einfuehrungen* finden Sie zu diesem Band kostenlos nützliche Ergänzungen für Studium und Lehre sowie zahlreiche kommentierte Text- und Bildquellen, auf die im Buch das Symbol verweist.

ISBN 978-3-593-51417-8 Print
ISBN 978-3-593-44821-3 E-Book (PDF)
ISBN 978-3-593-44822-0 E-Book (EPUB)

Umschlaggestaltung: Guido Klütsch, Köln
Umschlagmotiv: »Der Bibliothekar« (Kupferstich nach einem Gemälde von Giuseppe Arcimboldo; aus: Georg Philipp Harsdörffer, »Frauenzimmer Gesprechspiele / … durch einen Mitgenossen der Fruchtbringenden Gesellschaft, Zweyter Theil: Zusambt einer Zugabe überschrieben Das Schauspiel teutscher Sprichwörter«, Nürnberg 1657, S. 311) © Herzog August Bibliothek Wolfenbüttel
Satz: publish4you, Roßleben-Wiehe
Gesetzt aus der Garamond Premier und der The Sans
Druck und Bindung: Beltz Grafische Betriebe GmbH, Bad Langensalza
Beltz Grafische Betriebe GmbH sind ein klimaneutrales Unternehmen (ID 15985-2104-1001).
Printed in Germany

www.campus.de

Inhalt

Einleitung: Was ist Wissen?

Wer sich wissenschaftlich mit der Kategorie »Wissen« befasst, stößt schnell auf eine scheinbar paradoxe Situation. Wissen ist allgegenwärtig. Jeder Mensch verfügt über Wissen, allerdings in höchst ungleichem Maß. Sowohl in den Fragen, was wir wissen, als auch in jenen, wieviel wir wissen, unterscheiden wir uns erheblich voneinander. Auch leben wohl die meisten Menschen mit der Vorstellung, zumindest ein rudimentäres Verständnis davon zu besitzen, was Wissen ist bzw. dass es etwas gibt, was diesen Begriff verdient. Wissen ist menschlich konstruiert, aber deswegen noch keine reine Fiktion, obwohl es zweifellos wirkmächtige Wissensfiktionen gibt. Je mehr wir nun aber versuchen, den Begriff des Wissens definitorisch einzukreisen, desto mehr scheint er sich jeder Definition zu entziehen. Und hat man doch eine Definition gefunden, so wird es schwierig sein, darüber einen breiten Konsens zu erzielen. Denn je nach wissenschaftlicher Disziplin, Beruf oder kulturellem Hintergrund kann sich das, was als Wissen gelten kann, wieder massiv unterscheiden.

Angesichts solcher definitorischen Probleme mag es zunächst erstaunen, dass die Geschichte des Wissens ein seit einigen Jahrzehnten weltweit stark prosperierendes Forschungsfeld darstellt. Ihre offensichtliche Attraktivität bezieht die Wissensgeschichte jedoch nicht primär aus dieser *fuzziness*, obgleich diese zweifellos die interdisziplinäre Anschlussfähigkeit erhöhen mag, sondern daraus, dass Wissen eine gesellschaftlich hoch relevante Ressource darstellt. Wissen ist ein einflussreicher ökonomischer Faktor, wissenschaftliche Expertise angesichts etwa einer Pandemie unverzichtbar für das Überleben. Wissenschaftliche Weltdeutungen sind zugleich fortwährenden Infragestellungen und Leugnungen ausgesetzt. All dies sind jedoch keine völlig neuen Phänomene, sondern sie haben selbst eine lange Geschichte. Die zentralen Fragen der Gegenwart steuern damit immer zugleich unsere Fragen an die Vergangenheit.

Die folgende Einführung in die Geschichte des Wissens widmet sich nicht den Inhalten des *Wichtigste[n] Wissen[s]* (Fischer 2020), sondern der Art und Weise seiner historischen Erforschung. So ist zwischen dem Wissen in der Geschichte als Gegenstand und den Ansätzen seiner Erforschung zu unterscheiden. Die Geschichte des Wissens kann sowohl aus der Perspektive der Wissenschaftsgeschichte als auch der einer Wissensgeschichte betrachtet werden. Ein Großteil der in dieser Einführung vorgestellten Forschungen lässt sich bereits rein formal zweifellos der Wissenschaftsgeschichte zuordnen; ein Auseinanderdividieren in wissens- und wissenschaftshistorische Studien wäre weder sinnvoll noch praktikabel. Wissenschaftsgeschichte und Wissensgeschichte können nebeneinander existieren und profitieren wahrscheinlich mehr von einem Austausch zwischen noch unterscheidbaren Partnern als von einer Nivellierung. »Verzahnung, nicht Verschmelzung« hat Hans-Jörg Rheinberger treffend zur Devise gemacht (Rheinberger 2003: 13).

Im Vergleich zur Wissenschaftsgeschichte ist die Wissensgeschichte trotz manch älterer Vorläufer ein vergleichsweise junger, aber von raschem Wachstum geprägter interdisziplinärer Forschungsansatz der historischen Kulturwissenschaften. Die vorliegende Darstellung versteht sich als problemorientierte Einführung in die Geschichte des Wissens, die kein enzyklopädisches Kompendium bieten kann und will, sondern einen Überblick über wesentliche Diskussionen und exemplarische Forschungen, die in den letzten fünfzig Jahren sowohl unter dem Begriff der Wissensgeschichte (*histoire des savoirs, history of knowledge*) als auch in der Wissenschaftsgeschichte verhandelt worden sind. Wenn die Forschungen der Wissensgeschichte eine gemeinsame Signatur aufweisen, dann ist es die einer zunehmenden Entgrenzung. Erweitert hat sich aus Perspektive der Wissenshistoriker:innen u. a. der Kreis der Akteure (nicht nur Gelehrte, sondern auch Praktiker), der Orte (nicht nur Universitäten, sondern auch Handwerksbetriebe), der geographischen Räume (nicht nur Europa, sondern globale Zirkulation), der Praktiken (nicht nur experimentieren, sondern auch sammeln) und der Objekte (nicht nur Texte, sondern auch Instrumente).

Eine Einführung in die Geschichte des Wissens sieht sich zunächst mit der Herausforderung einer Präzisierung ihrer Begrifflichkeiten konfrontiert: Was *ist* Wissen? So lautet die schwer zu beantwortende Ausgangsfrage, deren mögliche Antworten man sich aus der Philosophie und Soziologie holen kann. Ein philosophisches Verständnis von Wissen als »wahrer, gerechtfertigter Meinung« hat sich in der historischen Forschung allerdings kaum etabliert (Ernst 2002; Hardy 2004) und steht erkenntnistheoretisch seit langem in der Kritik (Gettier 1963 [2019]).

Edmund Gettier und die Frage »Ist gerechtfertigte, wahre Überzeugung Wissen?«

Die Definition von Wissen als »wahrer gerechtfertigter Meinung« hat Anfang der 1960er Jahre eine berühmte Widerlegung durch den amerikanischen Philosophen Edmund L. Gettier (1927–2021) erfahren. Gettier arbeitete zu dieser Zeit an der Wayne State University in Detroit, als die Frage seiner entfristeten Anstellung (*tenure*) virulent wurde. Ohne eine einzige vorweisbare Publikation schien diese fraglich, und seine Kollegen drängten ihn zu einer Veröffentlichung. 1963 publizierte Gettier daher in der Zeitschrift *Analysis* einen drei Seiten umfassenden Aufsatz zur Frage »Ist gerechtfertigte, wahre Meinung Wissen?« (Gettier 1963/2019). Hinzukommen sollten später nur noch eine Rezension und ein lediglich auf Spanisch publizierter Text. Der Aufsatz Gettiers wurde zu einem Klassiker der Erkenntnistheorie, und man sprach fortan wie selbstverständlich von Gettier-Fällen oder Gettier-Problemen. Ein Gettier-Fall tritt auf, wenn jemand eine gerechtfertigte, wahre Überzeugung hat, aber kein Wissen. Die Argumentationslogik Gettiers konstruiert Fälle des Typs einer Beispielkette »S weiß, dass P«, wenn (i), (ii) und (iii) jeweils als wahr oder gerechtfertigt der Fall ist, bevor er sie dann einen nach dem anderen formal widerlegt.

Die Wissenssoziologie, die Wissen als »Handlungsvermögen« begreift, hat zwar einen wichtigen Einfluss auf die Wissensgeschichte, teilt aber nicht notwendig deren Drang zur Historisierung (Stehr/Adolf 2018). So kann Wissen etwa als »die Kapazität eines einzelnen Handelnden oder einer Gruppe« verstanden werden, »Probleme zu lösen und entsprechende Handlungen geistig vorwegzunehmen oder auszuführen« (Renn 2020: 426).

Die Frage der Wissensgeschichte lautet: Was *war* Wissen? Die Antwort ergibt sich dann aus den jeweiligen Quellen und dem Zeithorizont. Wissen war das, was die Zeitgenossen für Wissen hielten (Mulsow 2019). Ein Vorteil ist, dass wir diese Wissensbestimmungen in der historischen Rückschau als abgeschlossene, wenn auch weiter fortwirkende Prozesse in den Blick nehmen können, ohne einen Konsens mit den Zeitgenossen zu suchen. Das hat zur Konsequenz, dass, obgleich spätere Generationen Glaubens- und Wissenssysteme strikt zu trennen suchten (Sarasin 2011), wissenshistorisch auch »religiöses Wissen« rückblickend als Wissen erforscht werden kann (Pahl 2006; Holzem 2013; Dürr 2019). Diese Strategie stößt allerdings an ihre Grenzen, denn einerseits erfassen historische Begriffe nie alle Wissenspraktiken der Zeitgenossen, andererseits wird der interepochale Vergleich durch epochenspezifische Begriffe erschwert. Zudem kann es moralisch bedenklich werden, wenn jeder historische Anspruch auf Wissenschaftlichkeit fraglos hingenommen würde, wie etwa die Beschäftigung mit der Wissenschaft in totalitären Systemen zeigen wird. Historiker:innen können also weder eine »Reise« unternehmen, auf die man sich ohne »konzeptuelles Gepäck« der eigenen Gegenwart begibt, in der »Hoffnung aufzusammeln, was die historischen Akteure zurückgelassen haben, noch eine Reise mit einer ›one-size-fits-all‹ Takelage« (Renn 2020: 11). In der Vergangenheit war die Frage, was als Wissen gelten kann, nicht weniger umstritten als in der Gegenwart. So führte die Konkurrenz der Definitionen schon früh zu diversen terminologischen Differenzierungen von Wissensformen.

Wissensformen

Im antiken Griechenland unterschied man zwischen *techne* (dem erlernten Wissen etwa des Handwerks), *episteme* (das Wissen von etwas, aber auch (Er)-Kenntnis), *gnosis* als Erkenntnis, *praxis* (als mit seinem Zweck identisches Handeln) und *phronesis* (als eine Verständigkeit bzw. Gesinnung), *sophia* als Weisheit, während *metis* eine Form der Klugheit bezeichnete (Vernant 1973). Im Lateinischen wiederum wurde unterschieden zwischen *ars* (wissen wie; *know how*), *scientia* (wissen, dass) und *sapientia* (Weisheit) (Burke 2016: 8; Meißner 1999: 12–15; vgl. hierzu auch die Quelle 4 unter

www.campus.de). Das Arabische kannte die *episteme* als *'ilm*, *gnosis* als *ma'rifah* und *sapientia* als *hikma*, während die chinesische Kultur nicht nur *zhīshí* als allgemeines Wissen von *shixue* als Fertigkeit im Sinne von Knowhow unterscheidet, sondern u. a. *chángshi* als Art des common-sense, *xuewen* für Schrift bzw. lernen oder *mijue* als geheimes Knowhow. Im Deutschen steht Wissen in der begrifflichen Nachbarschaft zur davon unterschiedenen Erkenntnis, ähnlich wie sich im Französischen *connaissance* zu *savoir* und im Italienischen *conoscenza* zu *sapere* als Kenntnisse im Gegensatz zum Können verhalten, während das Englische beide Ebenen in *knowledge* vereint (Knoblauch 2010: 13).

Geltung

Erhebliche Dynamik für die konzeptionelle Problematisierung der Kategorie Wissen ging in der Mitte der 1960er Jahre von der Historischen Epistemologie und der Wissenssoziologie aus. So ist Michel Foucault mit Büchern wie der *Archäologie des Wissens* (1969) oder *Der Wille zum Wissen* (1976) zu einem der Gründerväter einer interdisziplinären Wissensgeschichte geworden. Foucaults Definition von Wissen als Gesamtheit der »Erkenntnisverfahren und -wirkungen [...], die in einem bestimmten Moment und in einem bestimmten Gebiet akzeptabel sind« (Foucault 1992: 32), erweist sich jedoch als recht weit. Er situiert das Wissen in Raum und Zeit und verweist mit dem Wort »akzeptabel« auf die Frage der Geltung. Foucaults Verständnis von Wissen rückt die Geschichtlichkeit des Wissensbegriffs in den Mittelpunkt. Es stellt sich also die Aufgabe, in den historischen Antworten immer auch kontextualisierende Erklärungen zur Reichweite dessen zu liefern, was als Wissen galt.

Geltung kann als eine Art Schlüsselbegriff der gängigen Definitionsversuche von Wissen identifiziert werden (Kaiser u. a. 2020). Die Wissenssoziologen Peter L. Berger und Thomas Luckmann hinterfragten zur gleichen Zeit die »gesellschaftliche Konstruktion der Wirklichkeit« und definierten Wissen als »die Gewißheit, daß Phänomene wirklich sind und bestimmbare Eigenschaften haben« (Berger/Luckmann 1969: 1). Zur Aufgabe der Wissenssoziologie wurde damit die Beschäftigung mit allem, »was in der Gesellschaft als ›Wissen‹ gilt«.

In jüngerer Zeit ist der Historiker Achim Landwehr Foucault und Berger-Luckmann gefolgt, wenn er Wissen definiert als »ein Ensemble von Ideen [...], das Objekte mit bestimmten Eigenschaften versieht und von einer sozialen Gruppe als gültig und real anerkannt wird« (Landwehr 2002: 71). Eine ganz ähnliche Richtung schlug bereits Elizabeth Doyle McCarthy ein, die Wissen definiert als »any and every set of ideas and acts accepted by one or another social group or society of people – ideas and acts pertaining to what they accept as real for them and for others» (McCarthy 1996: 23).

Je nach Gruppe und Kontext kann das Wissen ganz unterschiedliche Funktionen erfüllen. Peter Burke unterscheidet mit dem Soziologen Georges Gurvitch sieben Typen des Wissens: »perzeptives, soziales, alltägliches, technisches, politisches, wissenschaftliches und philosophisches Wissen« (Burke 2001: 23) – eine Typologie, die sich noch leicht erweitern ließe (Renn 2020: 430). Charakteristisch für die Wissensgeschichte ist gerade diese Pluralität der Wissensformen. Schon Foucault sprach von *savoirs* im Plural. Zu den unterschiedlichen Funktionen treten noch die verschiedenen Interessen *am* und Zugänge *zum* Wissen.

Zu einem Motor der Wissensgeschichte entwickelte sich die Idee der Wissensgesellschaft (Engelhardt/Kajetzke 2010). Sie geht auf den amerikanischen Soziologen Daniel Bell zurück, der 1973 die gesellschaftsanalytische Grundannahme formulierte, dass in der von ihm so genannten »postindustriellen Gesellschaft« Wissen zu der zentralen Grundlage sozialen Handelns geworden sei (Bell 1973 [1989]; vgl. hierzu Quelle 19 unter *www.campus.de*). Ausformuliert zu einem soziologischen Konzept wurde die Wissensgesellschaft von dem deutschen Soziologen Nico Stehr (Stehr 1994; 2004), radikalisiert zur *Postkapitalistischen Gesellschaft* indes von dem Management-Theoretiker Peter Drucker (Drucker 1993).

Wissensgesellschaft

Die Rede von der Wissensgesellschaft stützt sich auf zwei Beobachtungen: einer wachsenden ökonomischen Bedeutung wissenschaftlichen – und das heißt in der Regel natur-wissenschaftlichen – Wissens und der Umstellung bzw. vielmehr Ergänzung der die Gesellschaft dominierenden Ressourcen von Arbeit und Eigentum um die Dimension Wissen. Immer mehr Bereiche des Erwerbslebens werden durch Wissenstransfer und die Beschäftigung von Wissensakteuren geprägt. In der Soziologie ist das Konzept der Wissensgesellschaft mittlerweile jedoch kritisch reflektiert und seine ideologischen Implikationen herausgearbeitet worden (Bittlingmeyer 2005; Tänzler/Soeffner/Knoblauch 2006; Hirschi 2020: 28–30).

In der historischen Forschung vor allem des deutschsprachigen Raums wurde die Debatte um die Wissensgesellschaft erst in den 1990er Jahren aufgegriffen und damit zu einer Zeit, in der sich die Geschichtswissenschaften international vom Begriff der Gesellschaft ab- und dem Begriff der Kultur zuwandten (Daniel 1993). Für geraume Zeit diskutierten Historiker:innen über Alter und Genese der Wissensgesellschaft (Fried/Süßmann 2001). War sie eine Geburt des Mittelalters, der Frühen Neuzeit oder erst der heraufziehenden Moderne des 19. und 20. Jahrhunderts? (Kintzinger 2003; van Dülmen/Rauschenbach 2004; Vogel 2004; Szöllösi-Janze 2004). Jede Epoche fand scheinbar ihre eigenen Antworten, negierte damit aber die zeitlich erst viel später ansetzende Chronologie der Soziologen. Der Begriff der Wissensgesellschaft erlaubte den Anschluss historischer an gegenwartsanalytische Debatten, erwies sich aber heuristisch als weitgehend unpraktikabel, zumal die diversen kulturhistorischen Wenden bereits in andere konzeptionelle Richtungen wiesen.

Wissenskulturen und kulturelles Wissen

Vielversprechender erwies sich der Begriff der Wissenskulturen (McCarthy 1996; Fried/Kailer 2003; Sandkühler 2014). Mit ihm traten Bedeutungsstrukturen und Historizität des Wissens in den Mittelpunkt des Interesses. Das Wettrennen der Epochenvertreter:innen um Modernität hob sich auf zugunsten von jeweils epochenspezifischen Wissenskulturen, im Zuge der postnationalen und postkolonialen Neuorientierung der Geschichtswissenschaften zudem von räumlich unterschiedenen Wissenskulturen.

Bereits vor dem Konzept der Wissenskulturen war in der Literarturtheorie die Kategorie des »kulturellen Wissens« entwickelt worden, mit der die »Gesamtmenge der Propositionen« bezeichnet wird, die die Mitglieder [einer] Kultur für wahr halten bzw. die eine hinreichende Anzahl von Texten der Kultur als wahr setzt; jede solche Proposition ist ein *Wissenselement*; die systematisch geordnete Menge der Wissenselemente ist das *Wissenssystem*. Zum Wissen gehören also auch kulturelle Annahmen, von denen *wir* zu wissen glauben, daß sie falsch sind« (Titzmann 1989: 48). Eine jüngere Definition spricht von der »Gesamtmenge der in einer Kultur zirkulierenden Kenntnisse, die durch Kommunikation und Erfahrung konstruiert, erworben und tradiert werden. Es stellt einen reproduzierbaren Bestand kulturell möglicher Denk-, Orientierungs- und Handlungsmuster bereit, die innerhalb der jeweiligen kulturellen Rahmenbedingungen als gesellschaftlich gültig und wertvoll gelten« (Neumann 2006: 43).

Angesichts seines inflationären Gebrauchs rief der Kulturbegriff in jüngster Zeit jedoch seinerseits ein gewisses Unbehagen hervor, so dass Rufe nach einer Geschichte jenseits des *cultural turn* laut wurden. Die Wissensgeschichte wird von manchen als Kandidat dafür gehandelt, die Sozial- bzw. Kulturgeschichte zu ersetzen (Sarasin 2011). Das wäre jedoch nicht nur eine Überforderung, sondern auch das sichere Ende eines noch halbwegs mit Kontur versehenen Forschungsansatzes. So wurde vorgeschlagen, von Wissenskulturen nur dann zu sprechen, wenn es gilt zu zeigen, »dass es nicht ausschließlich epistemische Verfahren sind, die zur Auszeichnung von Meinungen als Wissen führen, sondern auch Faktoren, die außerhalb oder unterhalb des Raumes des Gebens und Nehmens von Gründen wirken, als kulturelle Praktiken, die Meinungen oder Glaubenssätze oder Für-Wahr-Haltungen generieren, festzurren und tradieren« (Zittel 2014: 33).

Informationsgesellschaft

Als Gegenwartsdiagnose nah verwandt dem Begriff der Wissensgesellschaft ist der Begriff der Informationsgesellschaft bzw. des Informationszeitalters (Castells 2001–2003). Jürgen Mittelstraß versteht unter Informationsgesellschaft »eine Gesellschafts- und Wirtschaftsform, in der Erzeugung, Speicherung, Verarbeitung, Vermittlung, Verbreitung und Nutzung von Informationen und Wissen in Informationsform einschließlich immer größerer technischer Möglichkeiten der interaktiven Kommunikation eine zunehmend dominante Rolle spielen« (Mittelstraß 2001: 41f.).

Im Gegensatz zur Wissensgesellschaft hat der Begriff der Informationsgesellschaft nicht in vergleichbarer Weise zu entsprechenden historischen Vorverlagerungen geführt (als Beispiel vgl. Darnton 2000), sondern produktiv als Kontrastbegriff zum Wissen gewirkt. So unterscheidet Peter Burke, in der Tradition des binären Figuren nachspürenden Strukturalismus von Claude Lévi-Strauss, etwa zwischen Information als dem ›Rohen‹ und Wissen als dem ›Gekochten‹. Information liefert Material, das erst in der Bearbeitung zu Wissen wird (Burke 2001: 20; kritisch dazu Behrisch 2008: 456).

Besonders in der Erforschung der Frühen Neuzeit hat sich Information als fruchtbare heuristische Kategorie erwiesen (Brendecke/Friedrich/Friedrich 2008; Blair/Duguid/Goeing/Grafton 2021). Hier hat die moderne Google-Welt allerdings ihre genealogischen Spurensuchen initiiert, wenn etwa nach ›Suchmaschinen‹ für Information im analogen Zeitalter gefragt wird (Tantner/Hübel/Brandstetter 2012).

Anachronismus und Historisierung

Mit diesen, der soziologischen Gegenwartsanalyse entlehnten Konzepten ist der Umgang mit Anachronismen als ein grundlegendes Problem jedweder historischen Forschung angesprochen. Gerade die Wissensgeschichte ist davon in besonderer Weise betroffen, hat ihr die Wissenschaft doch das begriffliche Erbe des 19. Jahrhunderts hinterlassen. Zwar hat die Wissenschaftsgeschichte die Lektion längst gelernt, doch sind die Probleme im Forschungsalltag immer noch allgegenwärtig. Kann man vor 1800 von Wissenschaft sprechen, oder sollte man besser den Begriff Gelehrsamkeit verwenden? Die Sprache der Wissensgeschichte wimmelt von Anachronismen, wenn man für die Vormoderne von Experten und Intellektuellen oder von Akteursnetzwerken und Suchmaschinen spricht.

Appliziert man den Begriffsapparat des 19. Jahrhunderts auf Wissensformationen der europäischen Gesellschaft vor 1800, von außereuropäischen Gesellschaften ganz zu schweigen, ergeben sich zwangsläufig Probleme, da etwa die disziplinäre Ausdifferenzierung noch keine Biologie kannte und die Chemie sich erst langsam von der Alchemie trennte. In der Praxis begegnen wir der Anachronismus-Falle meist mit einem steten Wechsel zwischen den Begriffsebenen und dem expliziten Verweis auf »kontrollierte« bzw. produktive Anachronismen (Burke 2016: 112).

Nicht-Wissen

Eine neue Aktualität hat die Wissensgeschichte in den vergangenen zehn Jahren im Zuge von Diskussionen über Phänomene wie Antiakademismus, Fake Science, Verschwörungstheorien und eine allgemeine Wissenschaftsfeindlichkeit gewonnen (Felsch/Engelmaier 2017; Nichols 2017; Blamberger/Freimuth/Strohschneider 2018). Wissenschaftler:innen werden nicht nur von autokratischen Regierungen bedroht, wissenschaftliche Fakten werden in Frage gestellt und der öffentlich ausgetragene Kampf um Wahrheiten ist von zunehmender Aggressivität geprägt. In ihrer breit rezipierten Studie *Merchants of Doubt* haben Naomi Oreskes und Erik M. Conway u. a. am Beispiel von SDI (Strategic Defense Initiative), dem sauren Regen, dem Ozonloch, dem Passivrauchen und dem Klimawandel gezeigt, wie wissenschaftliche Erkenntnisse von Wirtschaft und Politik systematisch in Frage gestellt wurden (Conway/Oreskes 2014; zur Tabakindustrie vgl. Proctor 2011; Staley 2019). Eine historische Selbstvergewisserung der Normen, Institutionen und Praktiken des Wissens scheint dringend geboten. In diesen Problemhorizont fügen sich auch die Forschungen zum »Nicht-Wissen« ein, die einerseits Grenzziehungsarbeiten zwischen Wissen und Nicht-Wissen etwa im Bereich des wissenschaftlichen Wissens in den Blick nehmen (Gieryn 1983; Mulsow/Rexroth 2014), andererseits kognitive Phänomene des Unbekannten oder des bewusst Ausgeblendeten im Sinne einer Geschichte der Ignoranz problematisieren (Proctor/Schiebinger 2008; Proctor 2019; Zwierlein 2016: Dürr 2021).

1. Was ist Wissensgeschichte?

1.1 Theorien und Ansätze

Wissensgeschichte ist kein klar gefasster Gegenstandsbereich, sondern eine bestimmte Perspektive auf eine potentiell unbegrenzte Vielfalt von Gegenständen. Das Forschungsfeld, das sich in den letzten Jahren unter dem gemeinsamen Dach der Geschichte des Wissens formiert hat, verdankt seine Existenz einer Vielzahl von theoretischen Einflüssen und Forschungstraditionen, die von der älteren Wissenssoziologie bis zur postkolonialen Epistemologie reichen. Als die beiden ältesten Ansätze können die Wissenssoziologie und die Historische Epistemologie gelten, deren formative Phasen im Wesentlichen in die Zeit zwischen dem Ersten und dem Zweiten Weltkrieg fielen (Knoblauch 2010: 90–115; Rheinberger 2007: 35–77).

Wissenssoziologie und Historische Epistemologie

Mit der Wissenssoziologie trat Wissen als Medium der Vergesellschaftung in den Blick, und viele der aktuellen Fragehorizonte der Wissensgeschichte wurden von ihr bereits vorweggenommen (Schützeichel 2007). Der in Ungarn gebürtige Soziologe und Philosoph Karl Mannheim (1893–1947) gilt als einer der Begründer der Wissenssoziologie (Mannheim 1964). Er prägte Begriffe wie den »epistemologischen Relationismus«, den »absoluten Ideologiebegriff« und entwickelte Alfred Webers Begriff der »freischwebenden Intelligenz« weiter. Ideen sind für ihn immer abhängig von der gesellschaftlichen Position ihrer Träger. Laut Mannheim gebe es kein Denken jenseits der Ideologie, einzig die Intelligenz vertrete einen sozial ungebundenen Standpunkt. Mannheim unterschied »konjunktives« und »kommunikatives« Wissen und ebnete damit den Weg für Konzepte wie das implizite vor-theoretische im Gegensatz zum expliziten Wissen.

Zuvor hatten sich bereits Soziologen wie Max Scheler (1874–1928) mit den Zusammenhängen der neuen Naturphilosophie des 17. Jahrhunderts und dem gleichzeitigen Aufkommen des Kapitalismus beschäftigt, eine Frage von ungebrochener Aktualität (Freudenthal 1982; Cook 2007). Scheler unterschied Herrschaftswissen, Bildungswissen und Erlösungswissen als drei existentielle Seinsverhältnisse und wandte sich damit von einem positivistischen Wissensverständnis ab, das allein das wissenschaftliche Wissen privilegiert (Scheler 1926/1960). Die frühe Wissenssoziologie perspektivierte auch die Produktionsprozesse des wissenschaftlichen Wissens neu; marxistische Philosophen wie Edgar Zilsel (1891–1944) historisierten den Geniekult (Zilsel 1990) und begriffen Wissensproduktion als ein kollektives Projekt. Der polnische Mikrobiologe und Erkenntnistheoretiker Ludwik Fleck (1896–1961) prägte am Beispiel der Syphilis-Forschung die Begriffe des »Denkkollektivs« und des »Denkstils« und gilt als einer der Begründer einer Historischen Epistemologie (Fleck 1935 [1980]). Für die Medizingeschichte folgenreich wurde damit die Erkenntnis, dass Krankheitsbilder soziale Konstrukte und keine objektiven Beschreibungen von Wirklichkeit sind (Schlich 1998). Zwischen forschendem Subjekt und erforschtem Objekt steht das Denkkollektiv der Gemeinschaft der Forschenden, die einen gemeinsamen Denkstil teilen. Während Karl Mannheim und Edgar Zilsel die Flucht vor den Nationalsozialisten gelang, wurde Fleck in Auschwitz und Buchenwald inhaftiert, überlebte jedoch den Holocaust aufgrund seiner medizinischen Forschungszwangsarbeit. Der Terror des NS-Regimes führte zum vorläufigen Ende der Wissenssoziologie in Deutschland, deren Schriften erst in den 1970er und 1980er Jahren wiederentdeckt wurden.

Neben Fleck erhielt die Historische Epistemologie zentrale Impulse durch die Franzosen Gaston Bachelard (1884–1962) und dessen Lehrstuhlnachfolger an der Sorbonne und als Direktor des Instituts für Geschichte der Wissenschaften Georges Canguilhem (1904–1995) (Erdur 2018). Bachelard hat mit der Kategorie des »epistemologischen Bruchs« sowohl auf die Differenz von intuitiver Alltagserfahrung und kontraintuitiver wissenschaftlicher Erfahrung hingewiesen als auch auf den Bruch mit der bis dato geltenden Wahrheit, die durch neue Erkenntnisse herausgefordert wird

(Bachelard 1938 [1984]). Für die Wissensgeschichte ist Bachelard unter anderem in der Rezeption Michel Foucaults weiter wirksam geworden, mit dem er das Insistieren auf der radikalen Historizität wissenschaftlicher Erkenntnisprozesse teilt.

Michel Foucault und Pierre Bourdieu

Mit Michel Foucault und Pierre Bourdieu hat sich in Frankreich eine poststrukturalistische Wissenssoziologie entwickelt, der die Wissensgeschichte wichtige Einflüsse verdankt. Gemeinsam teilen Foucault und Bourdieu das Interesse an den sozialen Konstitutionsbedingungen von Wissen und Wissenschaft. Foucault interessierte, wie Diskurse – verstanden als regelgeleitete Aussageformationen, die nicht nur Texte, sondern auch Bilder, Graphiken oder Architekturen enthalten können – an der Kontrolle des gesellschaftlich legitimen Wissens arbeiten. Er unterscheidet drei Formen der Regulierung: externe Prozeduren der Ausschließung, interne Mechanismen der Kontrolle und die Verknappung der sprechenden Subjekte. So werden bestimmte Akteure extern durch Tabuisierung oder Ritualisierung von den Produktionsstätten der Wahrheit ausgeschlossen, während intern Praktiken wie der Kommentar, das Prinzip der Autorschaft oder Institutionen wie Disziplinen regulierend auf das geltende Wissen einwirken. Diskursgemeinschaften und Rituale sorgen schließlich dafür, dass bestimmte Subjekte sich gar nicht erst äußern können, etwa durch die Verweigerung akademischer Zertifikate oder den Ausschluss von bestimmten Publikationsformaten wie der wissenschaftlichen Zeitschrift. Es geht Foucault um die Archäologie und die Genealogie historischer Relationen von Macht und Wissen, die sich vor allem in Diskursen und Praktiken artikulieren und nicht durch einige starke Akteure. Foucaults Ansätze sind unter anderem für die Erforschung von Wissen und Geschlecht und die postkoloniale Wissensgeschichte enorm einflussreich geworden.

Bourdieu sucht ebenfalls nach Auswegen aus dem klassischen Strukturalismus und findet ihn in der Beziehung von Habitus und Feld. Der Habitus ist weder Rolle noch beliebig wechselbare Selbststilisierung, sondern inkorporierte Geschichte. Er prägt in gruppenspezifischen Sozialisationsprozessen erworbene Denk-, Wahrnehmungs- und Handlungsmuster aus, die die sozialen Akteure voneinander unterscheiden. Das soziale Kräfteverhältnis der Akteure untereinander nennt Bourdieu Feld, im Sinne eines physikalischen Kräftefeldes, etwa eines Magnetfeldes. Die Struktur des Feldes ist von der Zusammensetzung bestimmter Kapitalsorten bestimmt, neben dem ökonomischen Kapital unter anderem sozialem und kulturellem Kapital. Gemeinsam ist die Notwendigkeit der sozialen Anerkennung der Kapitalien in Form des symbolischen Kapitals der Ehre. Wissen kann als kulturelles Kapital in inkorporierter Form, als Fähigkeit oder Fertigkeit, in institutionalisierter, etwa zertifizierter Form (Doktortitel) oder in objektivierter Form (Buchbesitz) auftreten. Innerhalb eines sozialen Feldes wie der Wissenschaft bestimmen sich die Position der Akteure und damit die Geltungschancen ihres Wissens über die Kapitalien. Der Habitus wiederum reguliert die soziale Passgenauigkeit zu den Regeln des Feldes. Für den *Homo Academicus* gelten beispielsweise andere Umgangsweisen als für einen frühneuzeitlichen Höfling oder einen modernen Banker.

Systemtheorie

Die Frage, wie autonom das wissenschaftliche Feld gesellschaftlich agiert, ist Gegenstand einer systemtheoretischen Wissenssoziologie, wie sie in Deutschland von Niklas Luhmann und Rudolf Stichweh geprägt wurde. Als soziales System ist Wissenschaft von einem spezifischen Code geprägt, der Differenz wahr/unwahr (Luhmann 1990). Je mehr das System diesen Code gegen äußere Imperative von Religion, Politik oder Ökonomie durchzusetzen in der Lage ist, desto autonomer wird es – ein historischer Prozess, der durch den gesellschaftlichen Transformationsprozess von der stratifikatorischen zur funktional differenzierten Gesellschaft seit der Sattelzeit um 1800 befördert worden sei. Stichweh ist vor allem mit Arbeiten zur Geschichte der System/Umwelt-Beziehungen der europäischen Universität und der Entstehung des modernen Systems wissenschaftlicher Disziplinen hervorgetreten (Stichweh 1984; ders. 1991). Seine These lautet, dass die Universität sich zunächst im Spätmittelalter von ihrer kirchlichen Umwelt entkoppelt habe, einige Jahrhunderte später dann vom frühneuzeitlichen Territorialstaat.

Wissenschaftsgeschichte und Wissenschaftsforschung

Neue Forschungsparadigmen gewinnen ihre Identität meist in Abgrenzung von etablierten, älteren Ansätzen und Feldern (Kuhn 1967). Im Fall der Wissensgeschichte verlief die Abgrenzung vor allem gegenüber der Wissenschaftsgeschichte und der Ideengeschichte. Während die Wissensgeschichte im Modus der permanenten Grenzüberwindung operiert und immer weitere Themen,

Akteure, Räume und Praktiken in den Blick nimmt, erscheint die Wissenschaftsgeschichte als enger umgrenzter Bereich (zu Standortbestimmungen vgl. Borck 2018; Joas/Krämer/Nickelsen 2019; Bärnreuther/Böhmer/Witt 2020). Ihr Schwerpunkt lag lange allein auf den Naturwissenschaften, erst in jüngster Zeit mehren sich Initiativen zur Geschichte der *humanities* (Bod/Maat/Weststeijn 2010–2014). Wissensgeschichte begreift sich dagegen als »markedly integrative discipline« (Mulsow 2019: 163). Der Preis der Integration scheint jedoch die fast grenzenlose Ausweitung des Wissensbegriffs, was von Seiten der Wissenschaftshistoriker bemängelt wird: Begriffliche Flexibilität könnte zum Gummi-Begriff mutieren (Daston 2017: 143). So wurde etwa darauf insistiert, dass »Wissen, von dem eine Geschichte geschrieben werden soll, nach wie vor als artikulierbar, aussprechbar und kommunizierbar« zu fassen sein solle (Steinle 2018: 427). Es sollte allerdings nicht vergessen werden, dass die Wissensgeschichte neben der Wissenssoziologie und der Historischen Epistemologie vor allem der Wissenschaftsgeschichte ganz wesentliche Impulse verdankt und ohne diese kaum denkbar wäre.

Auch mit Blick auf konkrete Forscher:innen verschwimmen spätestens seit der kulturwissenschaftlichen Öffnung der Wissenschaftsgeschichte die Grenzen zur Wissensgeschichte, denn viele betreiben längst beides, und ihre Lehrstühle unterscheiden sich allenfalls durch die Denomination. Als weitere Abgrenzungskategorie wird die (historische) Wissenschaftsforschung (Science Studies) diskutiert, die gewissermaßen die progressiven Strömungen der Geschichte, Soziologie, Philosophie und Theorie der Wissenschaft transdisziplinär zu bündeln beansprucht (Burrichter 1979; Felt/Nowotny/Taschwer 1995). Allerdings verlegt sich die ›Wissenschaftswissenschaft‹ der Wissenschaftsforschung allein auf wissenschaftliches Wissen der Naturwissenschaften (vgl. unten Science and Technology Studies).

Eine Aufsatzsammlung des amerikanischen Wissenschaftshistorikers Steven Shapin verdeutlicht in geradezu barocker Ausführlichkeit in ihrem Titel die von Wissenschafts- und Wissensgeschichte geteilte Programmatik in Bezug auf die Historisierung wissenschaftlichen Wissens: »*Niemals Rein. Historische Studien der Wissenschaft als ob sie produziert wurde von Menschen mit Körpern, situiert in Raum, Zeit, Kultur und Gesellschaft und im ständigen Kampf um Glaubwürdigkeit und Autorität«* (Shapin 2010). Wissen ist nicht ›pur‹ zu haben, es wird von körperlichen Akteuren hergestellt, ist also nicht einfach gegeben, und diese Akteure haben selbst eine Geschichte und unterliegen historischen Kontexten und Einflüssen. Wie schon bei Foucault und anderen gesehen, ist der Kampf um Geltung zentrales Charakteristikum des zugrundeliegenden Wissensbegriffs.

Internalismus vs. Externalismus

Der Ansatz von Shapin und anderen Wissenschaftshistoriker:innen seiner Generation hat wesentlich dazu beigetragen, die Dichotomie von Internalismus und Externalismus aufzuheben, welche die Wissenschaftsgeschichte lange polarisierte (Shapin 1992). In einer besonders starren Form existierte sie während des Kalten Krieges. Während Wissenschaftler wie Alexandre Koyré oder Alfred R. Hall die Entstehung wissenschaftlicher Erkenntnis als primär kognitiven und individuellen Prozess begriffen, sahen marxistische Historiker wie Boris Hessen den wesentlichen Impuls von außen, durch soziale und meist ökonomische Interessen angetrieben (Koyré 1957 [1969]; Hall 1965; Hessen 1971 [1974]). In einer abgeschwächten Form blieb diese Gegenüberstellung jedoch auch noch erhalten, als man sich längst auf eine Programmatik von »Science in Context« verständigt hatte (Barnes 1982; seit 1987 existiert eine gleichnamige Zeitschrift).

Ein Faktor der disziplinären Grenzarbeit der Wissenschaftsgeschichte bleibt die Betonung fachlicher Expertise jenseits der Geschichtswissenschaften. Die allermeisten Wissenschaftshistorikerinnen haben auch ein Studium der Physik, Biologie, Chemie, Mathematik oder Medizin absolviert. Nun finden sich die Internalisten zumeist unter den Experten der Naturwissenschaften oder der Philosophie, während die ›reinen‹ Historiker in die Rolle der Externalisten schlüpfen, denen zwar Kompetenz für die Sozial- und Kulturgeschichte des Wissens zugesprochen wird, weniger aber für deren Inhalte. Tendenzen der fachlichen De-Professionalisierung sind im Zeichen der Annäherung der Verwendungsfrequenz von ›Wissen‹ an den ubiquitären Gebrauch von ›Kultur‹ zweifellos nicht von der Hand zu weisen. Doch hätte sich die Wissenschaftsgeschichte ohne die sozial- und kulturwissenschaftliche Wende wohl nie von einem Nischenfach zu einem wesentlichen Taktgeber der Kulturwissenschaften emanzipiert. In diesem Zusammenhang ist es wichtig, darauf hinzuweisen, dass der Erfolg der Wissenschaftsgeschichte seit den 1990er Jahren sich nicht allein internen fachlichen Faktoren verdankte: »Die Wissenschaftsgeschichte erblühte auch deshalb, weil unter anderem die Life Sciences, die Computerwissenschaften, die Nanotechnologien und die Halbleitertechnologien boomten und in den neuen Großprojekten manchmal auch ein paar Brosamen für die Geschichte abfielen, die man generös mitunterstützen konnte« (Dommann 2018: 334). Mittlerweile stehen die Zeichen eher auf Dialog als auf scharfe Abgrenzung, und die Wissenschaftsgeschichte ist zunehmend bereit, sich der Wissensgeschichte zu öffnen (Greyerz/Flubacher/Senn 2013; Sommer/Müller-Wille/Reinhardt 2017).

Ideengeschichte

Anders gestalten sich die Beziehungen der Wissensgeschichte zur Ideengeschichte. Hier scheinen die Fronten etwa im Bereich der Philosophiegeschichte noch wesentlich verhärteter zu sein. In der Ideengeschichte besteht häufig ein gewisses Ungleichgewicht zwischen Programmatik und historiographischer Praxis. Auf programmatischer Ebene scheinen Ideengeschichte und Wissensgeschichte miteinander zu verschmelzen, denn beide beziehen sich auf ähnliche theoretische Autoritäten wie u.a. Mannheim, Foucault, Kuhn, Luhmann, Chartier oder Burke (Stollberg-Rilinger 2010; Mahler/Mulsow 2014; Goering 2017).

Der theoretische Werkzeugkoffer der Ideengeschichte ist folglich gut gefüllt, er wird nur seltener geöffnet und angewendet. So diente die Ideengeschichte der Wissensgeschichte seit Foucault als Folie zur Abgrenzung und eigenen Profilierung, während die jüngere Ideengeschichte die Wissensgeschichte explizit als einen ihrer Impulsgeber neben Netzwerktheorie, Globalgeschichte oder *material turn* anführt (Mahler/Mulsow 2014: 39–42). Ob die Wissensgeschichte einmal eine »Disziplin« bilden werde, welche die Ideengeschichte sowohl im Deutungsanspruch als auch institutionell »beerbe«, so die Herausgeber einer jüngeren Anthologie, sei »bisher noch völlig offen« (Mahler/Mulsow 2014: 42). Wegweisend sind die Beiträge im 1940 gegründeten *Journal of the History of Ideas*.

Bildungsgeschichte

Neben der Wissenschafts- und Ideengeschichte weist die Wissensgeschichte ferner starke Überschneidungen mit der Bildungsgeschichte auf (Maaser/Walther 2011). Viele Forschungen etwa zur mittelalterlichen Wissensgeschichte haben bislang eher den Begriff der Bildung als den des Wissens benutzt. Ein sechsbändiges Handbuch der deutschen Bildungsgeschichte zeigt, dass Bildung lange Zeit ein ähnlich integrativer Begriff wie Wissen war. Es enthält neben obligatorischen Kapiteln zu Familiensozialisation, Schulen und Hochschulen auch solche zu Museen als Bildungsorten oder Handwerk und Militär als Sozialisations- und Bildungsagenturen (Berg u.a. 1987–2005). Bildungsgeschichte wird jedoch häufig zu Unrecht auf eine Geschichte der Pädagogik reduziert und kann sich bislang von der theoretischen Strahlkraft in den historischen Kulturwissenschaften her nicht mit der Wissenschaftsgeschichte messen.

Poetologie des Wissens

Mehr Bewegung hat sich im Bereich von Philologie und Literaturwissenschaft ergeben, wo unter dem Begriff einer »Poetologie des Wissens« im Anschluss an Jacques Rancière, Michel Foucault, Stephen Greenblatt oder Gilles Deleuze den diskursiven Repräsentationsweisen von Wissen besondere Aufmerksamkeit gezollt wurde (Pethes 2003). Empirisch konzentrierten sich entsprechende Forschungen auf die Sattelzeit um 1800; theoretisch setzen sie ihren Wissensbegriff explizit von »Wissenschaft« und »Erkenntnis« ab (Vogl 1999). »Jede epistemologische Klärung« sei »mit einer ästhetischen Entscheidung verknüpft«, heißt es programmatisch (Vogl 2002: 13). Die ästhetischen, textuellen Strategien, Wissen zu reflektieren, rücken damit ins Zentrum. Die »wissenspoetische Schwärmerei« ist jedoch nicht ohne Kritik geblieben (Stiening 2007: 247). So habe die Poetologie des Wissens auf die Rekonstruktion von Geltungsansprüchen und Begründungen ebenso verzichtet wie auf die von historischen Kontexten und sei kaum mehr willens oder in der Lage, zwischen Wissen und Information oder Wissen und Dichtung zu unterscheiden. Insgesamt scheinen die von der Wissensgeschichte abweichenden Eigenarten der Wissenspoetologie damit eher in den ästhetisierenden Gepflogenheiten der Literaturwissenschaft verankert zu sein, als ihrer Berufung auf Foucault und die Historische Epistemologie geschuldet.

Anthropologie des Wissens

Was der Bildungsgeschichte meistens fehlt – eine Distanz zur historischen Alterität ihres Gegenstandes –, ist das Thema der Anthropologie des Wissens (Barth 2002; Adell 2011). Ihre Distanz erwächst nicht aus der Differenz zwischen Vergangenheit und Gegenwart, sondern aus der zwischen unterschiedlichen Kulturen. Als »cognitive anthropology« hat Roy D'Andrade eine Verbindung von Kognitionswissenschaft und Anthropologie stark gemacht (D'Andrade 1995). Mit der kognitiven Anthropologie soll untersucht werden, »wie Angehörige einer Kultur Dinge, Ereignisse und Verhaltensweisen in Sprache fassen, kategorial aufordnen [sic] und in der Form des Wissens registrieren« (Maeder/Broszieswki 2007: 268).

Der ethnographische Blick ist inzwischen eines der wichtigsten Werkzeuge der Wissensgeschichte, wie ihn die Laborstudien der *Science and Technology Studies* auch an der eigenen Wissenskultur erprobt haben. Anthropologie, zumal Historische Anthropologie, ist jedoch von höchst heterogenen Ansätzen geprägt (vgl. zu einem Ansatz in großer methodischer Distanz von der Wissensgeschichte Oelkers 1997).

Science and Technology Studies

Aus Wissenschaftsgeschichte und Soziologie hat sich seit dem Ende der 1970er Jahre ein eigenes Forschungsprofil der *Science and Technology Studies* (kurz STS) herausgebildet, das große Schnittmengen mit der Wissensgeschichte aufweist (Bauer/Heinemann/Lemke 2017). Ursprünglich auf Fragen der Beziehung von Naturwissenschaft und Technik zur Gesellschaft fokussiert, weitete sich das Spektrum der STS mit den Jahren sowohl vom Gegenstand als auch von den Disziplinen her. Inzwischen werden deren Ansätze auch in den Humanwissenschaften rege diskutiert. Unter die STS fallen unter anderem die Laborstudien, die Akteur-Netzwerk-Theorie (ANT), praxeologische Ansätze sowie feministische und postkoloniale STS. Aufgrund ihrer Wurzeln in der Techniksoziologie bildet eine verbindende Klammer der STS der besondere Blick auf die Materialität des Wissens. Artefakte, Objekte und nicht-menschliche Aktanten spielen hier eine tragende Rolle, die die Hinwendung der Wissensgeschichte zu materiellen Wissenskulturen wesentlich beflügelt hat.

Symmetrie-postulat

In diesem Theoriekontext spielt auf mehreren Ebenen der Begriff der Symmetrie eine Rolle. David Bloor und Barry Barnes entwickelten ein sogenanntes Symmetrie-Postulat, das gerade für die radikale Historisierung naturwissenschaftlicher Wissensproduktion wesentlich werden sollte (Bloor 1976 [2017]). Über Wahrheit oder Falschheit entschieden nicht Naturgesetze, sondern in beiden Fällen soziale Faktoren. Für die Wissensgeschichtsschreibung bedeutet die historische Analyse, eine Erfindung oder neue Theorie in symmetrischer Weise zu den unterlegenen Ideen in Beziehung zu setzen und nicht aus der Ex-Post-Perspektive der historischen Forschung eine Art von epistemologischer Sieger- oder Fortschrittsgeschichte zu schreiben. Wenn Bruno Latour von einer »symmetrischen Anthropologie« spricht, meint er hingegen eine Aufhebung der asymmetrischen Unterscheidung von Natur und Kultur/Gesellschaft (Latour 1991 [1998]: 128). Beide sind nur durch hybride Quasi-Objekte erklärbar, beide sind Gegenstand von menschlichen Konstruktionen, beide haben eine Geschichte.

Technik-geschichte

Auch jenseits des spezialisierten Ansatzes der STS ist die Technikgeschichte ein wichtiger Gesprächspartner der Wissensgeschichte (Popplow 2014). Die Technikgeschichte kam etwa um 1900 auf und erfuhr dann in den 1970er Jahren eine Wendung zur Sozialgeschichte der Technik. Seit den 1990er Jahren ist sie von der alle Subdisziplinen erfassenden kulturwissenschaftlichen Wende geprägt, wenngleich es wichtige Vorläufer innerhalb der Technikgeschichte selbst gibt, wie etwa Sigfried Giedions *Herrschaft der Mechanisierung* (Giedion 1948 [1987]; Heßler 2012: 25f.; zur Antike vgl. Schneider 1992; wichtige Beiträge erscheinen in der Zeitschrift *Technikgeschichte*).

Giedion widmete sich der Alltagsgeschichte von Mechanisierung in einem historischen Längsschnitt, wenn auch mit kulturkritischem Deutungshorizont. Technikgeschichte steht an einer für die Wissensgeschichte wichtigen Schnittstelle zwischen wissenschaftlicher Technik und Alltagstechnik. In vielen Bindestrich-Technikgeschichten von der Bergbautechnik über die Haushaltstechnik bis zur Wehrtechnik zeigt sich der praktische Anwendungsbezug technischen Wissens, wie er etwa im englischen Begriff der »applied sciences« zum Ausdruck kommt (Kaldewey/Schauz 2018).

Wissen und Geschlecht

Ein seit den 1990er Jahren rasch anwachsendes Forschungsfeld ist die Geschichte der Beziehungen von Wissen und Geschlecht (Gender/Science) (Schiebinger 2014; Orland 2017). Ihren Ausgang nahmen diese Forschungen bei biographischen Ansätzen der Frauengeschichte, die auf geschlechtsspezifische Segregationsprozesse der Wissenschaft aufmerksam und immer mehr Frauen als Wissen schaffende Subjekte sichtbar machten (Snyder 1989; Hohkamp/Jancke 2004).

Von Seiten einer feministischen Epistemologie wurde die Frage »Forschen Frauen anders?« bejaht (Schiebinger 2000). In der Folge stellte sich eine wissenssoziologische Reflexion über die geschlechtsbezogene Standortgebundenheit männlichen wie weiblichen Wissens ein, für die Donna Haraway den Begriff des »situierten Wissens« prägte (Haraway 1988/1995b; Deuber-Mankowsky/Holzhey 2013).

Innerhalb der feministischen Wissensforschung wird vor allem über die Zugänge zur Unterscheidung von natürlichem (*sex*) und kulturellem Geschlecht (*gender*) gestritten (Opitz-Belakhal 2018; Martschukat/Stieglitz 2018). Während in den 1980er und 1990er Jahren diskursanalytische Positionen dominierten, kehrte die Materialität des Körpers im Zuge der sogenannten Körpergeschichte der 1990er und 2000er Jahre wieder zurück in die Forschungsdebatte. Auch das natürliche Geschlecht hat eine Geschichte, ohne deren konsequente Historisierung man sich kaum den Zumutungen des biologischen Essentialismus entziehen kann.

Postkoloniale Wissensgeschichte

Geschlecht ist jedoch nicht der einzige Faktor, der Asymmetrien in den Beziehungen von Macht und Wissen produziert. Die Wissenschaftsgeschichte war lange von einem ausgeprägten Eurozentrismus gekennzeichnet, den auszuhebeln das Anliegen einer postkolonialen Wissensgeschichte ist (Heé 2017). Das klassische Erzählmuster der Wissenschaftsgeschichte war nicht ein eurozentrisches Narrativ unter anderen, es war »*das* eurozentrische Narrativ« schlechthin (Daston 2017: 141). Mit überlegener Wissenschaft habe der Westen den Rest der Welt abgehängt und sich untertan gemacht.

Michel Foucault hat mit seiner Diskurstheorie und der Problematisierung von Macht und Wissen viele Fragestellungen der postkolonialen Wissensgeschichte ohne Zweifel maßgeblich beeinflusst. Zu einer Art Gründungsfigur ist der gebürtige Palästinenser Edward Said geworden, der 1978 mit seiner Studie *Orientalismus* die Diskussion wesentlich belebt hat. Said dekonstruierte darin westliche Orientbilder im Anschluss an Foucault als diskursive Wissenssysteme zur Legitimation kolonialer Hegemonie (Said 1978 [1981]; zu Kritik vgl. Castro Varela/Dhawan 2020: 99–159).

Die außerdiskursive Wirklichkeit des Orients spiele in den selbstreferentiellen Diskursen des Westens keine Rolle. Die »Orientalen« hätten keine Sprecherposition innerhalb dieser diskursiven Wissensformation, die zur Grundlage der Herrschaft über sie geworden sei. Im südasiatischen Postkolonialismus wurde seit den 1980er Jahren genau diese Asymmetrie der Sprecherpositionen zum Problem. Gayatri Chakravorty Spivak etwa fragte »Can the subaltern speak?« und regte damit eine breite Diskussion an, die sich theoretisch neben Foucault an dem italienischen Marxisten Antonio Gramsci und dessen Theorie der kulturellen Hegemonie orientierte (Spivak 2011; Omodeo 2019). Herrschaft, speziell Klassenherrschaft, gründet sich nicht nur auf Gewalt und Kapital, sondern auch auf Kultur. Wissen wird in dieser Tradition als zentraler Faktor kolonialer Macht- und Herrschaftsverhältnisse ausgemacht.

Für den parsischen Literaturwissenschaftler Homi Bhabha ist der Gegensatz von hegemonialer Diskursmacht und Subalternen jedoch kein strikt trennender, sondern von hybriden Wechsel- und Mischverhältnissen geprägt (Bhabha 2000). Hybridität wurde zu einem regelrechten Kernbegriff der postkolonialen Theorie, der seinerseits als ideologisches Konstrukt kritisch hinterfragt wurde. Bhabha selbst hat mit dem Begriff »Mimikry« eine Form von Handlungsmacht thematisiert, die in vielem dem Begriff der Aneignung ähnelt. Indem die kolonialen Subjekte bestimmte Praktiken der Anpassung vollziehen, bleiben ihnen auch subversive Potentiale eigensinniger Gestaltung. Während das »Mimikry« notwendig auf einer lokalen Mikroebene verbleibt, haben sich postkoloniale Historiker wie Dipesh Chakrabarty gefragt, wie die grundlegenden Machtverhältnisse der westlich geprägten Kategoriensysteme aufzubrechen seien. Sein prominenter Aufruf lautet, Europa zu provinzialisieren (Chakrabarty 2000 [2010]). Das bedeutet, Europa als einen kulturellen Produktionsraum unter anderen zu begreifen und nicht als normatives Zentrum, an dessen Imperativen sich alle anderen messen lassen müssen. Walter Mignolo hat daran den Aufruf zum »epistemischen Ungehorsam« gegenüber dem westlichen Denken geknüpft (Mignolo 2012).

Innerhalb der Aufmerksamkeitsökonomie von Theorieangeboten scheint sich indes eine gewisse Dominanz indischer und angloamerikanischer Sprecherpositionen des Postkolonialismus gegenüber solchen aus Lateinamerika oder Afrika eingestellt zu haben. Seit den 2000er Jahren haben diese vorrangig an US-amerikanischen Eliteuniversitäten entwickelten Ideen sich auch im deutschsprachigen Raum fest etabliert und gehören mittlerweile zum wissenshistorischen Kanon. Ihre post-foucaultianischen Perspektiven haben mittlerweile eine kaum mehr zu überblickende Anzahl empirischer Studien zu kolonialen Macht/Wissen-Verhältnissen hervorgebracht (vgl. Kap. 6.2) und sind zudem als eine Art Re-Import auch für die Analysen europäischer Gesellschaften fruchtbar gemacht worden. Denn für die europäische Wissensgeschichte ist die Frage nach subalterner Artikulationsfähigkeit und *agency* zweifellos ebenso notwendig wie produktiv. In jüngerer Zeit sind unter dem Begriff der »epistemischen Gewalt« in feministischer und postkolonialer Theoriebildung entsprechende Fragen nicht nur machtanalytisch, sondern auch gewalttheoretisch diskutiert worden (Brunner 2020).

Wissen im Anthropozän

Ist der Einfluss der Wissensgesellschaft auf die historische Forschung bereits selbst historisiert zu werden, so ist gegenwärtig die Kategorie des »Anthropozäns« ein Kandidat für die Neuausrichtung wissenshistorischer Langzeitnarrative (Trischler 2016; Folkers 2020). Wer genau den Begriff zuerst prägte, ist kaum zu klären; prominent in die Diskussion gebracht hat ihn seit 2000 jedenfalls der niederländische Meteorologe und Nobelpreisträger Paul J. Crutzen (1933–2021). Das Anthropozän bezeichnet die Phase in der Geschichte der Erde, in der der Mensch zur bestimmenden Größe für die Geschicke des Planeten wurde bis hin zur Möglichkeit, ihn selbst zu zerstören. Wann das Anthropozän genau ansetzt, ist umstritten, doch hat der Begriff ohne Zweifel zu einer enormen Ausweitung der historischen Langzeitperspektive geführt. Viele der für die postkoloniale Theorie oder die Wissenschafts- und Technikgeschichte prägenden Autoren wie Dipesh Chakrabarty oder Bruno Latour haben die Anthropozän-Diskussion in jüngerer Zeit popularisiert (Chakrabarty 2018/Latour 2017). In der wissenshistorisch informierten Wissenschaftsgeschichte hat Jürgen Renn eine Evolutionstheorie des Wissens vorgelegt, die Wissen sowohl als Teil des Problems wie als Teil seiner Lösung begreift (Renn 2020).

1.2 Die Praxis der Wissensgeschichten

Wissenschafts- und Wissensgeschichte waren von den 1970er bis zu den 1990er Jahren weder terminologisch noch institutionell strikt unterschieden. Die meisten der heute als Meilensteine der Wissensgeschichte begriffenen Studien stammten deshalb von deutschen, französischen und angloamerikanischen Wissenschaftshistorikerinnen wie u.a. Bruno Latour, Steven Shapin, Hans-Jörg Rheinberger, Mario Biagioli, Londa Schiebinger, Lorraine Daston oder Dominique Pestre, die man um 2000 unter dem Begriff der »neuen Wissenschaftsgeschichte« bzw. der »Science Studies« versammelte (Golinski 1998; Biagioli 1999b; Hagner 2001).

Methodenpluralismus

Die Wissensgeschichte teilt mit der neuen Kulturgeschichte einen bewussten theoretischen wie methodischen Eklektizismus. Das Spektrum der Theorien ist jedoch breiter als das der Methoden. Wissensgeschichte ist ein vergleichsweise theoriegesättigter Zugang historischer Forschung, doch das eigentliche analytische Potential des Ansatzes erweist sich erst in der konkreten historiographischen Praxis. Dabei ist zu bedenken, dass zwischen den gewählten analytischen Verfahren und den historiographischen Darstellungsweisen ein Konnex besteht. Bislang zählen zu den verbindenden Kennzeichen von Wissensgeschichtsschreibung u.a. eine Tendenz zur Bevorzugung von Fallstudien und Mikro-Geschichten gegenüber groß skalierten Modellen und Perspektiven langer Dauer und die permanente Ausweitung des Gegenstandsbereichs.

Obgleich etwa das historiographische Genre der Biographie nicht unbedingt als Hort der Innovation gilt, operieren viele wissenshistorische Studien im Modus der Biographie, allerdings mit dem Unterschied, dass sie ihre Protagonisten und Protagonistinnen in ihre sozialen Kontexte so einbetten, dass Narrative der Einzigartigkeit, der Genialität etc. konsequent dekonstruiert werden (Trischler 1999: 248f.). Nach der langanhaltenden Fokussierung auf Fallstudien und Mikrogeschichten des Wissens hat sich inzwischen auch Skepsis gegenüber deren Erklärungspotential artikuliert (Daston 2009; de Chadarevian 2009). In jüngerer Zeit haben sich gegenläufige Tendenzen etabliert, die Prozesse »kognitiver Evolution« nicht in Jahrhunderten, sondern in Jahrtausenden in den Blick nehmen – etwa Ansätze, die unter Begriffen wie *Big History* oder *Deep History* firmieren (Burke 2016: 123–125). Was in der allgemeinen Geschichte die Mikrogeschichte eines Dorfes war, wurden die Laborstudien in der Wissensgeschichte (Latour/Woolgar 1979; Knorr-Cetina 1981 [2002]). Das Labor wird zum Beobachtungsfeld für den Wissenschaftsanthropologen, der der »Fabrikation von Erkenntnis« ähnlich gegenübertritt wie der ethnologische Blick einer fremden Kultur.

Bis zum Ende der 1970er Jahre ist der Bestand an empirischen Arbeiten, die wir heute zur Wissensgeschichte rechnen, noch sehr überschaubar (Burke 2016: 145f.). Studien wie Robert K. Mertons Untersuchung über Wissenschaft, Technik und Gesellschaft im England des 17. Jahrhunderts (Merton 1938) oder Jacques Le Goffs Arbeit über die Intellektuellen im Mittelalter (Le Goff 1957) stellen eher herausragende Ausnahmen dar. Schon früh haben zwar in Deutschland historische Forschungen an die Wissenssoziologie angeknüpft, jedoch zunächst ohne nachhaltige Wirkung. Bezeichnend für die getrennten Wege der Forschung vor dem einenden Label der Wissensgeschichte ist die Tatsache, dass Mediävistik und Frühneuzeitforschung mehr oder weniger zeitgleich, aber offenbar weitgehend unabhängig voneinander den Begriff des »sozialen Wissens« aufgriffen. Otto Gerhard Oexle orientierte sich in seiner Kritik an der französischen Mentalitätsgeschichte an der Wissenssoziologie von Berger und Luckmann und begriff soziales Wissen in der Definition seines Schülers Ulrich Meyer als »das komplexe Geflecht von Vorstellungen, mittels derer die Menschen einer Gesellschaft ihre soziale Realität auf den Begriff zu bringen suchten« (Meyer 1998: 38; Oexle 1981; ders. 1987: 75f.). Innerhalb eines Projektes zur Sozialgeschichte der Aufklärung in Frankreich bezog man etwa zur gleichen Zeit den Begriff des sozialen Wissens aus der Wissenssoziologie von Alfred Schütz und Luckmann, um sich ebenfalls vom Konzept der Mentalität abzusetzen (Gumbrecht/Reichardt/Schleich 1981: 38ff.). Beide Ansätze wurden jedoch nur selten weitergeführt (Meyer 1998: 37ff.; Fuchs/Schulze 2002).

Institutionalisierung

Zur Institutionalisierung der Geschichte des Wissens trug die Verbundforschung bei. Zu den frühen Projekten, die sich dem Thema Wissen widmeten, zählt etwa der Bochumer DFG-Sonderforschungsbereich 119 »Wissen und Gesellschaft im 19. Jahrhundert« (Laufzeit 1979–1986), der im Gegensatz zum Frankfurter SFB-Forschungskolleg 435 »Wissenskultur und gesellschaftlicher Wandel« (1999–2008) jedoch lief, bevor die Wissensforschung in Mode kam und daher nicht so nachhaltige Aufmerksamkeit genießt (Fried/Kailer 2003).

Die Institutionalisierung der Wissensgeschichte fand an den deutschen Universitäten bislang eher zögerlich statt, wenn es um Lehrstuhlbenennungen ging: »Wissenskulturen der europäischen Neuzeit« (Erfurt), »Materialität des Wissens« (Göttingen), »Wissensgeschichte« (Konstanz). Die Verlage hingegen wetteifern mit der Etablierung von wissenshistorischen Buchreihen: »Historische Wissensforschung« (Mohr Siebeck 2014ff.), »Episteme in Bewegung: Beiträge zu einer transdisziplinären Wissensgeschichte« (Harrassowitz 2015ff.), »Wissenschaftskulturen: Wissenschaftsgeschichte – Wissensforschung – Pallas Athene« (Steiner 2018ff.), »Wissenskulturen und ihre Praktiken« (de Gruyter Oldenbourg 2019ff.), »Knowledge Societies in History« (Routledge, 2020ff.). Während in Zürich ein 2005 gegründetes Zentrum für »Geschichte des Wissens« bereits 2021 wieder geschlossen wurde, hob man in Lund 2020 ein neues *Centre for the History of Knowledge* aus der Taufe (zu den Motiven vgl. Bärnreuther/Böhmer/Witt 2020; Östling u. a. 2020).

Eine Wendung nahm die Forschung etwa seit dem Jahr 2000, als Kulturhistoriker wie Peter Burke das Projekt der Wissensgeschichte immer mehr im allgemeinhistorischen Kanon etablierten (Burke 2000/01). Bezeichnend ist die deutsche Übersetzung, die aus Burkes *Social History of Knowledge* die *Geburt der Wissensgesell-*

schaft machte und damit keinen Zweifel daran ließ, wie der Ansatz geschichtspolitisch zu verorten sei. In den vergangenen zwanzig Jahren zeigt die Produktion von sich nun explizit als Wissensgeschichten ausweisenden historischen Forschungen eine enorme Wachstumskurve.

Allerdings hat eine Stichprobe von 14 Publikationen aus den Jahren 2007 bis 2017, die den Begriff Wissensgeschichte im Untertitel führen, ergeben, das sich gerade einmal die Hälfte explizit zur Wissensgeschichte als historischem Forschungsansatz äußert bzw. sich in deren Referenzfeld bewegt (Vogel 2008; Uekötter 2010; Friedrich 2013; Speich Chassé 2013, Kohlrausch 2015, Fischer 2017; Huhle 2017), während andere sich in ihrem Wissensverständnis primär an Foucault oder der ANT orientieren (Kassung 2007; Stammberger 2011; Kury 2012; Hagel 2016) oder sich als Sammelbände gar nicht expliziter auf den Ansatz beziehen (Horn/Gisi 2009; Peck/Sedlmeier 2015; Harrasser 2017). Man wird Philip Sarasins Frage, ob die Wissensgeschichte nur eine modische »façon de parler« sei, daher nicht vollständig verneinen können (Sarasin 2020: 3).

Burke hat die Entwicklung der Wissensgeschichte mit der des Wissens selbst verglichen und von einer »Explosion« im doppelten Sinne einer »beschleunigten Expansion und einer Fragmentierung« gesprochen (Burke 2016: 3). Besonders produktiv scheint der wissensgeschichtliche Zugang auf die Geschichte der Frühen Neuzeit gewirkt zu haben; bei diesem Eindruck kann es sich jedoch wiederum um eine wissenssoziologische Standpunktabhängigkeit handeln (Vogel 2004: 644; Füssel 2007; ders 2019). Eine weitere Einschränkung der Perspektive ergibt sich in räumlicher bzw. sprachlicher Hinsicht. Daher werden im Folgenden vornehmlich wissenshistorische Forschungen aus anglo-amerikanischen, deutschen und französischen Forschungskontexten vorgestellt (zu Deutschland und den USA vgl. Lässig 2016; zu Frankreich vgl. Pestre 2015; Van Damme 2020; zur Schweiz vgl. Speich Chassé/Gugerli 2012; zu Schweden vgl. Östling u. a. 2020).

Herausforderungen

Auf die Frage nach der möglichen Zukunft der Wissensgeschichte hat Burke in zwei Richtungen geantwortet, einmal nach außen und einmal nach innen gerichtet. Die inneren Herausforderungen der Wissensgeschichte sieht Burke in der Globalgeschichte, der Geschichte des Alltagswissens und der langen Dauer einer »cognitive history«, wie sie im Umfeld der *big* und *deep history* diskutiert wird (Burke 2016: 123f.). Alle drei Felder bedürfen allerdings einer wissenssoziologisch angeleiteten Selbsthistorisierung, wie sie für die Globalgeschichte bereits überzeugend geleistet wurde (Eckel 2018; zur *deep history* vgl. Füssel 2021). Hinzuzufügen ist die Auseinandersetzung mit den sogenannten *digital humanities* und der Künstlichen Intelligenz, hierfür besäße die Wissensgeschichte zweifellos das geeignete Instrumentarium. Burke selbst hat jüngst noch das Nicht-Wissen auf die Agenda gesetzt (Burke 2020).

Die nach außen gerichtete Prognose ähnelt stark den künftigen Herausforderungen, wie sie vor 15 Jahren analog für die Neue Kulturgeschichte formuliert wurden. Es wird eine steigende Bedeutung des Stellenwertes von Wissen in anderen Teilgebieten der Geschichtswissenschaften geben, und genannt werden bezeichnenderweise die gleichen ›harten‹ Themenfelder wie die, für die man vormals eine kulturgeschichtliche Erweiterung als notwendig erachtete: Ökonomie, Militär und Politik (Burke 2016: 122). Dem wäre aus wissenshistorischer Warte noch die Produktion naturwissenschaftlichen Wissens als ›hartes‹ Thema an die Seite zu stellen, die in der Geschichtswissenschaft meist als eine Art »black box« behandelt wird (Lipphardt/Patel 2008: 453): ein Desiderat, das vor der Konjunktur der Wissensgeschichte ebenso für das Verhältnis von Wissenschaftsgeschichte und allgemeiner Geschichtswissenschaft angeführt wurde (Trischler 1999). Als mögliche Brücken zwischen beiden galten vor zwanzig Jahren die Institutionengeschichte, die Akteurszentrierung bzw. Biographik, Innovationssysteme und der erweiterte Kulturbegriff (ebd.). Übertragen auf das aktuelle Verhältnis von Wissensgeschichte und Geschichtswissenschaft hat das Innovationsregime wohl an Strahlkraft verloren, während der Kulturbegriff weit mehr als eine Brücke darstellt, sondern fast zur Ununterscheidbarkeit geführt hat. Burke hat zwei mögliche künftige Wege der Wissensgeschichte skizziert: den Pfad zur Autonomisierung als eigener institutionalisierter Subdisziplin analog zur Wissenschaftsgeschichte und den von ihm favorisierten Weg der Infiltration anderer Zweige der Geschichtswissenschaft analog zur Kulturgeschichte.

Zu den Kennzeichen wissenshistorischer Arbeiten zählt der Zuschnitt auf einen Gegenstand jenseits disziplinärer Grenzziehungen. Häufig fällt die Wahl auf zunächst scheinbar randständige oder schwer zugängliche Gegenstände wie das Pendel (Kassung 2007), den Traum (Gantet 2010), Stress (Kury 2012) oder Monster und Freaks (Stammberger 2011), um dann deren gesellschaftliche Wirkmächtigkeit und Geschichtlichkeit herauszuarbeiten.

Mit der neuen Kulturgeschichte teilt die Wissensgeschichte die Tendenz, nachdem sie sich lange den außergewöhnlichen, besonders fremdartigen Phänomenen zugewandt hat, die analytische Potenz des Ansatzes nun gerade an als klassisch geltenden Themenfeldern zu erproben, wie etwa der Wissensgeschichte der Diplomatie (Braun 2018) oder der Ökonomie (Speich Chassé 2013). Im Einklang mit allgemeinhistorischen Trends hat sich insbesondere das Feld einer Globalgeschichte des Wissens als besonders produktiv erwiesen (Raj 2007; Renn 2012; Findlen 2019).

Werkzeugkasten

Jenseits der Themenfelder hat sich eine Art ›Werkzeugkasten‹ von Konzepten mittlerer Reichweite herausgebildet, der sich allerdings in ständiger Bearbeitung befindet (als Überblick vgl. Burke 2016: 15–43). Hierzu zählen etwa »situiertes Wissen« (Haraway 1988/1995b), »implizites Wissen« (»tacit knowledge«; Polanyi 1985), »prekäres Wissen« (Mulsow 2012), »schwaches Wissen« (»weak knowledge«; Epple/Imhausen/Müller 2020), »nützliches Wissen« (Klein 2016), »Werkzeuge des Wissens« (Becker/Clark 2001) oder »Orte des Wissens« (Jacob 2007; ders. 2011). Um etwas Systematik in die Wissensgeschichte zu bringen, hat Philipp Sarasin vier Fragerichtungen skizziert: »Systematisierung und Ordnungen des Wissens«, »Repräsentationsformen und Medialität des Wissens«, »Akteure des Wissens« und »Genealogien des Wissens« (Sarasin 2011: 167).

Im Folgenden werden einige dieser Punkte zur Strukturierung aufgegriffen und zu einem praxeologisch ausgerichteten Darstellungskonzept verknüpft, das einerseits einem Verständnis von Wissen als Praxis, andererseits den fortwährenden Entgrenzungen wissenshistorischer Forschung Rechnung trägt. Historisch haben sich Räume des Wissens herausgebildet und es wurden Orte geschaffen, an denen Wissen zu bestimmten Zwecken hergestellt, gelehrt, gespeichert oder repräsentiert wird (Kapitel 2). Diese Orte umfassen nicht nur Universitäten und Labore, sondern auch Werkstätten oder Küchen. Wissen wird von unterschiedlichen Akteuren (Kapitel 3) produziert, kommuniziert, erworben und angewendet, deren Kreis sich stetig erweitert und längst nicht mehr nur auf männliche, weiße Wissenschaftler rekurriert. Den Praktiken des Wissens ist ein weiteres Kapitel gewidmet (Kapitel 4), welches deren Entstehung und Wandel beleuchtet. Wissen fand immer auch eine mediale und materielle Gestalt (Kapitel 5) vom Buch über das Bild bis zu den Dingen und Instrumenten. Da sich das, was als Wissen galt und gilt, stetem historischen Wandel unterworfen sieht, werden abschließend Narrative, Prozesse, Ideale und Grenzen des Wissens diskutiert (Kapitel 6).

2. Orte und Räume

Wissen ist nie ortlos, sondern immer im sozialen, physischen wie imaginären Raum lokalisiert. Von der Standortgebundenheit des Wissens handelte schon die ältere Wissenssoziologie. Im Zuge des *spatial turn* der historischen Kulturwissenschaften hat die Wissensgeschichte indes eine raumhistorische Wende vollzogen, die über die soziale Verortung weit hinausgeht. So gehört es mittlerweile selbstverständlich zur Heuristik der Wissensgeschichte, der Lokalisierung und Verräumlichung von Wissen nachzuspüren (Ash 2000; Bangert 2019).

Zentral für das neue Verständnis von Räumen sind deren Gemachtheit und die Abkehr von einer Vorstellung als Behältern von Menschen und Dingen (Rau 2017). Räume sind zentrale Strukturelemente des Sozialen und damit auch des Wissens. Die Raumtheorie unterscheidet zwischen Orten und Räumen. So können Räume als Orte definiert werden, mit denen »man etwas macht« (Certeau 1988: 218). Ein Archiv ist ein Ort der Speicherung von Wissen: Erst seine Nutzung, Umgestaltung und Aneignung macht es zu einem Wissensraum. Gleiches gilt für eine Universität, die als gelebter Ort von Forschung und Lehre zu einem akademischen Wissensraum wird. Gebäude wie Kirchen, Schlösser, Kasernen oder Krankenhäuser können für Lehre und Forschung umgenutzt und so zum Teil eines akademischen Wissensraumes werden.

Seit den ausgehenden 1980er Jahren hat der Begriff der Landschaft inflationäre Verwendung gefunden, um Bildungs-, Universitäts-, Wissenschafts-, Gerichts- oder Literaturlandschaften voneinander zu unterscheiden (Asche 2008). Seit dem gleichen Zeitraum feiern auch der Universitäts- und der Wissenschafts*standort* eine Konjunktur als politische Leitbegriffe – die Sprache des Raumes hat folglich ideologische wie ideologiekritische Implikationen. Wissenschaftshistoriker thematisieren »Geographien des Wissens« (Livingstone 2003), und »localizing knowledge« wurde zu einem der zentralen Postulate postkolonialer und feministischer Wissensgeschichtsschreibung (Wade Chambers/Gillespie 2000; Raj 2007; Cooper 2007). Entsprechende Ansätze reagieren damit auf das Paradox, dass der Geltungsanspruch von Wissenschaft universell, deren Produktionsräume aber stets lokal sind. Föderal strukturierte Wissensräume wie Deutschland oder die USA treten solchen mit extremem Zentralismus wie Frankreich gegenüber, und eurozentrische Vorstellungen von Zentrum und Peripherie lösen sich zugunsten von Zirkulationsprozessen auf. Im Zeichen digitaler Kommunikation bilden sich wiederum neue Konstellationen von Nähe und Distanz.

In Anlehnung an die Gedächtnisorte (*lieux de memoire*) hat Christian Jacob den Begriff der Wissensorte (*lieux de savoir*) entwickelt (Jacob 2007–2011; ders. 2018; Müller 2009). Jacob benennt vier analytische Zugänge zu den Orten des Wissens: die Theorie sozialer Welten von Anselm Strauss und der Chicagoer Schule des Interaktionismus, eine historische Anthropologie sozialer Praktiken im Anschluss an Erving Goffman, die Kultur- und Wissenssoziologie Pierre Bourdieus sowie schließlich die allgemeine Problematik einer verräumlichten Geschichte des Wissens (»une histoire spatiale des savoirs«). Die *lieux de savoir* stellen das wohl bislang ambitionierteste Projekt zur räumlichen Perspektivierung von Wissenskulturen dar; es ist ein Buch, das Jacob als »Bibliothek« versteht, in der die Leser ihre eigenen Kartierungen des Wissens vornehmen können. Räumlich wie zeitlich sind ihnen keine Grenzen gesetzt, es dominiert eine historisch-anthropologische Perspektive jenseits von Eurozentrismen, Hochkulturfixierungen oder Epochengrenzen.

Hilfreich ist die Unterscheidung von physischen, sozialen und symbolischen Wissensräumen (Ash 2000: 237). Die räumliche Perspektive fragt sowohl ganz konkret nach Wissensarchitekturen, etwa eines Archivs, einer Kunstkammer oder eines Studierzimmers, wie auch nach geographischen Grenzen, Transfers und Verdichtungen im geopolitischen Maßstab (Bahlmann/Oy-Marra/Schneider 2008). Zu symbolisch aufgeladenen Orten werden manche der genannten Räume durch ihre spezifische Gestaltung, wie es etwa plastisch an Gärten, Kunstkammern oder Bibliotheken ablesbar ist. Sie alle sind Teile des sozialen Raums einer Gesellschaft, verstanden als relationale Ordnung von Statuspositionen. Neben konkreten gebauten und institutionalisierten Orten rücken zudem eher virtuelle bis informelle Räume in den Blick, wie die Gelehrtenrepublik als Kommunikationsraum oder der Untergrund als Raum der Zirkulation klandestinen Wissen. Wissensutopien von Francis Bacons *Neu-Atlantis* bis Christoph Martin Wielands *Geschichte der Abderiten* imaginieren ideale oder dystopische Wissensräume (Heinisch 2005; vgl. hierzu auch die Quelle 7 unter *www.campus.de*). Als virtuelle Räume des Wissens werden auch bildliche oder textuelle Räume wie Tabellen, Graphiken, Verzeichnisse oder Fußnoten bezeichnet (Rheinberger/Hagner/Wahrig-Schmidt 1997; Mierke/Fasbender 2013; Salinero/Melón Jiménez 2018). Diese werden im Kapitel 5 über Medien des Wissens gesondert behandelt.

2.1 Orte und Institutionen des Wissens

Viele klassische Institutionen wie Archive, Klöster oder Universitäten werden heute als Orte thematisiert, um sich einerseits von der älteren Institutionengeschichte zu distanzieren und andererseits die Erkenntnispotentiale des spatial turn auszuschöpfen (Ash 2000: 235; McNeely/Wolverton 2008). Doch sollte man nicht den Fehler begehen, beides vorschnell in eins zu setzen und damit letztlich wieder einem Behälterverständnis von Raum zu folgen. Räume wie Institutionen werden sozial gemacht. Ein erweiterter Institutionenbegriff bleibt für die Wissensgeschichte unverzichtbar, speziell wenn es um die Sichtbarmachung von Machtbeziehungen geht (vom Bruch 2000, Vismann 2011).

Stadt

Seit der Antike zählen vor allem Städte zu den zentralen Knotenpunkten des Wissens. So kannten antike Kulturen Wissensorte wie Tempel und Orakelstätten; die berühmte Bibliothek von Alexandria war Teil des königlichen Palastes der Ptolemäer und bildete ein Musenheiligtum (Meyer-Zwiffelhoffer 2009). Waren in Mittelalter und Früher Neuzeit Klöster, Burgen und Schlösser oft bewusst außerhalb von Städten gelegen, so wurden Universitäten und Akademien, Archive und Bibliotheken, Buchhandlungen und öffentliche Plätze im urbanen Raum angesiedelt (Rogge 2008; De Munck/Romano 2020).

Städte waren der Ort eines Marktes nicht nur für materielle Güter, sondern auch für Informationen oder Heilangebote. Die medizinhistorische Forschung spricht beispielsweise von städtischen »Gesundheitsmärkten«, um die Konkurrenz unterschiedlicher medizinischer Akteure zum Ausdruck zu bringen (Jütte 1991). Die Wissensgeschichte des Mittelalters und der Frühen Neuzeit hat immer wieder bestimmte Städte als Fokuspunkte für die Untersuchung lokaler Wissensräume genutzt, wie etwa Rom (Romano 2008; Weststeijn 2014), Paris (Van Damme 2005) oder London. Straßen und Plätze – von der antiken Agora bis zur Londoner Grub Street – sind als Orte der Wissenspräsentation ebenso thematisiert worden (Eamon 2006) wie private Häuser und Haushalte (Cooper 2006). Viele klassische Institutionen wie Archive, Klöster oder Universitäten werden nun als Orte thematisiert, um sich von der älteren Institutionengeschichte zu distanzieren (Ash 2000: 235; McNeely/Wolverton 2008). Dabei sollte man jedoch nicht den Fehler begehen, beides vorschnell in eins zu setzen und damit letztlich wieder einem Behälterverständnis von Raum zu folgen.

Klöster und Orden

Eine der ältesten Wissensinstitutionen Europas ist das Kloster (Kintzinger 2006). In Klosterbibliotheken wurden antike Schriften aufbewahrt, in klösterlichen Skriptorien Handschriften kopiert und kompiliert (Nievergelt 2015; vgl. hierzu auch die Quelle 5 unter *www.campus.de*). Aufgrund der Trennung in Männer- und Frauenklöster ist das Kloster schon früh Gegenstand geschlechtergeschichtlicher Zugänge geworden (Lutter 2005). Klöster waren nicht nur Räume der Glaubenspflege, sondern ebenso als Grund- und Leibherren aktiv und produzierten pragmatische Schriftlichkeit in Form von Gerichtsakten, Rechnungen etc. (Hildbrand 1996). Die Klöster beherrschten und verwalteten Land und Leute, und ihre Archive waren wiederholt Gegenstand der Angriffe von rebellierenden Bauern. Die bisherige Forschung hat den Wissensraum Kloster meist unter dem Begriff »Bildung« thematisiert (Kruppa/Wilke 2006).

Für die Bildungs- und Wissensgeschichte der Frühen Neuzeit und der Moderne ist vor allem der 1540 gegründete Jesuitenorden prägend geworden (Rabin 2014). Die Männer der Gesellschaft Jesu begaben sich in die Welt, missionierten und waren von hoher Mobilität gekennzeichnet. Der Orden unterhielt ein weltweites Informationsnetz und wurde zu einem Motor der Globalisierung ebenso wie der Kolonisierung (Friedrich 2011). Wissen und geistige Leistungsfähigkeit stehen im Orden in besonderer Tradition, so dass der Jesuitenorden als regelrechter Wissenschaftsorden gelten kann. Schon im 16. Jahrhundert besetzten die Jesuiten Lehrstühle an Universitäten und wurden im Zeitalter der Konfessionalisierung zur tragenden Säule des katholischen Bildungssektors. Der Orden brachte bedeutende Universalgelehrte wie Athanasius Kircher (1602–1680) hervor, dessen Forschungsfelder von der Ägyptologie über Geologie und Medizin bis hin zur Musiktheorie reichten (Asmussen 2016). Ein jüngerer Sammelband zu Kircher trägt den bezeichnenden Untertitel »Der letzte Mann, der alles wusste« (Findlen 2004). Inzwischen hat allerdings jedes Jahrhundert einen dieser »letzten Männer« gefunden, wie identische Titel für Thomas Young (1773–1829), Joseph Leidy (1823–1891) oder Enrico Fermi (1901–1954) ausweisen (Warren 1998; Robinson 2006; Schwartz 2017).

Im 17. Jahrhundert trieben Ordensmänner das Handwerk historischer Editionen maßgeblich voran. Der Jesuit Jean Bolland (1596–1665) setzte Maßstäbe als Begründer der *Acta Sanctorum*, einer wissenschaftlich angeleiteten Sammlung von Heiligen- und Märtyrerberichten. Er begründete die Schule der Bollandisten. Eine Generation später arbeitete Jean Mabillon (1632–1707), Benediktiner der Kongregation des heiligen Maurus, an einem parallelen Projekt zu den Heiligenviten des Benediktinerordens. Er gilt heute als der Begründer der historischen Hilfswissenschaft der Diplomatik. Auch die Aufklärung ging nicht spurlos an den Klöstern vorüber, in denen sich etwa bei den Benediktinern eine eigene Wissenskultur monastischer Aufklärung entwickelte (Wallnig 2019). In der Wissensgeschichte des 19. und 20. Jahrhunderts spielten die diversen Missionsorden als Akteure kolonialer Wissensproduktion eine wichtige Rolle, sie produzierten u.a. Karten, Wörterbücher und medizinisches Wissen (Habermas/Przyrembel 2013; Saladin 2020).

Schulen Seit den antiken Kulturen sind Einrichtungen außerfamiliärer Bildung für Heranwachsende bekannt, die den ganzen Menschen ins Zentrum stellten und ein humanistisches Bildungsideal begründeten (Bruning 2010). Am sozialhistorischen Wandel von Schulen läßt sich nicht nur der Wandel von Wissenskulturen, sondern auch von Gesellschaftsstrukturen ablesen (Berg u. a. 1987-2005). Für europäische Gesellschaften erwies sich das Christentum als Motor des Schulwesens, zunächst von den Klosterschulen des Mittelalters ausgehend, später weiterentwickelt von städtischen Lateinschulen. Im Judentum und im Islam wirkten ganz ähnliche religiöse Kontexte wie etwa in den Talmud-Tora-Schulen oder den Koran Schulen (Lohmann 2010; Reichmuth 2010). Das nachreformatorische Zeitalter beförderte einen konfessionellen Wettbewerb, der von den Bildungsreformen der Reformatoren bis hin zur unentgeltlichen Ausbildung an Jesuitenschulen an Dynamik gewann (Schilling/Ehrenpreis 2003). Neben religiöse Motive traten im Zeitalter der Aufklärung Imperative nützlicher Wissensvermittlung, die zu diversen Reformen und institutionellen Neugründungen von den »mathematisch-mechanisch-ökonomischen Realschulen« in Halle und Berlin bis zum preußischen Gymnasium führten (Schmale/ Dodde 1991; Jeismann 1996; vgl. hierzu auch die Quelle 13 unter *www.campus.de*).

Im Zuge der Staatsformierung wurden Schulen immer mehr zu Staatsanstalten geformt und damit auch schrittweise säkularisiert (Musolff/Jacobi/Le Cam 2008). Das 19. Jahrhundert war dann von einer fortschreitenden Ausdifferenzierung und Verrechtlichung der bereits während der Frühen Neuzeit kaum überschaubaren Schultypen gekennzeichnet (Lundgreen 1980). Wissenssoziologisch waren und sind Schulen von einer Ambivalenz der Ermöglichung und der Begrenzung von sozialer Mobilität geprägt. Insbesondere mit Blick auf die Mädchen- und Frauenbildung sind zahlreiche Exklusions- und Segregationstendenzen zu verzeichnen (Kleinau/Opitz 1996), während in kolonialen Kontexten ab dem 19. Jahrhundert die Missionsschulen der Orden eine Rolle spielten.

Universität Als die europäische Institution höherer Bildung par excellence gilt die Universität (Rüegg 1993–2010). So entwickelten sich aus diversen Dom- und Klosterschulen wie den Generalstudien der Bettelorden und freien Gruppierungen von Lehrern und Schülern seit dem 11. Jahrhundert in ganz Europa Gemeinschaften von Lehrenden und Lernenden. Es war ein Prozess, der durch päpstliche und kaiserliche Privilegien immer festere institutionelle Gestalt annahm (vgl. hierzu auch die Quelle 4 unter *www.campus.de*).

Modellbildend wirkten die Hochschulen von Bologna und Paris. Während in Bologna die Studenten ihre Lehrer bestallten, war es in Paris umgekehrt, denn hier fanden sich Magister zusammen, die für Geld Schüler ausbildeten. Eine Universität ist somit weit mehr als ein Gebäude, sie ist vielmehr in erster Linie ein Personenverband, der seinen Ort wechseln kann, auch wenn das mit der Zeit immer schwieriger geworden ist. Heutzutage wäre ein universitärer Campus mit seinen spezifischen Räumlichkeiten wie Laboren, Bibliotheken und Hörsälen nur sehr bedingt in der Lage, von einer Stadt in die andere zu ziehen.

Für die interne Struktur der Universitäten wurde die Ordnung nach vier Fakultäten prägend, welche die drei höheren Fakultäten der Theologie, der Jurisprudenz und der Medizin sowie als propädeutische Vorstufe die *Artes liberales* umfassten. Aus den *Artes* wurde später die Philosophische Fakultät. Erst zu Beginn des 19. Jahrhunderts begann eine weitere Differenzierung von Fächern und Fakultäten, die bis heute nicht abgeschlossen ist. Forschung wurde nun zu einem unverzichtbaren Imperativ. Universitäten unterscheiden sich von anderen Institutionen höherer Bildung durch ihre spezifische Zertifizierung von Wissen in Form von Graden und Titeln wie dem Bachelor, Magister oder Doktor (Schwinges 2007).

Gerade am Beispiel der Universitäten kann der für Räume und Orte des Wissens sensibilisierte Blick viele neue Perspektiven eröffnen, jedoch auch manch grundlegende Eigenschaft verdecken. Die Universität war und ist nicht auf Gebäude und Infrastrukturen zu reduzieren, sie ist nicht die Summe ihrer Hörsäle, Labore und Kliniken, sondern primär ein Personenverband von Lehrenden und Lernenden. Raum und Wissen stehen in einem Wechselverhältnis. Die akademischen Akteure bringen spezifische Orte hervor, die selbst wieder strukturierend wirken, etwa durch die Disziplin oder Sitzordnung in Lese- oder Hörsälen, Schutzkleidung im Labor etc. In Mittelalter und Früher Neuzeit war dieser genossenschaftlich organisierte Verband mit Privilegien ausgestattet. Die Universitäten verfügten u. a. über eine eigene Gerichtsbarkeit, besondere Steuervorrechte sowie symbolische Unterscheidungszeichen und bildeten damit eine eigene Standeskultur und ein eigenes Standesbewusstsein aus (Füssel 2006a). Vom Prinzip her war die Gemeinschaft der Magister und Scholaren räumlich mobil und wurde erst während der Frühen Neuzeit nachhaltig sesshaft – ein Prozess, der durch diverse Infrastrukturen des akademischen Unterrichts befördert wurde wie botanische Gärten, anatomische Theater, Bibliotheken, Sammlungen, Sternwarten oder Kliniken.

Aus wissenshistorischer Perspektive ist vor allem die Einheit von Lehre und Forschung aufschlussreich, die man mit der Humboldt'schen Universitätsreform verbindet. Während der »Mythos Humboldt« inzwischen dekonstruiert ist (Ash 1999), hat sich auch der Blick auf die akademische Wissenspraxis gewandelt, wie im Kapitel 4 gezeigt werden wird. Während im Mittelalter Universitäten wie Paris oder Bologna überregional den Ton angaben, war die Frühe Neuzeit von einer Territorialisierung der ›Bildungslandschaften‹ geprägt. Im 18. Jahrhundert verkörperten im Reich Hochschulen wie Halle und Göttingen den Typus einer aufgeklärten Reformuniversität; im 19. Jahrhundert liefen ihnen allmählich Großuniversitäten wie Berlin, München oder Leipzig den Rang ab (Baumgarten 1997).

Der mit der Industrialisierung einhergehende Wandel an Wissensanforderungen brachte im 19. Jahrhundert neue Hochschultypen hervor. Am Beginn des 19. Jahrhunderts waren dies die Gewerbeschulen und polytechnischen Schulen, aus denen sich gegen Ende des Jahrhunderts die Technischen Hochschulen (TH) entwickelten. Um das Jahr 1900 erhielten diese das Promotionsrecht und schlossen damit endgültig zu den Universitäten auf. Ab den späten 1960er Jahren kam in Deutschland mit den Fachhochschulen ein weiterer Hochschultypus hinzu, der sich durch anwendungsorientierte Ausbildung auszeichnete, über dessen Promotionsrecht aber weiter gestritten wird. Seit dem 19. Jahrhundert fand die Ausbildung von Lehrern und später auch Lehrerrinnen in eigenen Seminaren statt, denen während der Weimarer Republik die Pädagogischen Akademien folgten. Nach dem Zweiten Weltkrieg transformierten sich diese zu Pädagogischen Hochschulen (PH), die seit den 1960er bis 1970er Jahren mit Promotions- und Habilitationsrecht ausgestattet wurden. In den 1970 und 1980er Jahren wurden die meisten westdeutschen PHs in die Universitäten integriert, in den 1990er Jahren erfolgte dieser Prozess im Osten Deutschlands.

In enger Nachbarschaft zu den Universitäten stehen die Akademien, die sich begrifflich insofern überschneiden, als sich frühneuzeitliche Universitäten auch Akademien nannten und beide bis heute Ort von ›Akademikern‹ sind. Anders als Universitäten vereinen Akademien nicht Lehrer und Schüler, sondern Gelehrte zur wissenschaftlichen Kommunikation unter dem Anspruch nach Gleichen. Akademie

Im Gegensatz zur Universitätsgeschichtsschreibung, die über eigene Zeitschriften, wissenschaftliche Gesellschaften und Handbücher verfügt, gilt das für die Geschichte der Akademien nicht. Entsprechend heterogen gestaltet sich die Forschungslandschaft, die entlang nationaler und disziplinärer Grenzen fragmentiert ist (Garber/Wismann 1996; Hirschi 2017). Es gibt literaturwissenschaftliche Forschungen zu Sprachakademien, musikhistorische zu Musikakademien, kunsthistorische zu Kunstakademien und wissenschaftshistorische zu Wissenschaftsakademien. Das Ganze wird nochmals gebrochen entlang nationaler Forschungstraditionen.

Eine wissenshistorische Perspektive kann vor diesem Hintergrund zu einem Vergleich einladen, der bei aller inhaltlichen Differenz auch strukturelle Muster freizulegen erlaubt. Fragen der Wissensorganisation können wie bei den Universitäten mit solchen der sozialen Interaktion verbunden werden (McClellan 1985; Kühn 2011). So treten hinter der Fassade bestimmter institutioneller Ideale die jeweiligen Praktiken von Inklusion und Exklusion hervor, die auch die Akademien zu Machträumen machten, wie ein Blick auf die Geschichte der akademischen Geschlechterverhältnisse zügig offenbart.

Ihren Ausgang nehmen die Akademien vom Vorbild der platonischen Akademie in Athen, die dort für etwa drei Jahrhunderte der Ausbildung der lokalen Eliten diente (387 v. Chr.–86 v. Chr.) (Dillon 2003). Im antiken Rom ahmte Cicero das Akademieideal in seiner Villa in Tusculum nach (Mielsch 1987: 94–140). Beide Orte versammelten im Wesentlichen Gesprächsgemeinschaften, von offiziellem Charakter in Athen, von eher privater Natur in Tusculum. Beide dienten den Humanisten der Renaissance als idealisierte Referenzpunkte.

Was in Florenz im 15. Jahrhundert recht informell begann, weitete sich bald auf ganz Italien aus. Akademien wurden in Rom, Neapel oder Venedig gegründet. Stabiler als diese frühen informellen und stark auf eine Gründungsfigur fixierten Institutionen wurden die Akademiegründungen des 16. Jahrhunderts, die sich zunächst den bildenden Künsten, der Musik und der Sprache zuwandten. Die Reinigung der jeweiligen Volkssprache wurde ausgehend von Italien zum Programm vieler europäischer Akademien wie der »Fruchtbringenden Gesellschaft« in Deutschland oder der *Académie Française* in Frankreich. Naturphilosophische Akademien entstanden erst im 17. Jahrhundert, erneut nach italienischem Vorbild (*Accademia del Cimento*, 1657). Europaweite Strahlkraft erlangte jedoch vor allem die Londoner *Royal Society* (1660).

Die Royal Society ist für die neue Wissenschaftsgeschichte und damit die Wissensgeschichte der Naturphilosophie zum zentralen Bezugspunkt geworden (Hunter 1989; Shapin 1994; Shapiro 2000), fanden sich hier doch die meisten ihrer Protagonisten und Schlüsselpraktiken. Ein eigenes Publikationsorgan, die *Philosophical Transactions*, verankerte die Ergebnisse der Royal Society in der europäischen Gelehrtenrepublik. Während die Londoner Gesellschaft eine Vereinigung von Gentlemen unter dem Schutz der Krone, aber mit steter Sorge für eine gewisse Autonomie blieb, waren die königlichen Akademien in Paris wie die *Académie Royale des sciences* (1666) tatsächlich mit Staatsaufgaben betraut (Hahn 1971). Ihre Strukturprinzipien wie die Einteilung in Klassen, Disziplinen und unterschiedliche Mitgliederkategorien übertrugen sich auch auf deutsche Akademiegründungen. Akademien veröffentlichten im 18. Jahrhundert regelmäßig Preisfragen, deren Beantwortung zum Sprungbrett mancher Gelehrtenkarriere werden sollte und die zeigen, wie der Fürstenstaat die Expertise der Akademie in aktuellen politischen und ökonomischen Fragen nutzte (Caradonna 2012; Röckelein 2013).

Im 19. Jahrhundert verloren die Akademien ihre staatstragende Bedeutung weitgehend an die Universitäten und lebten nun vor allem als Honoratiorenverbünde weiter, um Langzeitforschungsvorhaben wie umfangreiche Editionsprojekte weiterzubearbeiten, die an den Universitäten nicht durchführbar waren. Die sozialen Ausformungen einer Akademie reichten mithin von Formen »einer privaten Gesprächsrunde, eines politischen Propagandatrupps, einer spezialisierten Ausbildungsstätte, einer elitären Forschungsinstitution, einer technologischen Zertifizierungsanstalt, eines beratenden Expertengremiums« bis hin zu einer »exklusiven Aktiengesellschaft« (Hirschi 2017: 211).

Die Geschichtsschreibung ging lange von einer Art Arbeitsteilung zwischen Akademien und Universitäten in dem Sinne aus, dass an den Akademien geforscht wurde, während die vor-humboldtianischen Universitäten reine Lehranstalten gewesen seien. Diese dichotome Sichtweise ist inzwischen widerlegt worden. Es konnte gezeigt werden, dass an den Hochschulen auch schon in jenen Jahrhunderten neues Wissen produziert wurde, die den Begriff »Forschung« noch nicht kannten (Hammerstein 2004; Füssel 2015a).

Das Handwerk und seine Werkstätten bildeten lange Zeit eine Art Stiefkind der Wissensforschung (Reith 2017). Gegenüberstellungen von theoretischem Wissen und praktischem Können suggerierten, dass dem Handwerk keine tragende Rolle im Verwissenschaftlichungsprozess der Moderne zukam, sondern allenfalls die Nebenrolle eines stummen Zuarbeiters und Nachahmers. In jüngerer Zeit erlebte das Wissen des Handwerks eine wissenshistorische Neubewertung, die gerade dessen praktische, technische und implizite Qualitäten würdigte. Handwerk

Formell weist das Handwerk zahlreiche Analogien zu den Universitäten als den »Zünften des Wissens« (Otto von Gierke) auf, was sich auch in Parallelen der Forschungsgeschichte spiegelt. Das Handwerk ist eine genossenschaftliche Organisationsform mit spezifischen Ausbildungshierarchien (Lehrling, Geselle, Meister) und Praktiken wie der Gesellenwanderung und dem Abliefern eines Meisterstückes (de Munck/Kaplan/Soly 2007; vgl. hierzu auch die Quelle 8 unter *www.campus.de*). Die Forschung interessierte sich lange Zeit jedoch eher für die politisch-soziale Ordnung des Hand-

werks und studierte in der Tradition der Verfassungsgeschichte normative Quellen zur Zunftverfassung.

Die Erforschung der Wissenskultur des Handwerks profitiert vom Begriff des »impliziten Wissen«, der die Aufmerksamkeit auf Wissensbestände gelenkt hat, die sich aus Schriftquellen schwer rekonstruieren lassen sowie inkorporiert und zum Teil bewusst geheim gehalten wurden (Polanyi 1985; Loenhoff 2012). Jene körperbezogene »Natur des empirischen Verfahrens«, die für Werner Sombart noch zu den Faktoren der »Verlangsamung des technischen Fortschrittes« zählte (Sombart 1916: 201), wird mittlerweile ökonomisch wie wissenshistorisch wesentlich positiver bewertet (Epstein/Prak 2008). Ein Sammelband mit dem Titel *The Mindful Hand* (Roberts/Schaffer/Dear 2007) oder Pamela Smiths Monographie *The Body of the Artisan* (Smith 2004) haben den Fokus auf die Schnittstellen von Theorie und Praxis, von Körper und Geist, *artes liberales* und *artes mechanicae,* von kognitiver Fähigkeit und manueller Fertigkeit gerichtet. So konnte etwa die Genese der »deduktiven Mathematik« aus den Praktiken und Denkmustern der antiken Weberei hergeleitet werden (Harlizius-Klück 2004).

Die neue Sicht auf das alte Handwerk hat viele überkommene Bilder zu Tage gefördert und revidiert. Handwerker genossen bereits im Spätmittelalter vielerorts eine elementare Schulbildung in Lesen und Schreiben (Kintzinger 1999). Während Mädchen im späten Mittelalter in verschiedenen Berufen vor allem im Textilsektor eine Lehre absolvieren konnten, wurde ihnen dies seit Beginn der Frühen Neuzeit förmlich untersagt. Das bedeutete vor allem eine Delegitimation ihrer Arbeit und ihres Wissens, nicht dessen mangelndes Vorhandensein oder fehlende Anwendung. Frauen und Töchter waren in handwerkliche Arbeitsvorgänge eingespannt, blieben aber ähnlich wie die Frauen der Akademiker lange im Sinne einer Schattenökonomie weniger sichtbar (Werkstetter 2001). Handwerkersöhne waren ähnlich wie die Studenten eine sehr mobile Gruppe, und bereits im 19. Jahrhundert hob man analog die »Bedeutung einzelner Städte als der Hochschulen des Handwerkerstandes« hervor (Schanz 1877: 313). Doch sollte man den Faktor des Wissenserwerbs analog zum heutigen Kenntnisstand über die *peregrinatio academica* oder die Kavalierstour auch nicht zu hoch gewichten, vielmehr dürfte der Erwerb sozialer Kompetenzen und Kontakte eine nicht zu unterschätzende Rolle gespielt haben (Elkar 1999). Eine weitere Analogie ergibt sich aus der häuslichen Arbeitssituation der Werkstatt, denn auch die Gelehrten arbeiteten meist zu Hause. Wie die Werkstatt konkret beschaffen war, zeigt etwa ein Blick auf Bildquellen, auch wenn diese keine getreuen Abbilder, sondern idealisierte Zeugnisse sind. Ausbildungszeiten, Meisterstücke oder Geheimhaltungspraktiken unterschieden sich von Handwerk zu Handwerk, so dass hier von der Forschung noch zahlreiche Differenzierungen zu erwarten sind.

2.2 Orte der Macht: Vom Hof zum Staat

Der Hof

Im Mittelalter und in der Frühen Neuzeit bildete die höfische Gesellschaft einen wichtigen Ort der Produktion und Repräsentation von Wissen (Moran 2006; Arcelli 2008; Wintroub 2010). Fürsten fungierten als Mäzene und Patrone und engagierten sich zum Teil persönlich in von ihnen besonders geschätzten Wissensfeldern (Walther 2004). Im 13. Jahrhundert nahm vor allem der sizilische Hof des Staufers Friedrichs II. Wissen aus arabischen und griechischen Kulturen auf, im 16. Jahrhundert gab die Hofhaltung Rudolfs II. in Prag wichtige Impulse für die Wissenschaften. Das barocke Schloss mit seinen Bibliotheken, Wunderkammern, Gärten und Laboren wurde zu einem komplexen »Wissensraum« (Heinecke/Rößler/Schock 2013).

Wissen diente bei Hof der Repräsentation und der Unterhaltung, es durfte keinesfalls langweilen oder anstrengen. Ein Gelehrter bei Hof hatte darauf Rücksicht zu nehmen, wollte er nicht zum Ziel des Spottes werden. Der Hof bot Gelehrten viele Chancen der Förderung, barg jedoch das Risiko des Falls des Günstlings, wie es Galileo Galilei als Höfling schmerzhaft erfuhr.

Mario Biagiolis *Galilei, der Höfling* als Beispiel für Wissensgeschichte als Neue Kulturgeschichte

Im Zentrum der Untersuchung des in den USA lehrenden italienischen Wissenschaftshistorikers Mario Biagioli steht das Wechselverhältnis zwischen höfischer Kultur und wissenschaftlicher Erkenntnis. Die Studie zeigt exemplarisch eine Mischung aus Wissenschaftsgeschichte und Neuer Kulturgeschichte, welche den Streit zwischen Internalismus und Externalismus praxeologisch aufhebt. Wollte Galileo Galilei als Wissenschaftler reüssieren, musste er sich in Abhängigkeit eines absoluten Fürsten begeben. Denn nur dieser war in der Lage, ihm die notwendige Statusposition zu verschaffen, die seiner Arbeit die nötige Legitimität verlieh. Biagioli beschreibt Galilei mit Hilfe von Stephen Greenblatts Begriff der »Selbstformung« (*Self-Fashioning*) als eine Art Bastler, der sich innerhalb bestimmter Patronagesysteme bewegt und geschickt die ihm zur Verfügung stehenden Ressourcen nutzt, um seinen gesellschaftlichen Status und seine wissenschaftliche Legitimität zu festigen. Innerhalb des Sozialsystems der Patronage besteht ein enger Zusammenhang zwischen sozialem Status und epistemologischer Glaubwürdigkeit. Galilei verfügte im Sinne Pierre Bourdieus über inkorporiertes Kulturkapital aufgrund seiner Sozialisation in einer Hofmusikerfamilie, welches ihm das Spiel im höfischen Feld erleichterte. Mit Rückgriff auf Marcell Mauss werden Formen des Gabentauschs analysiert, mit deren Hilfe Patronagebeziehungen geknüpft und Patronagenetze mit wissenschaftlichen Kommunikationsnetzen verknüpft wurden. Der Republik Venedig schickte Galileo ein Fernrohr zu militärischen Zwecken, den Medici ›schenkte‹ bzw. widmete er die Jupitermonde, die ihnen der absolutistischen Herrschaftsideologie zufolge ohnehin schon gehörten. Der agonale Charakter des Patronagesystems wird in der Homologie zwischen Duell und Disput deutlich: Der Wissenschaftler glich einer Spielfigur, die durch den Patron ins Rennen geschickt wird. Es kam weniger auf Wahrheit oder Unwahrheit der Behauptung oder den Sieg innerhalb der Auseinandersetzung an als vielmehr auf die Form, in der diese geführt wurde, und die investierte Energie. Angesichts relativ instabiler Machtfelder – der römische Hof war von extrem hoher Statusmobilität geprägt – brachte Galileo schließlich zu Fall, was ihm seinen Aufstieg ermöglicht hatte: die soziale Logik der Patronage. Er geriet zwischen die Fronten von Hof und Klerus und erlitt den »Sturz des Favoriten«. Es kam zu einer Verurteilung Galileis als »rituellem Opfer«, und Athanasius Kircher SJ stieg zum neuen Star auf (Biagioli 1999a; kritisch dazu Detel 2002).

Das höfische Leben erforderte die Kenntnis moderner Fremdsprachen, des Rechts, der Kriegskunst, der Geschichte des eigenen Adelshauses sowie praktische Fertigkeiten wie Reiten, Jagen, Fechten, Tanzen und weitere Sportarten (Paravicini/Wettlaufer 2002). Der Hof beförderte genuin adelige Wissensfelder wie etwa die Genealogie, die zwar nicht allein auf den Adel beschränkt blieb, für diesen jedoch eine zentrale Machtressource darstellte (Eickmeyer/Friedrich/Bauer 2019).

Das höfische Wissensprofil bedienten in Mittelalter und Früher Neuzeit eigene Prinzenerzieher, bevor man ab dem 17. und 18. Jahrhundert den Spezifika der Adelserziehung in Gestalt der sogenannten Ritterakademien Rechnung zu tragen versuchte. Von Turin bis Tübingen schnitt man in ganz Europa die Ausbildungsprofile auf die praxisorientierten Bedürfnisse des Adels zu (Conrads 1982). Martin Mulsow hat am Beispiel des Gothaer Hofes im 17. Jahrhundert gezeigt, wie eine Wissensgeschichte des Hofes Verwaltungswissen, politisches Wissen, gelehrtes Wissen und praktisches Knowhow integrieren kann (Mulsow 2019). Der Hof war auf das Wissen von Experten angewiesen, dessen Inhalte sich je nach Hoftyp unterscheiden konnten: Ein Musenhof wählte eventuell andere Präferenzen als ein zeremonieller, ein weltlicher andere als ein geistlicher Hof. Die materielle Inszenierung repräsentativer höfischer Ästhetik war auf Architekten und Künstler angewiesen (Bognár 2020).

Alchemie

Emblematisch für eine besondere bei Hof geförderte ›Kunst‹ kann die Alchemie stehen, die als ebenso verheißungsvolle wie prekäre Wissenskultur das besondere Interesse der Forschung findet (Wels 2015). Sie galt lange als höfische Wissenschaft, da offenbar nur die Höfe in der Lage waren, die Kosten der Apparaturen aufzubringen (Smith 1994; Nummedal 2007). Inzwischen hat man die Alchemie jedoch auch in bürgerlichen Kreisen verorten können. Nicht nur in sozialer Hinsicht ist der Fokus der Alchemieforschung geweitet worden: Aus geschlechtergeschichtlicher Perspektive ist die Rolle von Frauen betont worden (Long 2010), und aus postkolonialem Blickwinkel wurde gezeigt, wie die *East India Company* eine *Alchemy of Empire* im Umgang mit Mörtel, Eis oder Papier betrieb (Sudan 2016).

Seeing like a state

Aus der höfischen Verwaltung entwickelten sich die Apparaturen des modernen Staates wie Ämter, Kommissionen und Ministerien. Max Weber hat instrumentelles Wissen prominent zur Grundlage bürokratisch gestützter Herrschaft erklärt. So bedeute bürokratische Verwaltung »Herrschaft kraft *Wissen*: dies ist ihr spezifisch rationaler Grundcharakter. Ueber die durch das *Fach*wissen bedingte gewaltige Machtstellung hinaus hat die Bureaukratie (oder der Herr, der sich ihrer bedient), die Tendenz, ihre Macht noch weiter zu steigern durch das *Dienst*wissen: die durch Dienstverkehr erworbenen oder ›aktenkundigen‹ Tatsachenkenntnisse« (Weber 1922/1976: 129).

Der sich formierende Staatsapparat wurde zu einem Wissensproduzenten mit eigenen Interessen und Sichtweisen. Eine historische Pionierstudie zur Frage, wie Obrigkeiten »abstraktes Wissen« produzieren und als Herrschaftsinstrument nutzen, hat der Soziologe und Ethnologe Gerd Spittler am Beispiel des »Bauernstaates« Preußen vorgelegt (Spittler 1980). Die Einteilung von Besitz in »Hufen«, die Erfassung der Untertanen in Kirchenbüchern und Tabellenwerken, die Einrichtung eines Zensus (Volkszählung) oder eines Katasters wurden zur empirischen Grundlage wissensbasierter Herrschaft und schufen gleichzeitig neue Räume. James C. Scotts Buchtitel *Seeing like a state* wurde in der Forschung zu einem wichtigen Stichwort für die Analyse von Informations- und Wissenspraktiken wie der Volkszählung, dem Kataster, der Statistik, der Hausnummerierung, von Adressbüchern oder Fragebögen (Brian 2001; Scott 1998; Collin/Horstmann 2004; Desrosières 2005; Behrisch 2016).

Staat und Großforschung

Mit dem modernen Staat eröffneten sich quantitativ wie qualitativ neue Dimensionen der institutionalisierten Wissenschaftsförderung. Nach der Etablierung der modernen Forschungsuniversität kam es im 19. Jahrhundert zu einem institutionellen Ausdifferenzierungsprozess im Spannungsfeld von Staat, Wirtschaft und Wissenschaft. Zunächst standen Institute wie das Kaiserliche Gesundheitsamt (1876) oder die Physikalisch-Technische Reichsanstalt (PTR) (1887) primär im Dienst von Normierung und Kontrolle (Hüntelmann 2008; Cahan 1992). 1911 kam es mit der Gründung der Kaiser-Wilhelm-Gesellschaft (KWG) zur Etablierung eines umfassenden Systems außeruniversitärer Forschungseinrichtungen, das nicht allein den Interessen der Forschung, sondern auch der Industrie und

Politik diente (Rürup/Schieder 2000–2002). Während der beiden Weltkriege stand die staatlich geförderte Forschung vornehmlich im Zeichen militärischer Nutzung von der Entwicklung von Chemiewaffen bis zur Luftfahrtforschung (Johnson 2017). In Göttingen entstand 1907 eine Aerodynamische Versuchsanstalt (AVA), aus der sich 1969 die »Deutsche Forschungs- und Versuchsanstalt für Luft und Raumfahrt« formierte (seit 1997 Deutsches Zentrum für Luft- und Raumfahrt, DLR).

Nach dem Ersten Weltkrieg führten im Jahr 1920 gemeinsame Interessen von Wissenschaft, Wirtschaft und Politik zur Gründung der »Notgemeinschaft der deutschen Wissenschaft« (NDW), aus der sich 1929 die »Deutsche Gemeinschaft zur Erhaltung und Förderung der Forschung« (DFG) entwickelte (Hammerstein 1999). Zunächst eine Art Solidargemeinschaft angesichts prekärer Finanzierungsverhältnisse, wurde sie zu einem Steuerungsinstrument der staatlichen Wissenschaftsförderung insgesamt. Nach dem Zweiten Weltkrieg wurde 1948 aus der KWG die Max-Planck-Gesellschaft, deren wissenschaftshistorische Aufarbeitung noch im Gange ist (Hoffmann/Kolboske/Renn 2017). Während die MPG sich der Grundlagenforschung widmet, erfolgte aus den Kreisen der Wirtschaft 1949 die Gründung der »Fraunhofer Gesellschaft«, um anwendungsbezogene Forschung zu fördern (Trischler/vom Bruch 1999).

Mit den genannten Organisationen trat die Wissenschaft in das Zeitalter der sogenannten Großforschung (Big Science) ein (Price 1974; Szöllösi-Janze/Trischler 1990; Galison/Hevly 1992; Ritter 1992). Gleichsam zum Symbol moderner Großforschungszentren ist das CERN geworden (abgeleitet von *Conseil européen pour la recherche nucléaire*), die europäische Organisation für Kernforschung. Mit einem Jahresbudget von ca. einer Milliarde Euro (2014), rund 3.400 Mitarbeitern, als Geburtsort des *World Wide Web* und Standort der weltweit größten Teilchenbeschleuniger steht die Einrichtung in der Nähe von Genf in jeder Hinsicht für Superlative. Es wäre jedoch ein Fehler, Großforschung primär quantitativ zu begreifen, ihr Grundcharakter ist vielmehr qualitativer Art: »Sie richtet sich inhaltlich an vorgegebenen politischen und/oder ökonomischen Zwecken aus und ist für politische Steuerung offen« (Szöllösi-Janze 2004: 304).

2.3 Kommunikationsräume

Die Zirkulation und Kontrolle von Wissen hat historisch sowohl eigene Kommunikationsräume hervorgebracht als auch bereits bestehende Räume genutzt. So ermöglichte etwa das entstehende Postwesen regelmäßigen Austausch über große Distanzen, der wiederum eigene Kommunikationsnetze unter Gelehrten oder Kaufleuten hervorbrachte. Die Zugänglichkeit von Wissen steht im Spannungsfeld sich wandelnder Verhältnisse von Öffentlichkeit und Geheimhaltung sowie sozialer Inklusion und Exklusion.

Öffentlichkeit

Öffentlichkeit unterliegt historischem Wandel. Den *Strukturwandel der Öffentlichkeit* zu historisieren, ist seit der 1962 publizierten Habilitationsschrift von Jürgen Habermas zu einer der zentralen Aufgaben der Geschichtswissenschaft geworden (Habermas 1962 [2018]). Habermas skizzierte darin die Herausbildung einer bürgerlichen Öffentlichkeit seit dem 16., vor allem aber im 18. Jahrhundert, die das ältere Modell einer »repräsentativen Öffentlichkeit« der höfischen Herrschaftssphäre abgelöst habe. Die Studie hat viel Kritik von Seiten der Geschichtswissenschaften auf sich gezogen, dennoch verdanken diese dem Werk kaum zu überschätzende Anregungen (Schwerhoff 2011). International produktiv wurde die Auseinandersetzung mit Habermas' Modell mit der 1989 publizierten englischen Übersetzung. Die Frage nach Öffentlichkeit und Wissen hätte sich ohne diese Pionierleistung kaum zu einem solch breiten Forschungsfeld entwickelt, wie es gegenwärtig diskutiert wird. Vor allem für die Zeit vom 18. Jahrhundert bis zur Gegenwart haben inzwischen zahlreiche Studien »Wissenschaft und Öffentlichkeit als Ressourcen füreinander« erschlossen (Nikolow/Schirrmacher 2007). Gefragt wurde nach der Popularisierung und Kommerzialisierung von Wissen, wie es im 18. Jahrhundert Schausteller (Golinski 1992; Broman 1998; Hochadel 2003), im 19. Jahrhundert dann Vereine, Ausstellungen und Tiergärten (Daum 1998; Samida 2011) und im 20. Jahrhundert Radio- und Fernsehsendungen öffentlich inszenierten. Wissenschaft für alle wurde in ganz Europa zur neuen Devise (Béguet 1990; Bowler 2009).

Wissenschaftliches Wissen schien in immer mehr und immer größeren Öffentlichkeiten präsent zu sein, schon im 19. Jahrhundert beschränkte sich der Kreis der Rezipienten nicht allein auf das Bildungsbürgertum. Die Geschichte von Wissen und Öffentlichkeit wird jedoch längst nicht mehr als reine Fortschrittsgeschichte erzählt. Wissenschaft und ihre Praxis standen zunehmend unter medialer Dauerbeobachtung mit der Folge, dass die Öffentlichkeit bestimmte Erwartungshaltungen an Expertise entwickelte. Die Wissenschaftler:innen aber nutzten ihrerseits bestimmte Strategien der öffentlichen Darstellung, die sich in jüngerer Zeit wiederum zu einem politischen Imperativ gegenüber der Wissenschaft entwickelten (Weingart 2005). Eine Schnittstelle zwischen Wissenschaft und Öffentlichkeit sind partizipative Formen der Wissensproduktion durch Laien, die unter dem Begriff der »citizen science« zusammengefasst werden (Mahr 2014). Vorläufer können etwa in Geschichtsvereinen und Naturkundevereinen bereits seit dem 19. Jahrhundert gefunden werden (Daum 1998), während als Vorgänger einer wissenschaftlichen Öffentlichkeit gern die europäische Gelehrtenrepublik gehandelt wird.

Gelehrtenrepublik

Seit der Zeit des Humanismus kommunizierten die Gelehrten nicht nur an Universitäten und Akademien miteinander, sondern auch in einem eigenen Gemeinwesen: der Gelehrtenrepublik, *respublica litteraria* oder *republique de lettres* (Fumaroli 1988; Bots/Waquet 1994). In der Forschung ist umstritten, ob diese Republik als fiktionales ›Wunschbild‹ oder realer Kommunikationsraum zu bewerten ist (Daston 1991; Hirschi 2011). Für Letzteres sprechen zumindest zahlreiche Publikationen zur gelehrten Öffentlichkeit und Kommunikation (Schneider 2005; Fohrmann 2005; Herbst/Kratochwil 2009). Die kommunikative Praxis der Gelehrtenrepublik hat man vor allem anhand von Netzwerkanalysen auf Grundlage von Briefwechseln untersucht (Berkvens-Stevelinck 2005). Wegweisende Pionierstudien entstanden u. a. zu Albrecht von Haller oder Justus Liebig (Stuber/Hächler/Lienhard 2005; Busse 2015).

Die Gelehrten schrieben sich jedoch nicht nur Briefe, sondern verschickten auch Objekte (Dauser u. a. 2008). Ohne entsprechende Netzwerke hätte ein Naturforscher wie Carl von Linné (1707–1778) kaum seine umfangreiche Specimensammlung anlegen können; das Publikationssystem der Botanik war eine »kollaborative Wissenskultur« (Dietz 2017).

Die Kommunikation der Gelehrtenrepublik stellt ein Forschungsfeld dar, das mit den Möglichkeiten der *Digital Humanities* in jüngerer Zeit enormen Auftrieb erfahren hat (Hotson/Wallnig 2019). Nun können sowohl größere Datenmengen verarbeitet als auch anspruchsvolle Verfahren der Visualisierung kommunikativer Netze genutzt werden (vgl. die Hinweise auf Projekt-Datenbanken im Anhang).

Die Gelehrtenrepublik stellte ein normatives System dar, das bestimmte Bedingungen der Inklusion und Exklusion kannte und Fehlverhalten gegenüber den moralischen Codes sanktionierte (Goldgar 1995; Füssel 2014). Vertrauen und Vertrauenswürdigkeit etwa spielten eine große Rolle für die Stabilität kommunikativen Austausches (Mauelshagen 2003). Die Republik kannte weibliche Mitglieder, blieb in der Mehrheit jedoch wie die realen politischen Republiken eine Gemeinschaft von Männern (Dalton 2003). Neben dem Geschlecht konnte die Konfession zum Problem der Teilhabe werden, was die Frage nach konfessionell getrennten Gelehrtenrepubliken aufgeworfen hat (Jaumann 1998). Im Zeitalter der sich formierenden Nationalstaaten im 19. Jahrhundert fand die transnationale Idee der Gelehrtenrepublik ihr Ende (Eskildsen 2004). Als Nachfolger der Gelehrtenrepublik gilt vielen die heutige *scientific community*, obwohl man mit zu eindeutigen Genealogien vorsichtig sein sollte.

Wissen und Geheimnis

Eine Art verdeckte Parallelwelt der Gelehrentenrepublik bildete der ›Untergrund‹ (Mulsow 2014). So war eine zentrale Praktik im Umgang mit Wissen seine Geheimhaltung. Das Geheimnis trennte auf allen gesellschaftlichen Ebenen Eingeweihte von Uneingeweihten. Geheimes Wissen wirkte attraktiv und eröffnete eine regelrechte »Ökonomie des Geheimen« (Pionke/Millstein 2010; Jütte 2011; Leong/Rankin 2011). Geheimliteratur zirkulierte im 18. Jahrhundert auf einem eigenen Geheimbuchmarkt (Haug/Mayer/Schröder 2011).

Auf der Ebene von Hof und Staat waren es in der Vormoderne die *arcana imperii*, in der Moderne dann die Staatsgeheimnisse, die es zu schützen gilt. Spionage wurde zu einer wichtigen Technik, um an das geheime Wissen der Konkurrenten zu gelangen (Bertucci 2013). Handwerker und Künstler hielten Rezepturen und Techniken geheim, ebenso wie später die Eigentümer von Fabriken und Laboren (vgl. hierzu auch die Quelle 12 unter *www.campus.de*).

Ebenfalls im Geheimen operierten geheime Gesellschaften und Geheimgesellschaften. Bei Ersteren, wie etwa den Freimaurern, war die Existenz bekannt, aber die Grenze zur gesellschaftlichen Sichtbarkeit gezogen. Bei Letzteren war die Existenz selbst bis zur Aufdeckung unbekannt, bekanntestes Beispiel sind die Illuminaten. Der Wille zum Wissen spielte in allen geheimen Verbindungen eine zentrale Rolle (Gregory 2009). Bei den Rosenkreuzern ging es eher um die Versöhnung von Wissenschaft und Christentum, bei den Illuminaten viel um esoterische Wissensbestände, bei den Freimauern um grundsätzliche, vor allem moralische Bildung des (bürgerlichen) Individuums. In Logensitzungen wurden gelehrte Aufsätze verlesen, später oft in eigenen Zeitschriften gedruckt, oder sie zirkulierten in handschriftlicher Form; Logen richteten Bibliotheken ein. Interne Hierarchien des Aufstiegs waren ganz wesentlich meritokratisch gedachte Hierarchien des Wissens (Önnerfors 2013). Strukturelle Parallelen der Geheimgesellschaften zu christlichen Orden, wissenschaftlichen Akademien oder Lesegesellschafen sind offenkundig. Die Erforschung der ›geheimen Labore‹ dieser Gesellschaften zeigt deutlich die Vorteile des erweiterten Wissensverständnisses der Wissensgeschichte. Dies ermöglicht es, eine von selbst- wie fremdgesetzten Grenzen durchzogene Wissenskultur zu erschließen, die oft allenfalls als das Andere der echten, öffentlichen Wissenschaft behandelt wird.

2.4 Orte des Sammelns

Institutionalisierte Orte des Sammelns kannten bereits die antiken Kulturen. Als *Museion* bezeichnete man in Griechenland ein Heiligtum der Musen, dessen prominenteste Verwirklichung wohl das Museion bzw. Musaeum von Alexandria darstellte (Watts 2008; vgl. hierzu auch die Quelle 2 unter *www.campus.de*). Modern gesprochen bildete es ein regelrechtes Forschungszentrum, dessen Multifunktionalität erst über ein Jahrtausend später wieder erreicht

werden sollte: Es umfasste vermutlich ein astronomisches Observatorium, ein anatomisches Theater, einen botanischen Garten, Studier- und Arbeitszimmer, Sammlungen aus Natur-, Kultur- und Kunstobjekten sowie eine monumentale Bibliothek. Damit war bereits früh eine Art Kanon empirischer Sammlungs- und Wissensorte etabliert. Seit dem Mittelalter und der Frühen Neuzeit brachten die besonderen Konjunkturen des Sammelns in Europa spezifische Ausformungen von Wissensorten hervor, deren Funktionen und Bestände noch nicht scharf voneinander abgegrenzt waren: die Bibliothek, das Archiv, die Wunderkammer und das Museum (Büttner 2003; Felfe/Wagner 2010; Friedrich/Zedelmaier 2017).

Bibliotheken Die erwähnte Bibliothek von Alexandria gilt als eine der ältesten Bibliotheken. Bibliotheken haben zudem als imaginäre Räume die europäische Wissenskultur geprägt, indem man immer wieder über die ideale Bibliothek nachdachte (Werle 2007). Die Idee einer *Bibliotheca universalis* als einer vollständigen Sammlung allen verfügbaren Wissens wurde zu einer handlungsleitenden Fiktion (Zedelmaier 1992). Mit dem Begriff *bibliotheca* wurde neben dem Raum auch die Sammlung selbst gekennzeichnet, wodurch der Begriff zum beliebten Buchtitel von Überblickswerken wurde. Bibliotheken können auf eine längere historische Forschungstradition zurückblicken, die meist von Bibliothekaren selbst betrieben wurde (Umlauf/Gradman 2012).

Bibliotheken differenzierten sich seit dem Mittelalter ständisch aus, auf die Klosterbibliotheken folgten Hof-, Universitäts- und Ratsbibliotheken. Der Umfang europäischer Bibliotheken hielt sich im Mittelalter noch in überschaubaren Grenzen, während in Asien oder im islamischen Raum bereits gewaltige Sammlungen existierten (McDermott/Burke 2015).

Bibliotheken weisen offenkundig zahlreiche Überschneidungen zu anderen Sammlungsräumen wie dem Archiv oder dem Museum auf. Der Buchdruck und das Aktenzeitalter (in Abgrenzung vom mittelalterlichen Urkundenzeitalter) brachten seit dem 15. Jahrhundert einen quantitativen Aufwuchs an gedruckter wie handschriftlicher Schriftlichkeit, führten aber nicht zu einer vollständigen institutionellen Separierung der Speichermedien. Die Grenzen waren und sind fließend: Bibliotheken enthalten Handschriften, und Archive enthalten Drucke. Auch mit den Artefaktsammlungen wie den Kunst- und Wunderkammern ergaben sich Überschneidungen, man spricht von der Wunderkammer-Bibliothek, die neben Büchern ebenso musealisierte Gegenstände enthalten konnte (Zedelmaier 2015: 89). Unterschiede ergaben sich vor allem in der Funktion und Zugänglichkeit der Sammlungsorte. Eine Wunderkammer ohne staunende Besucher wäre sinnlos, während das Archiv zunächst nicht auf eine breite Benutzerschaft ausgelegt war.

Die umfangreichsten Bibliotheken waren die Fürsten- und Klosterbibliotheken; die Universitäten, die heute zu den großen Bücherhaltern zählen, verfügten nur über vergleichsweise kleine Büchersammlungen, denn die Professoren unterhielten umfangreiche Privatbibliotheken. Bibliotheken dienten nicht allein dem Wissenserwerb, sondern gleichermaßen der Repräsentation und waren ein zentrales Element fürstlicher Machtdarstellung. Bis in das 19. Jahrhundert war der Zugang zu vielen Bibliotheken auf bestimmte Benutzergruppen beschränkt. Büchersammlungen wurden zum Gegenstand konfessioneller Auseinandersetzungen, wie etwa der Raub der *Bibliotheca Palatina* 1622 aus dem calvinistischen Heidelberg und ihre Überführung in das katholische Rom zeigen. In den Kriegen des 19. und 20. Jahrhunderts wechselten zahlreiche Bibliotheken als Beutegut den Besitzer, was bis heute Anlass zu Restitutionsforderungen gibt.

An der Entwicklung der Bibliotheksarchitektur und der Bibliotheksfindmittel lässt sich der Strukturwandel des Wissensortes Bibliothek plastisch ablesen (Gigon 2011). Im frühen und hohen Mittelalter wurden Bücher – wie in der Antike – in Schränken und Kisten verwahrt. In den Pultbibliotheken des späten Mittelalters wurden Bücher zur Sicherung an Lesepulte angeschlossen. In der Frühen Neuzeit entwickelte sich die Saalbibliothek mit an den Wänden aufgestellten Regalen. Für diesen Typ wurden vor allem Bibliotheken in Italien und Spanien stilbildend, wie die *Vaticana* in Rom oder die Escorial-Bibliothek in Madrid (Wagner 2009). Im 19. Jahrhundert folgte mit der Öffnung für breitere Nutzerschichten eine räumliche Dreiteilung in Lesesäle, Magazine und die Büros der Verwaltung. Die »Geburt des Lesesaals« führte zu ganz neuen

Nutzungsgewohnheiten, die Bibliothek wurde zu einem genuinen Ort der Forschung (Schneider 2010).

Voraussetzung für die effektive Nutzung einer Bibliothek sind Findmittel in Gestalt eines Katalogs (Blair 2010). Normative Grundlagen der Systematik waren früh geschaffen, wie etwa das Modell der *Bibliotheca universalis* des Züricher Gelehrten Conrad Gessner (1545–1549) verdeutlicht. Die praktische Umsetzung zugunsten der Nutzer war aber lange gar nicht vorrangiges Ziel der Büchersammler und Bibliothekare vgl. hierzu auch die Quelle 9 unter *www.campus.de*). Das Wissen über die Bestände war auch ein Machtfaktor. Vielerorts entstanden Zettelkataloge unterschiedlicher Systematik, die das stetige Wachstum der Bibliothek begleiteten: Jedes neue Buch konnte mit einem neuen Zettel rasch integriert werden (Krajewski 2002). Mit der Digitalisierung seit den 1990er Jahren gingen die Zettelkataloge in öffentlichen digitalen Katalogen auf, den »Online Public Access Catalogue« (OPAC). Im Zeitalter der digitalen Transformation gegenwärtiger Wissenskulturen wird über die Zukunft der Wissensspeicher zwischen analog und digital debattiert (Mittelstraß/Rüdiger 2016).

Archive

Eng verwandt mit der Bibliothek ist das Archiv, zwischen beiden bestehen diverse strukturelle Parallelen, aber ebenso signifikante Unterschiede (Lepper/Raulff 2016). Archive stellen »Institutionen zur Gewährleistung dauerhafter Verfügbarkeit und Benutzbarkeit pragmatischer Schriftlichkeit« dar (Friedrich/Zedelmaier 2017: 269). Archive existierten bereits in der Antike (Posner 1972; Brosius 2003). So wurden in vorderorientalischen und griechischen Stadtkulturen des 2. Jahrtausends v. Chr. in den Herrschersitzen Abgaben auf Tontafeln aufgezeichnet und archiviert; im klassischen Griechenland fungierten Tempel als Archive; hier wurden Gesetze und Beschlüsse der Volksversammlungen aufbewahrt, die der öffentlichen Zurschaustellung von Autorität dienten; im republikanischen Rom waren bis zum Jahr 133 v. Chr. auf geweißten Tafeln die Namen der Jahresbeamten und besondere Ereignisse, Teuerungen und Sonnenfinsternisse, verzeichnet und im Amtssitz des pontifex maximus, in der Regia, aufbewahrt (Wagner-Hasel 2017: 32–38; 60–75; 80; 160). Nachdem diese Praxis in den Wirren der Merowingerzeit partiell untergegangen war, knüpften die Karolinger erneut daran an. Einen nachhaltigen Wiederaufstieg erlebten die Archive in Europa dann aber erst ungefähr ab dem Jahr 1000.

In der wissenshistorischen Forschung war das Archiv zunächst als beliebte Metapher im Anschluss an Jacques Derrida und vor allem Michel Foucault präsent (Csendes 2004). Foucault begriff das Archiv als das »Gesetz alles Sagbaren« (Foucault 1973: 187). In den letzten zwei Jahrzehnten mehrten sich die empirischen Studien, die das Wissen über Archive inzwischen merklich erweitert haben (Friedrich 2013; Head 2019; Müller 2019). Ähnlich wie Bibliotheken waren Archive Produkte von Institutionen und Korporationen wie dem Kloster, dem Hof, der Stadt, der Universität, später auch von Handelsgesellschaften oder Unternehmen. Im Unterschied zur Bibliothek unterhielt man ein Archiv weniger aus symbolischen als instrumentellen Zwecken. Archivgut war ein zentrales Machtmittel in rechtlichen Auseinandersetzungen über Besitztümer, Herrschaftsrechte etc. (Head 2019; vgl. hierzu auch die Quelle 9 unter *www.campus.de*).

Mit dem Übergang vom Urkunden- zum Aktenzeitalter an der Wende zur Neuzeit wuchs der Bestand an pragmatischer Schriftlichkeit sprungartig an (Vismann 2000). Archivgebäude waren weit weniger repräsentativ gestaltet als Bibliotheken, viele wirkten nach außen wie wehrhafte Burgen oder Festungen. Archive zählten zum *arcanum*, dem Bereich der politischen Geheimhaltung, und ihr Benutzerkreis war begrenzt. Ihre Möbel trugen dem Rechnung, indem sie bis in das 18. Jahrhundert häufig aus Truhen und Kisten bestanden, allmählich ergänzt um Schränke und Regale. Für Ordnung und Auffindbarkeit waren Truhen ungünstig, im Fall der Bedrohung hingegen höchst mobil und zudem individuell verschließbar.

Dem Verschluss des Archivs kam im Vergleich zur Bibliothek lange erhöhte Priorität zu. Erst mit der Französischen Revolution stellte sich ein grundlegender rechtlicher Wandel ein. Die Archive öffneten sich mehr und mehr. Aus dem politischen Tagesgeschäft der Legitimation durch Urkunden, Akten und Verträge wurde ein Ort historischer Forschung. Doch darf man weder die Grenze um 1800 überbetonen, noch die Zugänglichkeit in der Moderne überschätzen. Bereits im Mittelalter und in der Frühen Neuzeit benutzten Geschichtsschreiber Archive, und es dauerte zum Teil bis in das

20. Jahrhundert, bis die meisten Zugangsschranken abgebaut waren (Friedrich 2013; Müller 2019). Im Zuge der postkolonialen Wissensforschung ist die Frage nach der Artikulationsfähigkeit der Subalternen (Spivak 2011) auch zu einer der Archivforschung geworden (Stoler 2009). Archive dienten dem kolonialen Herrschaftsausbau, ebenso wie sie es Jahrhunderte zuvor in Europa gegenüber der eigenen Bevölkerung getan hatten. Archivzerstörungen im Zuge von Aufständen verweisen eindrücklich auf den Charakter der Archive als Herzkammern der Macht (Didi-Huberman/Ebeling 2007; Friedrich/Zedelmaier 2017: 270f.).

Wie Bibliotheken verfügen Archive nicht nur über Räume, Möbel und Zugangsschranken, sondern befolgen zudem eigene Ordnungsprinzipien. Das wichtigste archivalische Ordnungsmodell ist die Unterscheidung von Pertinenz- und Provenienzprinzip. Während die Pertinenz im Wesentlichen eine Ordnung nach inhaltlichen Sachbezügen bezeichnet, geht das Provenienzprinzip nach der behördlichen Herkunft der Akten vor. Nach ihm soll im Archiv alles so geordnet sein wie in der Institution, die das Archivmaterial hervorgebracht hat. Kompliziert wird es für die Nutzer, wenn im Laufe der Geschichte zwischen beiden Prinzipien hin- und her gewechselt wurde, also ein Archivar etwa zu einem bestimmten Thema alles aus den Akten zusammengetragen und zu einem neuen Bestand geformt hat, aber weiterhin eine Ordnung nach Provenienz existiert, in der dann entsprechende Dokumente fehlen. Solche Erfahrungen sind Teil des »Geschmacks des Archivs«, einer spezifischen Erfahrungswelt des Archivnutzers (Farge 1989 [2011]). Mit Fotografie und Digitalisierung trat die Forschung in Archiven analog zu der in Bibliotheken in ein neues Zeitalter ein, das nun nicht mehr zwingend den physischen Aufenthalt vor Ort erforderlich macht (Friedrich 2014).

Kunst- und Wunderkammern

Umfangreiche Sammlungen materieller Objekte entstanden auch jenseits der Schriftträger. Im Zuge der europäischen Expansion wurden nicht nur Informationen nach Europa transferiert und archiviert, sondern ebenso Pflanzen, Tiere und kulturelle Artefakte. Diese fanden häufig ihren Ort in sogenannten Kunst- und Wunderkammern. Die Sammlungs- und Repräsentationspraxis der Wunderkammer setzte im ausgehenden 14. Jahrhundert ein und fand im 18. Jahrhundert langsam ihr Ende (Marx 2006). Die Wissensforschung zur Frühen Neuzeit hat in der Wunderkammer eine Art Nukleus, denn diese scheinen geradezu idealtypisch Grundfragen der Wissensgeschichte zu bündeln. Die Repräsentation der »Welt in der Stube« ist epistemologisch herausfordernd, und die Ordnung der Dinge des Wissens präsentiert sich in maximaler historischer Alterität (Grote 1994).

Die Objekte sollten auf einen Blick sichtbar sein – »panoptisch« gleich »allsichtbar« –, daher das Wort Panopticon. Die Grenzen der Wissensfelder von *Naturalia*, *Artificalia*, *Antiquitates*, *Exotica*, *Mirabilia* und *Scientifica* waren noch nicht strikt gezogen, der Wissenskosmos erschien noch stärker als Einheit. Über Inventare, Kupferstiche und Reiseberichte verbreitete sich das Wissen über die Inhalte der Wunderkammern in ganz Europa. Besonders berühmte Wunderkammern fanden sich an den Höfen wie auf Schloss Ambras (Österreich), in der Gothaer, der Münchener oder der Dresdner Residenz. Ihre Trägergruppe war jedoch nicht auf den höfischen Adel beschränkt, Wunderkammern fanden sich ebenso im Waisenhaus der Franckeschen Stiftungen (Müller-Bahlcke 1998) oder im Privathaus des Göttinger Tuchfabrikanten Johann Heinrich Grätzel (Beer 2008). Als soziale Funktionen der Wunderkammer standen Repräsentation und vom Staunen angeregte gesellige Gespräche klar im Vordergrund, wenngleich eine Sammlung wie das römische *Museum Kirchnerianum* (gegr. 1651) im *Collegium Romanum* zugleich zu Lehrzwecken genutzt wurde. In der zweiten Hälfte des 18. Jahrhunderts artikulierten sich zunehmend kritische Stimmen der Aufklärung, die das un-disziplinierte Wirrwarr der Objekte als unwissenschaftlich monierten und zugleich neue ästhetische Ideale der Repräsentation entwickelten (Stafford 1998).

Nach einer anfänglichen, in der Rückschau potentiell naiv anmutenden Begeisterung der Wissensforschung für das ästhetisch ansprechende kulturelle Mit- und Nebeneinander, wie sie noch Konzepte des Berliner Humboldt-Forums prägt (Bredekamp 2000), haben sich mittlerweile revisionistische Ansätze entwickelt, die auf eine konsequente Historisierung pochen. In vergleichender Perspektive ähneln sich viele der Sammlungsbestände, die ihre Herkunft regelrechten Sammlungsbrokern verdankten, die ihre Kunden in ganz Europa mit ähnlichen Objekten versorgten. Die empirisierende Wirkung auf die Wissenschaft hielt sich oft in Grenzen, denn trotz reichen Anschauungsmaterials malte man einen Papageien weiterhin eher nach einer autoritativen Abbildung als vom präparierten Original (Collet 2007). Die Wunderkammer verbindet europäische und außereuropäische Kulturen und gilt als Geburtsstätte des modernen Museums (Impey/MacGregor 1985; Pomian 1998). Im Zuge der Provenienzforschung und postkolonialer Perspektiven der Wissensforschung hat sich der Umgang mit Kunst- und Wunderkammern zu wandeln begonnen, obwohl deren ästhetische Faszination ungebrochen scheint (Savoy 2018). So ist für manche Autoren das Internet inzwischen das postmoderne Äquivalent der Wunderkammer (Ullrich/Burda 2009).

Museen

Das moderne Museum entstand seit dem 18. Jahrhundert europaweit als öffentliche Institution (Pomian 2020/21). Als erstes Museum werden je nach nationaler und disziplinärer Perspektive verschiedene Häuser gehandelt. Als städtisch-universitäres Museum öffnete 1661 das Basler *Kunstmuseum* seine Türen, 1683 folgte das *Ashmolean* der Universität Oxford, aus der privaten Sammlung Hans Sloanes entstand 1753 in London das *British Museum*, ein Jahr später eröffnete in Braunschweig 1754 das Herzog Anton Ulrich-Museum, und 1793 öffnete im Zuge der Französischen Revolution der *Louvre* seine Pforten als Kunstmuseum der Republik (Savoy 2015). In modernen Wissenschaftsmuseen wie der Londoner *Wellcome Collection* verweist die Wissenschaft schließlich auf sich selbst als »Ort des Wissens« (Kohl 2020).

Ausstellungen

Im Zeitalter des Nationalismus erfanden die Europäer 1851 ein neues Format, das globale Wissen der sich industrialisierenden Moderne lokal zu präsentieren: die Weltausstellung (Kretschmer 1999; Geppert 2010). Ausgehend von England, dem Mutterland der Industrialisierung, wurden nun weltweit die neuesten technischen Errungenschaften präsentiert. In London reichte 1851 hierfür noch ein einziger großer *Chrystal Palace*, in Paris ging man 1867 zu dem bis heute prägenden Ausstellungsmodus einer Vielzahl einzelner Länderpavillons auf einem gemeinsamen Gelände über. Als Weltneuheiten zeigte man auf den Ausstellungen unter anderem die Nähmaschine (1862), das Telefon (1876) oder den Tonfilm und die

Schreibmaschine (1926). Seit der Weltausstellung von Osaka 1970 schwächte sich die Bedeutung für den globalen Austausch von Gütern und Ideen merklich ab, der längst andere Kanäle und Foren entwickelt hatte.

Neben dem Wissen über technische Innovationen wurde das Wissen über fremde Kulturen zu einer Publikumsattraktion. In sogenannten »Völkerschauen« oder anthropologischen Ausstellungen wurden in Europa und Nordamerika zwischen etwa 1870 und 1940 als »exotisch« etikettierte Menschen zur Schau gestellt (Dreesbach 2005; Qureshi 2011). Dort gingen Rassismus und Kommerz eine menschenverachtende Allianz ein. Die Brisanz der theatralen Inszenierung der »Schau des Fremden« bleibt bis in die heutige Gesellschaft aktuell (Grewe 2006).

2.5 Orte der Erfahrung

Feld und Labor

Zwei Orte der empirischen Wissensproduktion, die gern als Alternativen, zum Teil aber auch rivalisierend präsentiert werden, sind das Feld und das Labor (Köchy 2017; Jackson 2017). Feldforschung steht für ein unmittelbares Hinausgehen in die Welt, während die Laborforschung eine kulturell konstruierte und eingehegte Situation bezeichnet. Im Feld ist das forschende Subjekt den Einflüssen der sozialen wie naturalen Umwelt ausgesetzt, im Laborexperiment kontrolliert es die Natur. Für Bruno Latour sind beide Orte jedoch miteinander so verschränkt, dass weder das eine noch das andere Szenario ›rein‹ zu haben ist (Latour 1999 [2002]: 36–95). »Vereinfachung, Normierung und Standardisierung« sind zwar normative Vorgaben der Laborforschung, doch die Praxis des »laboratory life« ist immer von hybriden Verfassungen gekennzeichnet, die die Fiktion von Kontrolle mit dem Unerwartbaren und Unkotrollierbaren verknüpfen (Köchy 2017: 255).

Laborstudien – »Die Fabrikation von Erkenntnis«

»Was genau ist mit der Behauptung gemeint, daß die Wissenserzeugung als ein konstruktiver – und nicht etwa als ein deskriptiver Prozess aufzufassen sei? Beginnen wir zunächst mit der Arbeit im Laboratorium. Selbst ein kurzer Aufenthalt im wissenschaftlichen Labor wird zeigen, daß das deskriptive Modell der Forschung und mit ihm die Rede von ›Wahrheit‹, vom ›Hypothesen-Test‹ und dergleichen kaum zur Erfassung des Forschungsprozesses geeignet sind. So finden wir zum Beispiel nirgends im Laboratorium die ›Natur‹ und die ›Realität‹, die von so kritischer Bedeutung für das deskriptive Modell ist. Das meiste, mit dem Wissenschaftler im Labor zu tun haben, ist hochgradig vorstrukturiert, wenn nicht zur Gänze artifiziell. Woraus besteht etwa ein wissenschaftliches Labor? Aus einer Ansammlung von Instrumenten und Apparaten in einem Arbeitsraum mit Tischen und Stühlen, Stellagen mit Chemikalien und Glasgefäßen, Kühl- und Tiefkühlschränken voll mit sorgfältig bezeichneten Proben und Ausgangsmaterialien wie Pufferlösungen und fein gemahlenen Alfa-Alfa-Blättern, Einzeller-Proteinen, Blutproben von den Testratten und Lysozymen. Alle Ausgangsmaterialien sind speziell für das Labor erzeugt und gezüchtet. [...] Ob sie nun gekauft sind oder von den Wissenschaftlern selbst präpariert wurden, diese Substanzen sind genauso das Produkt menschlicher Erzeugung wie die Meßinstrumente oder die wissenschaftlichen Artikel auf den Schreibtischen. Die Natur scheint im wissenschaftlichen Labor nicht auf, es sei denn man definiert sie von vornherein als das Produkt wissenschaftlichere Arbeit. Genausowenig wie die Natur finden wir im Labor die Suche nach der Wahrheit, die gewöhnlich der Wissenschaft zugeschrieben wird. [...] Was daher als konkretes Ziel der ›Arbeit‹ ständig verstärkt wird, ist der Erfolg beim ›Gelingen‹ eines Versuchs und nicht etwa das unerreichbar entfernte Ideal der Wahrheit. [...] Forschung in der Werkstatt der Wissenserzeugung erscheint als vom Können der Akteure abhängige Handarbeit, nicht als Kopfarbeit im Reich der Ideen.« (Knorr-Cetina 1981 [2002]: 23–25)

Feld und Labor haben eine lange Geschichte. Zur Zeit der Renaissance gingen Professoren mit ihren Studenten in die freie Natur, um Pflanzen zu studieren, und in der Alchemie hatte das Labor einen festen Platz (Smith 2006). Nicht alle Fächer partizipieren jedoch in gleichem Maß an Feld- oder Laborarbeit. In Physik und Chemie hat man trotz einiger spektakulärer Außenexperimente wie Galileos Turmversuchen oder der in den Expeditionen Alexander von Humboldts vorangebrachten physikalischen Geographie schon recht früh den Arbeitsschwerpunkt ins Labor verlegt. Anders vollzog sich die Entwicklung in der Biologie, die in der Vorform der

Naturforschung stark von der Empirie im Feld abhängig war, vom frühen Sammeln, Beobachten und Verzeichnen von Pflanzen und Tieren bis hin zur Verhaltensforschung der Ethologie.

In den Humanwissenschaften hat sich die Ethnologie als Feldforschungsdisziplin par excellence etabliert. Neben der Verstrickung in den europäischen Kolonialismus hat die Ethnologie intensive epistemologische Debatten erlebt, die um Begriffe wie Nähe und Distanz oder Authentizität und Repräsentation geführt wurden. »Teilnehmende Beobachtung« und »dichte Beschreibung« (Geertz 1983) wurden zu Leitvokabeln von Erkenntnisprozessen, die auf andere Fächer wie u. a. die Geschichte oder die Soziologie ausstrahlten. In Geschichte und Kunstgeschichte ebenso wie in Geologie, Mineralogie und Paläontologie spielen Exkursionen und in der Archäologie Grabungen eine wichtige Rolle. Frühe Formen finden sich in der Tradition des frühneuzeitlichen Antiquarianismus, der vor allem die Zeugnisse der antiken Kulturen zusammenzutragen begann (Momigliano 1950 [1999]; Sawilla 2009). Es ist eine Strömung, die in der Forschung seit einiger Zeit durchaus kontrovers diskutiert wird: Während die ältere Forschung das antiquarische Interesse eher als vorwissenschaftlich abwertete, gilt es heute als materialitätssensitiver Vorläufer moderner historischer Methoden (Sawilla 2012).

Land und Dorf

Wissen wird von der Forschung deutlich stärker in Städten situiert als in Dörfern. Das hat mit Blick auf Akteure, Institutionen und Überlieferung sicher eine gewisse Berechtigung, doch sollte nicht der Eindruck entstehen, es würde sich bei der ländlichen Gesellschaft um eine wissensarme Zone handeln. Zweifellos war der Anteil an »implizitem Wissen« in Agrargesellschaften noch weitaus höher als im städtischen Handwerk (Boscani Leoni/Stuber 2017). »Gärtner, Obstgärtner, Bauern und Bienenzüchter« hätten große Menge »empirischer Information über Pflanzen und Tiere« akkumuliert, aber nur in den seltensten Fällen hätten sie ihre »Daten« auch schriftlich festgehalten (Eamon 2006: 217f.). Die Abwesenheit von Schule und Unterricht wurde oftmals von Autodidakten kompensiert, von denen die Forschung mittlerweile eine Vielzahl dokumentiert hat (Böning u. a. 2015; Velten 2002).

Viele Darstellungen schildern zudem das Bild eines agonalen Wissensraumes, in dem Obrigkeiten und Städter versuchten, die ländlichen Wissensgemeinschaften zu kolonisieren. Prominente Beispiele sind der Umgang mit dem Wissen der Kräuterfrauen und Hebammen (Labouvie 2007) sowie die zahllosen Initiativen der Volksaufklärung im 18. Jahrhundert (Böning u. a. 2007). Verstärkte Aufmerksamkeit hat etwa die Frage des Buchbesitzes auf dem Land erfahren, bei dem im 18. und 19. Jahrhundert eine Dominanz religiösen Schrifttums erkennbar ist (Medick 1996). An ihnen lässt sich der Wandel »religiöser Wissenskulturen« nachzeichnen, die auch im 19. Jahrhundert noch zwischen Prozessen der Säkularisierung und religiöser Identitätsbildung schwanken (Pahl 2006).

Bereits die Volksaufklärer des 18. und frühen 19. Jahrhunderts waren bemüht, den Landwirten das ihrer Ansicht nach richtige Wissen im Umgang mit der Natur zu vermitteln und konstituierten ein neues Feld des »Agrarwissens« (Lehmbrock 2020). Für das 20. Jahrhundert hat Frank Uekötter die These aufgestellt, dass Wissen – verstanden als »die Befähigung zur kompetenten Nutzung agrarwissenschaftlich-kognitiver und technisch-maschineller Möglichkeiten« – zu einer »Schlüsselressource der Landwirtschaft« aufgestiegen sei (Uekötter 2010: 181). Die Wissensgesellschaft schließt aus dieser Perspektive die ländliche Gesellschaft mit ein.

Gärten

Mit dem Garten Eden des Paradieses hatten christliche Kulturen ideale Naturräume zum Vorbild, die man auch irdisch zu verwirklichen trachtete (Prest 1981). So wurde der mittelalterliche Klostergarten zum Vorläufer der botanischen Gärten, aus fürstlichen Menagerien entwickelten sich im 19. Jahrhundert zoologische Gärten, und aus Wunderkammern wurden Naturkundemuseen (Fischer/Remmert/Wolschke-Bulmahn 2016; Klemun 2017).

Gärten sind eng verwandt mit den erwähnten Sammlungsorten, doch hatte man es hier mit lebenden Objekten zu tun, die man reproduzieren und tauschen konnte. Als Orte der Lehre am Objekt entstanden im 16. Jahrhundert von Italien ausgehend (und zwar in Padua 1545) botanische Gärten an den Universitäten. Sie sollten die Vielfalt der Natur repräsentieren, folgten aber zunächst kulturellen Ordnungsmustern geometrischer Gartenarchitekturen. Erst im 19. Jahrhundert setzte sich der Nachbau ›natürlicher‹ Vorbilder durch, und man entwarf Alpengärten, japanische Gärten und Tropenhäuser. Die Gärten wurden dadurch immer größer und verlagerten sich räumlich zum Teil an die Ränder der Städte.

Für die europäischen Kolonialmächte wurden Gärten zentral (Osborne 1994; McCracken 1997). Im zoologischen Garten des 19. Jahrhunderts konnte sich das europäische Bildungsbürgertum seiner ›zivilisatorischen Überlegenheit‹ vergewissern. Der Tierhändler und Zoodirektor Carl Hagenbeck (1844–1913) organisierte Tier- und Menschenschauen und eröffnete 1907 nördlich von Hamburg erstmals einen Zoo ohne Gitter (Ames 2008). Hier verbanden sich Entertainment und Exotisierung, kommerzielles Kalkül und kolonialistische Ideologie. In den Kolonien nutzte man Gärten, um bestimmte Pflanzen wie etwa Chinarinde zu kultivieren, um daraus Medikamente gegen Malaria oder Fieber zu gewinnen. In Europa repräsentierten sie nicht nur die weltweite Kontrolle der Natur, sondern sie wurden zu »ressourcenkonzentrierten Kalkulationszentren des Imperialismus« (Klemun 2017: 241), indem sie Transfers von Pflanzen wie Tee (Kew Gardens) ermöglichten oder neue Züchtungen hervorbrachten.

Observatorien

Obwohl einer der ältesten Orte der empirischen Wissensproduktion, stand das Observatorium lange im Schatten der Erforschung des Labors (Nasim 2017). Das Observatorium ist als »die Mitte zwischen Labor und Feld« beschrieben worden und verbindet Eigenschaften von beiden (LeGars/Aubin 2009: 512). So spielt der physische Ort des Observatoriums eine ganz besondere Rolle, denn dem Ideal der objektiven Messung folgend sollte es gleichzeitig ein besonders stabilisierter und ein de-lokalisierter ›ortloser‹ Ort sein. Ob das Minarett einer Moschee im Damaskus des 14. Jahrhunderts oder das Observatorium im englischen Greenwich: Observatorien fanden viele Orte, an denen man mit Instrumenten und Bauten Stabilität herzustellen suchte, um exakte Beobachtungen und deren Aufzeichnung zu ermöglichen. Das Observatorium durfte nicht durch seine räumliche Umwelt beeinträchtigt werden; Beobachtung und Messung erforderten absolute Ruhe. Wie man diese herzustellen suchte, unterlag markantem historischem Wandel. Während die frühen Observatorien oft in Türmen untergebracht waren, ›erdete‹ man sie in der der zweiten Hälfte des 18. Jahrhunderts und installierte die Teleskope auf tief in den Boden eingelassenen Pfeilern (Nasim 2017: 181–185). Doch der sich modernisierende urbane Raum erwies sich schließlich insgesamt als immer prekärer: zu viel künstliches Licht, zu viel Lärm und zu viele Erschütterungen durch Kutschen, Autos und Eisenbahnen. Observatorien spielten historisch eine zentrale Rolle für die Systematisierung von Raum und Zeit (Nasim 2017: 187). Sie halfen bei der Bestimmung von Längengraden und Entfernungen auf See ebenso wie zur Zeitbestimmung von Kalender- oder Sternzeit.

Die Geschichte des Observatoriums ist für die Wissensgeschichte eine Art Knotenpunkt unterschiedlicher Fragehorizonte. Als Astronomen waren hier in der Frühen Neuzeit oftmals Arbeitspaare von Mann und Frau tätig, Frauen hatten wie selbstverständlich teil an der empirischen Wissenskultur (Schiebinger 1993: 124–127). Observatorien sind ein globales Phänomen langer Dauer und ein Medium kolonialer Expansion im Imperialismus des 19. Jahrhunderts. An ihrer Geschichte lassen sich die Entwicklung epistemischer Tugenden wie Objektivität und Genauigkeit ebenso ablesen wie der Bedeutungswandel wissenschaftlicher Instrumente bei der Messung und Beobachtung oder der Einfluss von Architektur auf die Produktion von Wissen. In Observatorien verschränken sich religiöse (Gebetszeiten) und säkulare Motive (Seerouten) des Wissensgewinns, und sie stehen für ein Öffentlich-Werden der Wissenschaft in sogenannten »Volkssternwarten« in der Zeit um 1900 (Nasim 2017: 189). An der Frage der Leitung eines Observatoriums lassen sich Prozesse der Demokratisierung von Wissensinstitutionen ablesen (vgl. unten Kap. 6.2).

Hospitäler und Kliniken

Einen »Wissensraum« mit besonders langer, verzweigter und umstrittener Genealogie stellt das Krankenhaus dar (Dross 2014; Nolte 2017). So war die Forschung lange von einer Dichotomie zwischen dem vormodernen Hospital des Mittelalters und der Frühen Neuzeit und der modernen Klinik des 19. und 20. Jahrhunderts gekennzeichnet. Wesentlich geprägt hat diesen Gegensatz Michel Foucault mit seiner Studie zur *Geburt der Klinik* (Foucault 1963 [1973]). Während das Hospital eine Institution gewesen sei, die wesentlich dem ›Wegschließen‹ der Kranken gedient habe, sei die Klinik vor allem als Produktionsstätte medizinischen Wissens davon zu unterscheiden. Dieser um 1800 angesetzte Umbruch hat in der

Forschung heute so kaum mehr Bestand, dennoch kann Foucault als einer der wichtigsten Impulsgeber der Erforschung von Krankenanstalten als Macht-Wissens-Institutionen gelten.

Ansätze für eine Empirisierung der Krankheitsbehandlung werden heute bereits im 16. Jahrhundert verortet (Stolberg 2013). Akademische medizinische Ausbildung erfuhr einen Praxisschub u. a. im Padua des 16. Jahrhunderts, in Leiden im 17. Jahrhundert und in Edinburgh oder Wien im 18. Jahrhundert. Andere sehen den Forschungsbezug der Kliniken erst in der zweiten Hälfte des 19. Jahrhunderts institutionalisiert (Nolte 2017: 202f.). Die Krankheit wurde immer mehr vom individuellen Patienten gelöst, der Patient unter einem »ärztlichen Blick« gleichsam objektiviert, und zwar in mehrfachem Sinne. Man setzte Objekte der Messung und Aufzeichnung ein, schuf damit objektivere Datengrundlagen und reduzierte gleichzeitig den Menschen auf ein datenspendendes Objekt (Hess/Mendelsohn 2013). Besonders drastisch bekamen das prekäre Bevölkerungsschichten und Berufsgruppen wie Prostituierte zu spüren. In der Göttinger Entbindungsklinik bezeichnete man die unehelich schwanger gewordenen Frauen als »lebendige Phantome« (Schlumbohm 2012). Menschenversuche griffen im 19. Jahrhundert um sich und kulminierten in den verbrecherischen Experimenten der NS-Medizin.

2.6 Weltwissen: Global-, Kolonial- und Imperialgeschichten

Europa war zu keiner Zeit ein abgeschlossener Wissensraum. Seine vielfältigen Verflechtungen sind seit langem ein Thema der Forschung, verändert hat sich allerdings die Perspektive: Europa wird nicht mehr als alleiniges oder allein führendes Zentrum der Wissensproduktion verstanden, sondern als ein Raum neben anderen. Seine Produktivität speiste sich gerade aus der Verknüpfung mit anderen Räumen, wie im Mittelalter mit dem arabischen Raum im Mittelmeer und in der Frühen Neuzeit vor allem mit den Amerikas und Asien. Verändert haben sich mittlerweile die Sichtweisen auf

›fremde‹ Wissenskulturen, beispielsweise galt es, diverse »Orientalismen« zu dekonstruieren (Said 1978 [1981], zum deutschen Orientalismus vgl. Marchand 2009). Jenseits eines kruden Orientalismus leisteten die empirisch gesättigteren, sogenannten »area studies«, wie sie sich in Europa und den USA seit dem 19. Jahrhundert herausbildeten, ihren Beitrag zur »Verwissenschaftlichung des Kolonialen« (Kwaschik 2018). Insbesondere die Vorstellung von der Gleichzeitigkeit des Ungleichzeitigen und die damit etablierten Stufenmodelle kultureller Entwicklung wurden zum Gegenstand kritischer Auseinandersetzung. Neuere Überblickswerke versuchen, den unterschiedlichen nationalen und kolonialen Pfadabhängigkeiten ebenso wie der globalen Verflechtung von Wissenskulturen Rechnung zu tragen (Slotten/Numbers/Livingstone 2020).

Zu den klassischen Methoden, den Blick über Europa hinaus zu weiten, zählt der Vergleich. So hat etwa Geoffrey Lloyd die Wissenskulturen des antiken Griechenlands und des alten China miteinander verglichen (Lloyd 1996; Lloyd 2002; Lloyd/Sivin 2002). Andere Forscher haben die soziale Praxis des Wissens im mittelalterlichen Damaskus mit Bildungsinstitutionen in Mitteleuropa und China konfrontiert und den informellen und weniger institutionalisierten Umgang mit gelehrtem Wissen als symbolisches Kapital herausgearbeitet (Chamberlain 1994). Als »Needham-Question« wird bis heute die Frage des britischen Biochemikers und Sinologen Joseph Needham (1900–1995) diskutiert, warum China nach einem deutlichen Vorsprung bis zum 15. Jahrhundert seither von Europa in der Entwicklung der modernen Wissenschaft überflügelt wurde (Mittag 2012: 165; Needham gründete die Buchreihe »Science and Civilisation in China«, 1954ff.; kritisch Finlay 2000).

Aus postkolonialer Perspektive hat sich der Vergleich jedoch ideologisch diskreditiert, da er ontologische Differenzen zwischen den verglichenen Kulturen etabliere. Dem stellt man gegenwärtig »relationale Geschichten« entgegen, die den Kontakt und den Austausch der Kulturen im Hinblick auf eine dritte Ebene, des Dazwischen, des Hybriden, des Kreolischen thematisieren (Raj 2016: 39).

Aneignungen

Begriffe wie Aneignung, Adaption, Dissemination, Displacement, Diffusion, Lernen, Mimikry, Transfer, Verhandlung oder Übersetzung kreisen um ähnliche Problematiken. Was passiert mit dem Wissen, wenn es in Bewegung gerät, verändern sich sein Inhalt, sein Wert, seine Funktion? Die Übersetzung eines Textes ist ein kreativer Akt, der eigene Bedeutungen freisetzt; Übersetzung kann aber ebenso zwischen den Kulturen stattfinden (Manning/Owen 2018). Ähnlich ist die Figur des Transfers, vor allem des Kulturtransfers konzipiert: Die nehmende Kultur verändert die angenommenen, transferierten Elemente und geht sogar manchmal so weit, ihre Herkunft auszublenden oder zu verleugnen (Ash 2006; Cook/Dupré 2012).

Am Begriff der Aneignung zeigt sich, dass diese Prozesse zugleich Machtprozesse sind. Der Begriff wird paradoxerweise in zwei nahezu entgegengesetzten Richtungen verwendet. Als ›taktische‹ Aneignung begreift man mit einem Begriff Michel de Certeaus Praktiken, durch die sich eine schwächere Gruppe temporär die Machtressourcen einer überlegenen, strategisch operierenden Instanz aneignet, etwa Justiznutzung durch frühneuzeitliche Untertanen (Certeau 1988; Füssel 2006b). Umgekehrt verhält es sich mit einem Verständnis kultureller Aneignung (»cultural appropriation«) als eines Prozesses, mit dem eine mächtigere Kultur eine schwächere ihrer kulturellen Symbole beraubt und diese zweckentfremdet, so etwa die Verkleidung als ›Indianer‹ im Karneval. In jedem Fall ist der Wissensprozess immer auch potentiell ein Machtprozess, woraus sich erklärt, warum die genannten Begriffe so kontrovers und sensibel gehandhabt werden (Stehr/Adolf 2018).

Imperiales Wissen

Wissen war ein konstitutives Element zum Aufbau und zur Aufrechterhaltung kolonialer Herrschaft. Wissen zählte zu den »Werkzeugen« imperialen Machtausbaus (Headrick 1981), es war grundlegend u. a. für Kommunikation und Transport (Schiffe, Eisenbahnen), für medizinischen Schutz (Impfstoffe) oder für die Ausübung von Gewalt (Waffentechnik). Frühneuzeitliche Imperien wie Spanien, Portugal, die Niederlande, Großbritannien und Frankreich erzeugten »imperiales Wissen« (Bayly 1997; Bleichmar 2009). Damit geraten vor allem die Wissenskulturen der diversen europäischen Fernhandelskompanien in den Blick, wie die der niederländischen *Vereenigden Oostindischen Compagnie* (VOC) (Friedrich/Brendecke/Ehrenpreis 2015), der britischen *East India Company* (EIC) (Sudan 2016; Winterbottom, 2016) oder der französischen *Companie des Indes* (Tricoire 2018).

Neben der Medizin stehen Wissensfelder wie Recht oder Geographie als Sphären kolonialer Wissensproduktion im Fokus (Cohn 1996; Dirks 1997; Duve/Danwerth 2020). Europäische Wissenschaftler erforschten die lokalen Sprachen ebenso wie die Natur, die Geographie oder bestimmte Rohstoffe wie Eisenerz (Fischer 2017). In Europa hatte die Erkundung der neuen Welten Rückwirkungen auf die Kultur und Legitimität der wissenschaftlichen Neugier, Enzyklopädien versammelten und vermittelten »Weltwissen« (Paul 2020). Die sogenannte wissenschaftliche Revolution verdankt der europäischen Expansion wichtige Impulse (Appleby 2013). In diesem Zusammenhang ist auf die strukturellen Parallelen zwischen einer wissenschaftlichen Gesellschaft wie der *Royal Society* und einer Handelsgesellschaft wie die *East India Company* hingewiesen worden. Beide bedienten sich ähnlicher Verfahren und Praktiken der Dokumentation, Zirkulation und Verifikation von Wissen (Winterbottom 2016). Die europäische Expansion hatte zudem eine umwelthistorische Dimension, die wissensgeschichtlich über eine Geschichte von Raubbau und Umweltzerstörung hinausweist. Im Zuge eines »grünen Imperialismus« aggregierten die europäischen Kolonialmächte lokale Erfahrungen und Wissensbestände über die Natur, insbesondere durch die Empirie von Inseln (Grove 1996). Inseln wurden nicht nur als Garten Eden ästhetisiert, sondern schärften auch das Bewusstsein für die Begrenztheit natürlicher Ressourcen.

Frederick Cooper und Ann Laura Stoler prägten den Begriff von Kolonien als »Laboren der Moderne« (Cooper/Stoler 1997: 7). So habe man verschiedene Techniken der Herrschaft, der Medikalisierung oder der Erziehung quasi testen können, bevor man sie im Mutterland umsetzte. An der Geschichte Britisch-Afrikas im 19. und 20. Jahrhundert wurde gezeigt, wie Forschungen zu Anthropologie, Umwelt, Medizin, Rassenlehre und Entwicklungsforschung das Land zu einem »lebenden Labor« machten (Tilley 2011).

Andere Forscher haben vorgeschlagen, besser von einem Experimentierfeld zu sprechen, da vor Ort keineswegs so kontrollierte Bedingungen geherrscht hätten, dass angemessen von einer Laborsituation gesprochen werden könne (Laak 2004). Die Beliebtheit des Laborbegriffs ist symptomatisch für die Anziehungskraft der

Wissensgeschichte, deren Begriffe zunehmend auf gänzlich andere Zusammenhänge übertragen werden.

Die »große Divergenz«

Ist die Geschichte der wissenschaftlichen Revolution seit längerem Gegenstand intensiver Debatten, so hat sie angesichts einer globalen Perspektivweitung eine Art Revival erlebt. Die Errungenschaften der wissenschaftlichen Revolution werden nun von manchen Forschern als mögliche Antwort auf die Frage nach der »great divergence« gehandelt (Inkster 2006; O'Brien 2013). Mit diesem Begriff bezeichnen Wirtschaftshistoriker wie Kenneth Pomeranz ein Auseinandertreten von Europa und Asien in der Zeit um 1800 oder anders ausgedrückt die Frage, welchen Faktoren sich der wirtschaftliche Aufstieg des westlichen Kapitalismus verdankte (Pomeranz 2000), eine Art wirtschaftshistorisches Pendant zur Needham-Frage. Es liegt nahe, Unterschiede der Wissenskulturen als einen möglichen Faktor einzubeziehen, was angesichts einer postkolonial informierten und gegenüber Fortschrittsnarrativen kritischen Forschung aber so manche Fallstricke bietet, wie der folgende Blick auf unterschiedliche Entwicklungsmodelle zeigt.

Zirkulation statt Diffusion

Für fortwährende Debatten hat ein 1967 von George Basalla entwickeltes Modell der »Diffusion« europäischer Wissenschaft gesorgt (Basalla 1967; Anderson 2018). Europa fungiert darin als Zentrum und Heimat moderner Wissenschaft, die sich von dort aus in die koloniale Peripherie verbreitet hat. Der damit beschworenen Asymmetrie von Zentrum und Peripherie hat die postkoloniale Wissensgeschichte vehement widersprochen und Prozesse der Zirkulation und der Hybridisierung geltend gemacht (Raj 2007; Lightman/McOuat/Stewart 2013; Rohdewald u. a. 2019). Der Weg des Wissens, seiner Praktiken und seiner Institutionen sei und ist keine Einbahnstraße von Europa in die Welt gewesen, sondern Wissen und Wissensobjekte zirkulierten in beide Richtungen und fanden vor Ort Bearbeitungen in Form von Aneignung und Adaption (Günergun/Raina 2011). Prozesse der Zirkulation werden jedoch nicht nur fernräumlich zwischen den Kontinenten und Kulturen verstanden, sondern auch innerhalb einer Kultur (Hilaire-Pérez/González-Bernaldo 2015; Östling 2018; Kreuder-Sonnen 2018). So geraten Phänomene in den Blick, in denen Wissen zwischen Konfessionen, Institutionen oder politischen Lagern wandert. Prozessen der Zirkulation stehen jedoch immer solche der Kontrolle gegenüber, sei es formell wie bei der Zensur oder informell wie in der Diskursanalyse Foucault'scher Perspektive. Für die Konjunktur der Rede von der Zirkulation sind mittlerweile allerdings zeithistorische »Konvergenzen digitaler Technologien und ökonomischer Denkweisen« als ideologische Möglichkeitsbedingungen verantwortlich gemacht worden (Hagner 2020: 42; Dommann 2016, aus globalhistorischer Perspektive Gänger 2017).

An der postkolonialen Kritik des Diffusionsbegriffs zeigt sich, dass die einseitige Ausrichtung der Perspektive zum Problem werden kann. Versöhnlicher klingen Kategorien wie Hybridität, die unterschiedliche Komponenten zugunsten eines Dritten aufzuheben suchen, aber mittlerweile auch als Ideologie »postmoderner Verwertungstechniken im Spätkapitalismus« kritisiert werden (Ha 2005). So sind Begriffe wie »entangled knowledge«, »contact zone« (Pratt 1992) oder »pidgin knowledge« vorgeschlagen worden, um den komplexen interkulturellen Austauschprozessen mit einer angemessenen heuristischen Begrifflichkeit zu begegnen. Der Kontakt- ebenso wie der Pidgin-Begriff geht auf linguistische Konzepte zurück, die von sogenannten Kontakt- oder Pidginsprachen ausgehen. Harald Fischer-Tiné führte den Begriff des Pidgin-Wissens ein, um der bioligistischen Metapher der Hybridität ein Konzept entgegenzusetzen, das nicht von »*zwei* eindeutig zu identifizierenden Ausgangsidentitäten« ausgehe«. Vielmehr lasse es eine »*Vielzahl* von unterschiedlichen Komponenten und Einflüssen« zu und akzentuiere gleichzeitig den »pragmatischen, situativen und zweckorientierten Charakter der wechselseitigen Anleihen« (Fischer-Tiné 2013: 12). Empirisch exemplifiziert hat Fischer-Tiné sein Konzept eines solchen »Kontakt-Wissens« am Wechselspiel zwischen der Kolonialmedizin in Britisch-Indien und lokaler südasiatischer Heiltraditionen im langen 19. Jahrhundert.

3. Akteure

Die Wissensgeschichte teilt mit der neuen Kulturgeschichte den Fokus auf individuelle Akteure (Sieder 2004). Für die sogenannte Akteurszentrierung sprechen mehrere Gründe. Es geht nicht um abstrakte Entitäten wie *die* Wissenschaft oder *das* Handwerk, sondern um konkrete handelnde Menschen aus Fleisch und Blut (Lawrence/Shapin 1998). Auch der Philosoph hat einen Körper und ist keine reine Gedankenmaschine. Der körperliche Akteur hat ein Geschlecht, womit ein weiterer Grund dafür benannt ist, nach den Subjekten der Wissensgeschichte zu fragen. In ihrer Tendenz, sich immer mehr Gegenstände zu erschließen und überkommene Grenzziehungen zu überwinden, vermehrt sich die Anzahl der relevanten Akteure des Wissens permanent. Nicht mehr allein männliche Gelehrte und Wissenschaftler, sondern Frauen, Subalterne und Wissenspraktiker:innen aller Art sind ins Blickfeld getreten.

Wie bereits angeführt wurde, ist die Biographie eines der im Bereich der Wissenschafts- und Wissensgeschichte besonders beliebten Genres (Shortland/Yeo 1996). Galileo Galilei wurde so als Höfling porträtiert (Biagioli 1999a), Jean Baptiste Colbert als Informationsminister (Soll 2009), August Petermann als Erfinder des Nordpols (Felsch 2010) oder die Biologin Barbara McKlintock als Prototyp einer emanzipierten Wissenschaftlerin (Keller 1983 [1995]). Andere Gelehrte wie Albrecht von Haller wurden als Knotenpunkte von Netzwerken beschrieben (Stuber/Hächler/Lienhard 2005).

Die größte Herausforderung, für manche auch Provokation, in der Problematisierung von Akteuren geht wohl von der Akteur-Netzwerk-Theorie (ANT) aus. Sie erweitert mit dem Begriff der Aktanten den Kreis der Akteure auf nicht-menschliche Agenten. Diese Weiterung wurde häufig missverstanden als eine Subjektivierung von unbelebten Dingen. Es ist jedoch keine Rede davon, dass der Schreibtisch eines Gelehrten nun auf einmal ein Eigenleben führt, obwohl Titel wie *The social life of things* (Appadurai 1998) oder *Things that talk* (Daston 2004) vielleicht entsprechende Assoziationen zumindest begünstigen. Es geht vielmehr darum, dass etwa das Büro eines Wissenschaftlers und der darin arbeitende Wissenschaftler irgendwann beide ihre entsprechenden Eigenschaften verlieren würden, nähme man ihnen den Rechner, den Tisch, die Regale, die Bücher, die Schreibwerkzeuge etc. (Law 1992 [2006]: 434). Im Gegensatz zur klassischen Netzwerkanalyse geht es nicht um Netze von Wissenschaftlern, sondern darum, die Tätigkeit des Wissenschaftlers als Akteursnetzwerk zu erschließen (vgl. dazu Kap. 5.3.).

Die Frage, wer als Akteur des Wissens zu begreifen ist, setzt auf mehreren Ebenen an und hat Vertreter sozialer Felder und Wissensinstitutionen (Akademiker, Handwerker, Kleriker), bestimmte Rollenzuschreibungen (Experten, Intellektuelle) sowie soziale und kulturelle Grenzziehungen inkorporierter wie zugeschriebener Art (Habitus, Geschlecht) zu berücksichtigen. Jede Rollenzuschreibung hat ihre eigene Geschichte, womit ihre Analyse dem Grundanliegen der Historisierung dient.

3.1 Das Geschlecht des Wissens

In weit größerem Umfang als die ältere (Natur-)Wissenschaftsgeschichte betrachten die neuere Wissenschaftsgeschichte und insbesondere die Wissensgeschichte alle sozialen Wissensakteure. Besonders deutlich wird dies u. a. in der Forschung zu weiblichen Akteurinnen als Gelehrten Frauen, Handwerkerinnen oder Künstlerinnen. Die Geschichte der Mädchen- und Frauenbildung ist inzwischen gut erforscht (Kleinau/Opitz 1996) und hat nicht nur die Geschichte geschlechtlicher Ausgrenzungsmechanismen offengelegt, sondern eine Vielzahl bislang kaum beachteter Akteurinnen ans Licht gebracht (Hemelrijk 1999; Fara 2004). Die Lichtmetaphorik kommt nicht von ungefähr, denn die Forschung spricht beispielsweise von gelehrten »Schattenökonomien« (Mommertz 2002), wenn es um gelehrte Arbeitspaare geht, in denen Frauen nicht nur öffentlich unsichtbare Arbeiten wie Übersetzungen, Registraturen, Datenmessungen oder Experimente übernehmen, sondern auch entscheidende Ideen entwickelten (Oreskes 1996; Hunter/Hutton 1997; Lykknes/Opitz/Van Tiggelen 2012).

Wissens-akteurinnen

Besonders aktiv waren Frauen bereits in Antike und Mittelalter im Bereich medizinischen Wissens, wie es etwa in Rezeptbüchern überliefert wurde (Dana 2014; Kruse 1996; Lehmann/Lehmann 1985; Leong 2018). So wurde die Benediktinerin Hildegard von Bingen (1098–1179) als mittelalterliche Universalgelehrte zu einer Ikone weiblicher Gelehrsamkeit (Beuys 2009). Neben den gelehrten Frauen sind mit den Hebammen weibliche Akteure aus der ländlichen und städtischen Gesellschaft in den Blick gerückt (Labouvie 2007). Seit dem Spätmittelalter versuchten die Wissensregime akademisch gebildeter männlicher Mediziner, dieses Feld weiblichen Wissens zu usurpieren, und im 18. Jahrhundert gelang mit eigenen Zertifizierungsmechanismen und Institutionen wie Entbindungskliniken dessen weitgehende Entmachtung (Schlumbohm 2012). Die Trennlinie verlief jedoch nicht nur zwischen den Geschlechtern, sondern ebenso zwischen Stadt und Land und zwischen institutionell produziertem Wissen und *tacit knowledge*. Hebammen, die mit einer Ausbildung zurück in die Dorfgemeinschaft kamen, konnten dort auf Widerstände stoßen.

Freier agieren konnten die Frauen der adeligen und bürgerlichen Oberschichten, die gerade auf dem Gebiet der Naturphilosophie bedeutende Denkerinnen wie Margaret Cavendish (1623–1673) oder Émilie du Châtelet-Laumont (1706–1749) hervorbrachten und mit der Physikerin Laura Bassi (1711–1778) in Bologna die erste und lange einzige Universitätsprofessorin Europas (Ceranski 1996). In Halle wurde 1754 Dorothea Christiane Erxleben (geb. Leporin) (1715–1762) als erste deutsche Frau in Medizin promoviert. Bereits 1742 hatte sie sich in einer Schrift gegen die *Ursachen* gewandt, *die das weibliche Geschlecht vom studiren abhalten* (vgl. hierzu auch die Quelle 11 unter *www.campus.de*).

Während Wissensakteurinnen in der Vormoderne oft im Schatten standen und einer männlichen Hegemonie ausgesetzt waren, veränderte sich die Situation im 19. und 20. Jahrhundert fundamental. Ende des 19. Jahrhunderts erhielten Frauen Zugang zu den Universitäten, ihre Anerkennung als Forscherinnen erfolgte allerdings erst nach und nach. Während die Lehrerin für ein spezifisch weibliches Berufsfeld stand, das man mit eigenen Exklusionsmechanismen wie einem Heiratsverbot markierte, welches in Deutschland von 1880 bis in die 1950er Jahre galt, war der Weg zur Hochschullehrerin noch weit. Die Sozialgeschichte hat die weiblichen Wege in die Universitäten inzwischen gut dokumentiert (Auga u. a. 2010; Maurer 2010).

Londa Schiebingers *Nature's Body* als Fallstudie zu Geschlecht und Wissen

Nachdem die amerikanische Wissenschaftshistorikerin Londa Schiebinger 1989 *Frauen in den Anfängen der modernen Wissenschaft* sichtbar gemacht hatte (dt. Schiebinger 1993), publizierte sie 1993 eine Studie zu *Erkenntnis und Geschlecht in den Anfängen der Wissenschaften* (dt. Schiebinger 1995). Darin diskutiert Schiebinger an Fallstudien zum »Intimleben der Pflanzen«, zur Etymologie der Säugetiere, zur Unterscheidung von Mensch und Affe und zu frühen Rassekonzepten die enge Verflechtung von geschlechtlichen, rassischen und natürlichen Ordnungsmustern im 18. Jahrhundert als dem »großen Zeitalter der Klassifikation«: »Botanische Taxinomien stuften als männlich definierte Pflanzenteile höher ein als Pflanzenteile, denen weibliche Eigenschaften zugeschrieben wurden. Die milchproduzierende Brust wurde zum wesentlichen Bindeglied zwischen Mensch und Tier erkoren. Sekundäre Geschlechtsmerkmale wie der Bart galten als Kriterien für natürliche Rassenunterschiede. Frauen interessierten die Naturforscher nur als geschlechtliche Untergruppe des allumfassenden ›Mann-Menschen‹« (Schiebinger 1995: 171 und 283). Um die Ursprünge der Klassifikationen aufzuspüren, folgt Schiebinger den Spuren der frühen Anatomie, Anthropologie, Botanik und Zoologie in Europa und den Weltreisen europäischer Gelehrter. Carl von Linnés Klassifikation von Säugetieren versteht sie als »Beitrag zur Absicherung der geschlechtsspezifischen Arbeitsteilung in der europäischen Gesellschaft« (Klappentext). Schiebingers Studie steht für eine entscheidende Weiterentwicklung der Diskussion von Wissen und Geschlecht, indem es ihr nicht mehr allein um die Geschichte sozialer Exklusion geht, sondern um eine Vergeschlechtlichung scheinbar objektiv gewonnener Taxinomien der Natur. Nicht nur die Akteure des Wissens, sondern auch seine Inhalte sind von Geschlechterrelationen geprägt (Schiebinger 1993; dies. 1995; dies./Ruppel/Opitz 2018).

Wissensgeschichte des Geschlechts

Im Zuge der Weiterentwicklung der Frauengeschichte zur Geschlechtergeschichte sind nicht nur soziale Asymmetrien aufgezeigt worden, sondern auch eine tiefgehende Vergeschlechtlichung gelehrten und wissenschaftlichen Wissens (Schiebinger 1993; dies. 1995). Kontrovers diskutiert wird die These Thomas Laqueurs, dass das biologische Geschlecht eine historische Erfindung sei (Laqueur 1990 [1992]). Über fast zwei Jahrtausende habe das Ein-Geschlechts-Modell Galens dominiert. Die Geschlechtsorgane seien demnach prinzipiell gleich, nur einmal nach innen, einmal nach außen gerichtet. Erst im 18. Jahrhundert habe sich das biologische Zwei-Geschlechter-Modell durchgesetzt. Empirische Einwände kamen u. a. von Althistorikern und Mediävistinnen (Bennewitz/Kasten 2002; King 2013), doch zeigt die Perspektive der langen Dauer, dass jenseits von Laqueurs These bis in die Moderne Definitionen des Geschlechts ständig in Bewegung sind.

Feministische Wissenshistorikerinnen wie Londa Schiebinger stellen noch radikaler die Frage: »*Wie weiblich ist die Wissenschaft?*« (Schiebinger 2000). Die Antworten haben sich in der feministischen Wissenschaftstheorie der vergangenen Jahrzehnte stark gewandelt. Eine natürliche Differenz, wie sie von männlicher Seite über Jahrhunderte beschworen wurde, sollte ja gerade nicht reklamiert werden, kulturelle Grenzziehungen rückten stattdessen in den Mittelpunkt. Die hoffnungsvolle Emphase der 1970er und 1980er Jahre, dass eine weibliche Wissenschaft eine menschlichere Alternative darstellen und praktisch verwirklicht werden könne, wich verschiedenen Differenzierungen eines sich als eigenes Forschungsfeld konstituierenden Komplexes von Wissen und Geschlecht, das sich besonders durch eine hohe Innovationsdynamik in der Theoriebildung auszeichnet (Felt/Nowotny/Taschwer 1995: 107–112).

3.2 Institutionelle Akteure

Der gesellschaftliche Status von Wissensakteuren lässt sich nach Graden institutioneller Zugehörigkeit und Zertifizierung unterscheiden. Um Teil einer Institution zu werden, absolvieren die

Menschen bestimmte Rituale. Mönche und Nonnen legen ein Gelübde ab, der Student, der Graduierte und der Professor leisten einen Eid gegenüber ihrer Universität. Die Universität entlässt einige ihrer Angehörigen mit akademischen Titeln, die Zunft mit einem Meisterbrief, und der Staat privilegiert seine Staatsdiener mit dem Rechtsstatus des Beamten.

Der französische Mediävist Jacques Verger hat vorgeschlagen, von den »gens de savoir«, den Menschen des Wissens, zu sprechen, um einen möglichst inklusiven Begriff zu verwenden (Verger 1997). Darunter können dann auch Akteure jenseits der Institutionen gefasst werden wie »Amateure« (Pandora 2016) oder Autodidakten (Velten 2002).

Gruppen und Personenverbände

Die Erforschung institutioneller Akteure kann mittlerweile auf eine lange Tradition zurückblicken. Während zu Beginn des 20. Jahrhunderts verfassungshistorische Zugänge und anekdotische Genrebilder von einzelnen Professionen dominierten, etablierte sich ab dem 1970er Jahren eine sozialhistorische Forschung, die sich aus einer personengeschichtlichen und gruppensoziologischen Perspektive der Sache annahm. Das akademische Personal wurde auf Herkunft, Frequenz und soziale Karrieren befragt (Schwinges 1986). Das protestantische Pfarrhaus wurde sozialgeschichtlich ebenso erforscht wie die diversen Orden (Schorn-Schütte 1996). Aus einer wissenssoziologischen Perspektive wurden diese Gruppen erst ab den 1980er Jahren stärker in den Blick genommen. So fragte man nach Lehrer-Schüler-Verhältnissen, nach Patronage, Prozessen der Ausbildung und Wissenstransfer. In protestantischen Territorien bildeten sich regelrechte Dynastien von Pfarrern und Gelehrten heraus, deren Genealogien noch bis in das 19. und 20. Jahrhundert weiterwirkten (Weber 1984). Parallelen zwischen der Gesellenwanderung und der *peregrinatio academica* der Studenten traten ebenso in den Blick wie die Rolle der Staatsbildung für die Transformation korporativer Personenverbände wie etwa dem Handwerk, dem Klerus oder der Universität. Seit dem 15.–17. Jahrhundert traten Handelsgesellschaften als Wissensakteure hinzu.

Institution und Habitus

Das Verhältnis der Wissensgeschichte zu den Institutionen ist ambivalent. Einerseits kritisiert man eine unkritische Engführung auf institutionelle Eigengeschichten und die damit einhergehende

Ausblendung nicht-institutioneller Akteure, wie etwa im Europa des Mittelalters und der Frühen Neuzeit die allermeisten weiblichen Wissensakteure. Andererseits wird anerkannt, dass institutionelle Wissenskulturen wirkmächtige Akteure hervorbringen. Im Begriff des Habitus, wie ihn Pierre Bourdieu u. a. für den *Homo Academicus* (Bourdieu 1988) beschrieben hat, findet sich ein analytisches Scharnier zwischen Korporation und Inkorporierung. Der Habitus ist in Fleisch und Blut übergegangene »inkorporierte Geschichte« und prägt die Denk-, Handlungs- und Wahrnehmungsschemata von Akteuren (Bourdieu 1987: 97-121). Er ist jedoch – was gern missverstanden wird – keine absolute Determinante, sondern unterliegt selbst historischem Wandel und befindet sich in Bewegung.

3.3 Soziale Rollen

Im Gegensatz zu den institutionellen Akteuren und Rechtstiteln gibt es Akteure, die in einer ihnen sozial zugeschriebenen Rolle agieren und einen Habitus ausbilden, der sie informell von anderen sozialen Akteuren unterscheidet. Ein als weise geltender Mensch kann auf hohe soziale Anerkennung zählen, seine Weisheit ist jedoch nicht durch Titel verbrieft. Die Grenzen sind zweifellos fließend, der moderne Fernsehexperte ist meistens auch Doktor oder Professor, agiert aber in einer anderen Rolle als an der Universität. Zugleich verfestigen sich manche Rollenmuster so weit, dass man von einem Habitus sprechen kann. Damit ist ein Defizit der Rollentheorie benannt, die einerseits den Vorteil hat, bestimmte Akteure in mehreren Rollen beobachtbar zu machen, andererseits aber die Effekte der Inkorporierung verdeckt bzw. nivelliert, so als ob die Rolle jederzeit auswechselbar wäre. Als weitere Kategorie hat Lorraine Daston mit der wissenschaftlichen »Persona« einen antiken Begriff aufgegriffen, der eine »kollektive Identität« beschreiben soll, als deren Quellen auch fiktionale Texte dienen können. Mit ihrer Hilfe werden die »Aspirationen, Eigenarten, Lebensweisen und sogar körperliche Fähigkeiten und Dispositionen einer Gruppe« geformt und öffentlich wahrnehmbar gemacht (Daston 2003: 110).

Gelehrte

Als einer der ältesten und am meisten verbreiteten sozialen Rollentypen eines Wissensträgers kann in europäischen Gesellschaften der Gelehrte gelten (Chartier 1998; Bosse 2008; Holenstein/Steinke/Stuber 2013). Gelehrte haben meist einen akademischen Abschluss, allerdings nicht zwingend, und sie sind nicht notwendig an einer Universität tätig. Ihre institutionelle Anbindung kann vielfältiger Natur sein und einem Orden, einem Fürstenhof oder nur der Gelehrtenrepublik verpflichtet sein. Im Terminus des »Privatgelehrten« schwingt noch in der Moderne die jenseits der Institution freischwebende Existenz mit. Gelehrte haben eine bestimmte Lebensform herausgebildet, die ihr ganzes soziales Sein prägt (Algazi 2007). Gelehrte haben ein anderes Verhältnis zu Frauen und Familien als andere Männer, sofern sie überhaupt ein solches haben, denn der zölibatäre Hagestolz bildet ein hartnäckiges Stereotyp. Gelehrte haben spezifische Krankheiten (Tissot 1768 [1976]), Zeichen ihrer *deformation professionelle*, sie pflegen oder vernachlässigen einen bestimmten Kleidungsstil, sprechen ihre eigene Sprache und haben im kulturellen Gedächtnis ein spezifisches Leben nach dem Tod (Echterhölter 2012). Gelehrte haben ihre eigenen Normen und ihre eigenen Sündenkataloge (Kivistö 2014). Seit dem 18. und 19. Jahrhundert wird der Gelehrte vom Wissenschaftler abgelöst bzw. überlagert (Ferrone 1998; Shapin 2008; Mody 2016; White 2016).

Das Bild des Gelehrten in der Öffentlichkeit ist durch eigene Genres, der ›Gelehrtengeschichte‹ und der ›Gelehrtensatire‹, beeinflusst (Košenina 2003). Entsprechende Werke haben weitere Differenzierungen von Gelehrtenhabitus bzw. Klischees hervorgebracht, die sich vor allem am Grad der Welt zu- oder abgewandtheit orientieren. Während der sozial inkompatible Pedant sich allein für seine Arbeit interessiert und seine Studierstube ungern verlässt, legt der gelehrte Weltmann, der *Honêtte Homme* oder Gentleman genau das gegenteilige Verhalten an den Tag, er ist redegewandt, gepflegt, kosmopolitisch und unterhaltsam.

Unter den verschiedenen Typen von Gelehrten findet sich der Universalgelehrte oder Polyhistor. Peter Burke hat 500 Exemplare dieses Typs von Galileo Galilei bis zu Susan Sontag zusammengetragen (Burke 2021). Der Polyhistor wird in unterschiedliche Ausprägungen unterteilt. So könne man den zentrifugalen vom zentripetalen Polyhistor unterscheiden. Während der erstere alles Wissen ohne Rücksicht auf dessen Zusammenhang akkumuliere, ordne der zweite vor dem Hintergrund eines Systems. Weiter ist zu differenzieren zwischen den passiven, begrenzten und seriellen Universalgelehrten. Der passive wisse alles, produziere aber selbst kaum, der begrenzte »clustere« mehrere benachbarte Wissensfelder, und der serielle schreite während seines Lebens von Wissensfeld zu Wissensfeld weiter. Der historische Längsschnitt von der Renaissance bis zur Gegenwart zeigt nicht nur sich wandelnde Bewertungen des Polyhistorismus auf, sondern auch, wie es angesichts immer rascherer Vermehrung des Wissens immer schwieriger wurde, einen universellen Überblick zu behalten.

Während der europäischen Vormoderne bewegte sich die Tätigkeit der Gelehrten im Feld der Gelehrsamkeit. Ab etwa der Zeit um 1800 beginnt allmählich der Begriff der Wissenschaft den der Gelehrsamkeit zu überlagern. Institutionell tätige Akademiker waren nun bald alle Wissenschaftler. Die symbolischen Attribute wie Kleidungsstile oder Fachsprachen verloren damit aber keineswegs an Bedeutung. Es veränderten sich allerdings die hegemonialen Fachkulturen. Wenn Schulkinder in einem seit den 1950er Jahren weltweit beliebten Zeichenexperiment einen Wissenschaftler und in wachsendem Umfang eine Wissenschaftlerin malen, präsentieren sie bei den Männern in der Regel einen Albert Einstein ähnelnden Wissenschaftler mit wirrem Haar in einer Laborumgebung (Füssel 2016). Die wissenschaftliche Persona ist mit einem spezifischen Charisma ausgestattet, das sich aus institutioneller Zugehörigkeit und Titeln ebenso speist wie aus einer spezifischen Lebensweise zwischen Beruf und Berufung (Clark 2006; Algazi 2007). Wissenschaftler, die nicht an einer wissenschaftlichen Institution universitärer oder außeruniversitärer Forschung und Lehre tätig sind, aber trotzdem forschen, publizieren oder an Tagungen teilnehmen, stellen in aller Regel eine Ausnahme dar. Sie bezeichnet man gern als Privatgelehrte bzw. »free scholar« (im Gegensatz zum »academic scholar«) und weist ihnen damit einen traditionellen außerinstitutionellen Status zu.

Experten

Je komplexer die Wissenskulturen von Gesellschaften werden, desto mehr sind Menschen auf die Delegation von Sonderwissen angewiesen. Sie benötigen die Expertise von Experten, wie bereits Berger und Luckmann ausführten: »Die gesellschaftliche Distribution von Wissen beginnt also bei der schlichten Tatsache, daß ich nicht alles weiß, was meine Mitmenschen wissen, und sie kulminiert in höchst komplizierten und geheimnisvollen Zusammenhängen der Expertenschaft.« (Berger/Luckmann 1969: 47f.) In unserer Gegenwart konsultieren die politischen Entscheider häufig den Rat von Experten und Expertinnen. Diese Experten verkörpern idealerweise »einen sozialen Rollentypus, der sich durch die Verheißung passgenauen Wissens in einer bestimmten Kommunikationssituation auszeichnet« (Rexroth/Roick/Reich 2012; Füssel/Rexroth/Schürmann 2019).

Obwohl in Mittelalter und Früher Neuzeit bereits der »expertus«, der Erfahrene, bekannt und bereits im England des 17. Jahrhundert diverse »experts« anzutreffen waren (Ash 2004), ist das Konzept doch ein spezifisch Modernes. Der damit bezeichnete Vorgang der Anrufung bestimmter Wissensträger als Experten und die kollektive Herausbildung ganzer Expertenkulturen mit stabilen Rollenmustern und eigenen Zertifizierungsmechanismen (akademische Grade und Titel) und symbolischen Codes (Fachsprache, Kleidung, Habitus) haben ihre wissenskulturellen Wurzeln jedoch bereits im europäischen Hochmittelalter. Als Proto-Experten können die Juristen und Mediziner gelten. In der griechischen Antike hingegen finden wir das Expertentum, soweit es der politischen Verwaltung diente, an den Sklavenstatus gebunden, so etwa im demokratisch verfassten Athen (Ismard 2015).

Im Prozess der frühneuzeitlichen Staatsbildung haben stetig wachsende Bürokratien und Verwaltungen besonders mächtige Akteure hervorgebracht, die man mit Peter Burke modern als »Wissensmanager« bezeichnen kann (Burke 2016: 24). Ein solcher war im 17. Jahrhundert der französische Finanzminister Jean-Baptiste Colbert, der geradezu besessen war von der Akkumulation von Information (Soll 2009). Im England des 18. Jahrhunderts nahm Joseph Banks als Präsident der *Royal Society* und königlicher Berater eine Schlüsselposition ein (Gascoigne 1998). Im deutschen Kaiserreich des späten 19. Jahrhunderts wurde in Preußen kein Lehrstuhl ohne den Ministerialdirektor Friedrich Althoff besetzt, so dass man von einem »System Althoff« sprach (vom Brocke 1991). Ab dem 19. Jahrhundert wurden Unternehmen zu Zentren der Wissensökonomie, ihre Organisationskultur färbte auf andere Institutionen wie die Universitäten ab.

Je einflussreicher und je unentbehrlicher die Experten und Manager wurden, desto mehr stießen sie bei Laien auf Skepsis und Kritik, eine Tätigkeit, die einer weiteren Rolle eigen ist (Nichols 2017).

Intellektuelle

Die Geburtsstunde des Intellektuellen scheint sich präzise dingfest machen zu lassen, denn der Begriff entstand 1894 in Frankreich. Anlässlich der sogenannten Dreyfus-Affäre sprach man zum ersten Mal in einer breiten Öffentlichkeit von den Intellektuellen. Alfred Dreyfus (1859–1935), ein jüdischer Offizier deutscher Abstammung, wurde mit Hilfe eines fingierten Dokuments des Landesverrats bezichtigt und verurteilt (Harris 2010). Vier Jahre später schrieb der Schriftsteller und Journalist Émile Zola einen in der Zeitung *L'Aurore* veröffentlichten offenen Brief mit den berühmten Worten »J'accuse« (»Ich klage an«), in dem er die Machenschaften von Regierung, Militärs und Antisemiten scharf kritisierte. Die Reaktionen darauf waren immens und führten zu beinahe bürgerkriegsähnlichen Zuständen. Im gleichen Jahr veröffentlichte *L'Aurore* ein von 3.000 Personen unterzeichnetes Manifest, das eine Revision des Verfahrens gegen Dreyfus forderte. Obwohl das Manifest selbst den Begriff überhaupt nicht enthielt, kam in der Folgezeit die Rede vom »Manifest der Intellektuellen« auf. Der Begriff erfuhr eine beispiellose Karriere und wurde aufgrund seiner Mehrdeutigkeit zu einem beliebten Instrument ideologischer Agitation (Bering 1978; 2010). Von den Konservativen als »antinational«, »jüdisch«, »dekadent« oder »inkompetent« bezeichnet, begriff man den Intellektuellen auf Seiten der Dreyfus-Partei als »demokratisch«, mit ausgeprägtem »Gewissen«, »politisiert«, »wissenschaftlich« und »jugendlich«.

Jacques LeGoffs Die Intellektuellen im Mittelalter (1957)

Der französische Mediävist Jacques Le Goff (1924–2014) war Angehöriger der Schule der »Annales«, einer Gruppe von Historiker:innen, die in Frankreich für die Etablierung einer interdisziplinär ausgerichteten Struktur- und Mentalitätsgeschichte stehen. In seiner frühen Studie von 1957 bedient Le Goff sich eines produktiven Anachronismus, indem er den Intellektuellen bereits im 12. bis 14. Jahrhundert ansiedelt, um damit die »Aufmerksamkeit von den Institutionen auf die Menschen, von den Ideen auf die gesellschaftlichen Strukturen, die Praktiken und die Gesinnungen zu lenken [und] das universitäre Phänomen des Mittelalters in einen langfristigen Zusammenhang zu stellen« (Le Goff 1987: 172). Möglich wurde der neue Typus des Intellektuellen durch die »städtische Revolution des 10. bis 13. Jahrhunderts«, die neue Formen der Arbeitsteilung und Räume der Freiheit hervorbrachte. Le Goffs Begrifflichkeit ist deutlich vom italienischen Marxisten Antonio Gramsci (1891–1937) beeinflusst, der zwischen »traditionellen« (etwa Philosophen) und »organischen« (Vertretern einer sozialen Klasse) Intellektuellen unterschied, letztere im Ringen um kulturelle Hegemonie. Le Goff unterscheidet seinerseits für das Mittelalter die organischen Intellektuellen als »treuen Dienern von Kirche und Staat« (ebd.: 175) von jenen mit einer »kritischen« Haltung, zu denen er Denker wie Peter Abaelard, Thomas von Aquin, Siger von Brabant oder Wyclif zählt. In drei Teilen widmet sich Le Goff zunächst der »Geburt des Intellektuellen« im konfliktträchtigen Milieu der Pariser Schulen des Hochmittelalters: Exemplarisch für Autoritätenkonflikte steht hier Peter Abaelards Auseinandersetzung mit Bernhard von Clairvaux. Darauf folgt die Etablierung der Universitäten als Zeit der »Reife und ihrer Probleme«. Was häufig übersehen wird, ist der Umstand, dass Le Goff seine Geschichte nicht als Teil der ungebrochenen Genealogie des modernen Intellektuellen erzählt. Vielmehr verschwinden seine Intellektuellen am Ausgang des Mittelalters – das ist Gegenstand des dritten Teils –, um mit einem Wandel der Universitäten zu Instrumenten des Territorialstaates und dem Aufkommen der Humanisten anderen Akteuren zu weichen. »Jahrhundertelang wird es im Abendland keine intellektuellen Arbeiter mehr geben« (ebd.: 132).

(Le Goff 1957/1987; zum Weiterlesen Rexroth 2018)

Doch der Intellektuelle blieb nicht auf die Moderne beschränkt. Man suchte ihn in allen Epochen und fand ihn (Faber 2012). Folgt man dem Mediävisten Jacques Le Goff, so haben wir es schon im Umfeld der mittelalterlichen Universitäten mit Intellektuellen zu tun (Le Goff 1957, deutsche Ausgabe 1987). Will man darin mehr erblicken als den Versuch, Phänomene der Moderne bereits in früheren Epochen zu entdecken und sie damit nachträglich zu modernisieren oder mit einer langen Geschichte auszustatten, so stellt sich die Frage nach der heuristischen Produktivität dieses Anachronismus, hat doch inzwischen fast jede Epoche ihre eigenen Intellektuellen. Selbstverständlich kennt die Altertumswissenschaft mittlerweile die Figur des Intellektuellen – sei es in Gestalt des Sehers bzw. der Seherin, vor allem aber des Philosophen bzw. der Philosophin (Griechenland: Vatai 1984; Zanker 1995; Bosman 2019; Rom: Fögen 1993; Eshleman 2012; Bosman 2019). Im 16. Jahrhundert waren es die Humanisten und Reformatoren, im 17. Jahrhundert die radikalen Religionskritiker, die als Intellektuelle angesprochen werden (vgl. Held 2002; Schorn-Schütte 2010; Bayreuther/Rauschenbach 2011). Das 18. Jahrhundert erlebt die »Erfindung des Intellektuellen« mit Voltaire (Masseau 1994). Zum 19. und 20. Jahrhundert liegen inzwischen zahllose Studien vor, die die Intellektuellengeschichte auch außerhalb Europas beleuchten (Charle 1997; Sdvižkov 2006). Als Proto-Intellektuelle des 20. Jahrhunderts können Denker wie Jean-Paul Sartre, Noam Chomsky oder Jürgen Habermas gelten, die eine hohe mediale Präsenz hatten bzw. haben und immer wieder zentrale Debatten anstießen (Schildt 2020). In welches Jahrhundert wir die Geburt des Intellektuellen verbindlich festlegen, wird wohl weiterhin diskutiert werden. Peter Burke versucht dem Problem aus dem Weg zu gehen, indem er stattdessen im Anschluss an Coleridge und Gellner für die Frühe Neuzeit den Begriff der »Klerisei« verwendet, damit aber letztlich nur ein Synonym für den Gelehrten kreiert, ohne das Problem aufzulösen (Burke 2001: 30). So wundert es nicht, dass der Vorschlag bislang nicht aufgegriffen wurde.

Konsensfähiger hingegen ist die Annahme, dass die Berufe des Schriftstellers, des Autors (Viala 1985) und des Journalisten (Birkner 2012) zwischen dem 17. bis 19. Jahrhundert entstanden seien. Erst im Zeitalter der Aufklärung waren die ökonomischen und medialen Voraussetzungen gegeben, dass eine breitere Gruppe von Gelehrten von ihrer geistigen Arbeit und vom Markt leben konnte, ohne in institutionelle Kontexte wie die Universität, die Kirche oder den Hof eingebunden zu sein.

3.4 Prekäre Figuren

Von der Wissenssoziologie hat die Wissensgeschichte gelernt, dass zwischen den Trägern des Wissens neben den geschlechtlichen Grenzziehungen auch religiöse und ethnische Unterschiede wirksam werden, dass Wissensakteure zudem eigene soziale Milieus ausbilden und einen eigenen Habitus kultivieren. Als »Etablierte und Außenseiter« kann man mit einer Formulierung des Soziologen Norbert Elias unterschiedliche Akteure klassifizieren, die ähnlich den ökonomisch geprägten Milieus auch ein »Prekariat« und eine »Bourgeoisie« kennen (Mulsow 2012). Im vormodernen Europa waren es etwa muslimische und jüdische Wissensakteure, die von Exklusion oder Inklusion betroffen waren. Juden blieben beispielsweise auf medizinische Wissensfelder beschränkt und fanden erst im 18. Jahrhundert langsam Zugang zur akademischen Ausbildung (Richarz 1974). Noch länger dauerte die Diskriminierung von *People of Colour* in Bildungseinrichtungen an, was in den USA zur Gründung eigener ›schwarzer‹ Colleges führte. Mit der Ausgrenzung verbunden waren und sind Fälle der erzwungenen Migration und des Exils, wie wir dies schon bei den frühen Protagonisten der Wissenssoziologie gesehen haben (Burke 2017). Gerade von diesen Akteuren, die zwischen den Kulturen pendelten, gingen oftmals die größten intellektuellen Innovationen aus. Künftige Studien zu Wissensakteuren könnten von Konzepten der Intersektionalität profitieren, die Überschneidungen von unterschiedlichen Differenzkategorien wie Stand, Klasse, Geschlecht und Konfession in den Blick nehmen. So war es beispielsweise für Juden generell schwierig, Zutritt zu den Universitäten zu erlangen, noch schwieriger war es aber für jüdische Frauen (Hirsch 2010). Eine frühneuzeitliche Adelige indes hatte weit mehr Möglichkeiten, sich zu bilden und Wissen zu pflegen, als eine bürgerliche oder bäuerliche Frau.

Projektemacher und Scharlatane

Neben den expliziten Formen der Exklusion gab und gibt es pejorisierende Rollenzuschreibungen, gleichsam die Kehrseite der Rollen von Experten, Intellektuellen und Gelehrten. Im 17. und 18. Jahrhundert bezeichnete man als »Projektemacher« eine prekäre Existenz, deren Projekte meistens zum Scheitern verurteilt waren (Krajewski 2006; Brakensiek 2015). Noch negativer war die Figur des Scharlatans konnotiert, der sich durch den Drang, größere Geldsummen zu verdienen, hervortat und nicht davor zurückschreckte, sich unlauterer Mittel zu bedienen und Dinge vorzugeben, die sich aus Sicht der herrschenden Wissenskultur als fragwürdig erwiesen (Asmussen/Rößler 2013). Ursprünglich kam der Proto-Scharlatan aus dem Feld der Heilkünste; im 18. Jahrhundert erweiterte man die Zuschreibung jedoch auf alle Professionen. Das deviante Milieu der Wissensakteure kennt ferner den Fälscher, den Freigeist und Libertin, den Verschwörungstheoretiker oder vor allem im Bereich der Fiktion den verrückten Erfinder. Von Faust bis Frankenstein ist die Literatur, später der Film, voll von devianten Wissensakteuren, die außerhalb der etablierten Institutionen agieren und mit diesen gebrochen haben.

Go-Betweens

Die wachsende Aufmerksamkeit für Transfers, Kontakträume und Austauschprozesse rückte sogenannte *Go-Betweens* in den Blick, »translokale Wissensakteure« die zwischen den Kulturen vermittelten und übersetzten (Schaffer u. a. 2009; Raj 2016; Dorsch 2016). Die Erforschung der Grenzgänger ist vor allem für die Frühe Neuzeit fruchtbar gemacht worden und hat empirische Schwerpunkte im Raum des Indischen Ozeans, etwa in Bezug auf die frühe portugiesische Expansion, sowie in Nord- und Südamerika und im Mittelmeerraum, vor allem der Levante. Gerade in den zahlreichen gewaltsamen Konflikten zwischen Europäern und Außereuropäern waren kulturelle Vermittler in Gestalt von Übersetzern, Kundschaftern, Unterhändlern oder Spionen von großem Einfluß (Häberlein 2012). Neben Übersetzern, Geldwechslern und Geldverleihern traten Lotsen und Navigationsexperten vermehrt in den Blick, so dass sich vier Typen herauskristallisierten: der Interpret/Übersetzer, der Handelsbankier, der Komprador und der *cultural broker* (Raj 2016: 41). Anders als man vermuten könnte, waren diese Zwischengänger nicht permanent unterwegs, sondern eher ortsgebunden. Die Figur des *Go-Betweens* hat auch die Zeitgeschichte analytisch fruchtbar gemacht, etwa am Beispiel internationaler Organisationen wie der Weltgesundheitsorganisation (WHO) (de Chadarevian 2015: 385).

4. Praktiken

Seit ihren Anfängen in den 1970er Jahren ist die Wissensgeschichte eng mit der Erforschung von Praktiken verbunden. Sie nimmt häufig ihren Ausgang bei bestimmten Praktiken, wie etwa der Analyse des Lesens, des Reisens und des Sammelns oder der Informationserhebung durch Fragebögen (Burke 2014: 19–161). Inzwischen hat sich das Spektrum der beobachteten Wissenspraktiken nicht nur enorm erweitert, sondern kann von einer verstärkten methodischen Selbstreflexion der Praxeologie bzw. des Begriffs der Praktiken profitieren (Pickering 1995; Schatzki/Knorr-Cetina/von Savigny 2001; Reckwitz 2008). Innerhalb der historischen Praxeologie kommt der Wissenschaftsforschung sogar eine Pionierrolle zu: Denn gerade wissens- und wissenschaftshistorische Studien haben schon früh gezeigt, dass die Rede von den Praktiken mehr meint als ein neues, verheißungsvolleres Wort für Handlungen. So lassen sich Praktiken definieren als in Raum und Zeit situierte, sich wiederholende Vollzüge von Sprechakten und Handlungen im Zusammenspiel von Dingen und körperlichen Routinen von Akteuren (Füssel 2015b: 26). Das klingt sperrig, ist aber eine notwendige Zuspitzung, um das heuristische Potential der Praxeologie wissenshistorisch konsequent zu nutzen. Praktiken sind nicht identisch mit Handlungen, sondern bezeichnen Wiederholungsstrukturen, Sammeln etwa ist keine einmalige Handlung, sondern ein auf Routinisierung angelegtes Handeln.

Die nachhaltige Gegenwart des praxeologischen Ansatzes drückt sich bereits in zahlreichen wissens- und wissenschaftshistorischen Buchtiteln aus, wie *Science as Practice and Culture*, *Wissenschaft als kulturelle Praxis*, *Making natural knowledge*, *Making Archives*, *Making and Unmaking of Ignorance* oder *Science in Action*, *Scholars in Action* und *Doing University* (Latour 1987; Pickering 1992; Golinski 1998, Bödeker/Reill/Schlumbohm 1999; Epple/Zittel 2010). Es wird gemacht, gehandelt, konstruiert und produziert. Selbst das »Nichthandeln« wurde inzwischen als »Unterlassungspraktik« thematisiert (Jung 2019).

Annemarie Mols Praxeographie eines Krankenhauses als Fallstudie der praxeologischen Science and Technology Studies (STS)

Ein exemplarischer Einblick in eine praxeologische Arbeitsweise lässt sich anhand der Studie *The Body Multiple* der niederländischen STS-Forscherin Annemarie Mol gewinnen. Mol arbeitet mit der empirischen Methode der *Praxeographie*, um zu zeigen, »wie Phänomene in und durch Praktiken entstehen, sich entfalten und verändern« (Sørensen/Schank 2017: 407). Ihr Gegenstand ist der kognitive wie therapeutische Umgang mit Arteriosklerose in einem Krankenhaus: »Die Geschichten, die ich in diesem Buch erzählen werde, spielen zumeist in der Universitätsklinik einer mittelgroßen Stadt im Zentrum der Niederlande, der *Klinik Z*. Vier Jahre lang bin ich ein- oder zweimal in der Woche dorthin gegangen. Ich hatte einen Ausweis, der es mir erlaubte, mein Fahrrad hinter einem Zaun abzustellen und gratis Kaffee aus den überall aufgestellten Verkaufsautomaten zu bekommen. Ich hatte einen Bibliotheksausweis und konnte einen Schreibtischplatz innerhalb einer langen Reihe von überfüllten Räumen nutzen. Ich hatte einen weißen Kittel. Und ich beobachtete (Mol 2002, dt. 2017: 429). Dem Plot ihrer Geschichte über »Gefäße und Flüssigkeiten, Schmerzen und medizinisch-technische Assistent_innen, Techniken und Technologien der Klinik Z« liegt ein Verständnis von Gegenständen als »Dingen« zugrunde, die »in Praktiken verändert werden« (ebd.: 434). Mol fragt nicht »›wie kann die Wahrheit gefunden werden?‹, sondern ›wie wird mit Objekten praktisch verfahren?‹« (ebd.: 435). Mols Buch erzählt Geschichten über »klinische, chirurgische, pathologische, internistische« sowie »die eigenen praxeographischen Forschungspraktiken« (Sørensen/Schank 2017: 407). Als Ergebnis gibt es nicht die eine, sondern unterschiedliche Arteriosklerosen, und diese existieren allein in den Praktiken ihres »getan werdens«. Mols teilnehmende Beobachtung steht der historischen Forschung nicht zur Verfügung, ihre praxeologische Grundperspektive ist jedoch auch auf historische Phänomene übertragbar.

Warum aber diese ungebrochene Aufmerksamkeit für Praktiken? Einen historischen Gegenstand von den Praktiken her zu erschließen, fügt sich gut in die mikrohistorisch ausgerichtete Wissensgeschichte, die eine Skepsis gegenüber großen Erzählungen und

Modernisierungstheorien hegt. Der praxeologische Blick ermöglicht, historischen Wandel auf einer alltäglichen Ebene aus der Nähe zu analysieren, da Praktiken bei jeder Wiederholung Potentiale zur Veränderung entfalten. Eine Vorlesung über einen klassischen Text kann neue Auslegungen bringen, ein leicht abgewandeltes Experiment neue Daten liefern, eine Reise in das gleiche Gebiet neue Perspektiven eröffnen. Praktiken reproduzieren und transformieren in ihrem Vollzug zur gleichen Zeit. Der Blick auf die soziale und kulturelle Praxis des Wissens führt ferner aus klassischen handlungstheoretischen Sackgassen heraus. So kann er die Dichotomie zwischen Strukturen und Akteuren aufheben, zwischen Internalismus und Externalismus oder Mikro- und Makroperspektive. Wenn Praktiken sich zu Praxisformationen addieren, verliert das Gegenüber von Mikro- und Makrozugang sich zugunsten einer »flachen Ontologie« (Schatzki 2016). Es gibt dann nicht das Wissenschaftssystem als eigene Makrorealität und das einzelne Experiment als Mikrorealität, sondern beide sind Teil einer endlosen »flachen« Kette von Praktiken.

4.1 Sich die Welt erschließen

Lesen

Als elementare Kulturtechnik der Wissensaneignung kann das Lesen gelten. Stellte man sich in den 1980er Jahren noch die Frage »Ist eine Geschichte des Lesens möglich?« (Chartier 1985), so kann man heute auf ein eigenes, extrem differenziertes Feld der Leseforschung blicken (Chartier/Cavallo 1999; Manguel 2012; Rautenberg/Schneider 2015).

Die Geschichte des Lesens ist nicht allein die Geschichte der Alphabetisierung, sondern liefert grundlegende wissenshistorische Einsichten (Chartier 1990; Messerli/Chartier 2000, Zedelmaier 2015: 5–16).

Im antiken Griechenland entwickelte sich auf der Grundlage eines unserem heutigen europäischen vergleichbaren Alphabets ein spezifisches soziales Verhältnis von Schreiber und Leser, das über eine reine Informationstechnologie weit hinaus ging (Svenbro

2005). Während im Mittelalter lautes Lesen in der Gruppe weit verbreitet war, ging man in der Frühen Neuzeit allmählich zum leisen, individuellen Lesen über. Das gesellige Lesen verschwand damit keineswegs, bot aber nun eine Option unter mehreren (Williams 2017). Die Legitimität des Lesens war zwischen den Geschlechtern lange ungleich verteilt, die lesende Frau wurde erst mit dem 17. und 18. Jahrhundert selbstverständlicher (Signori 2009; Knight/White/Sauer 2018). Vermeintlich geschlechtsspezifischen Lesefähigkeiten trug man zunächst durch spezifische Formate für Frauen Rechnung, wie etwa Francesco Algarottis *Newtonianism for Ladies* (1737) (Mazzotti 2004). Lesen verweist besonders markant auf die Wiederholungsstrukturen von Praktiken: Texte werden immer wieder neu gelesen und interpretiert, und zwar nicht nur solche der religiösen Offenbarung, sondern auch aus Philosophie und Wissenschaft. Inzwischen hat man kleinteilig unterschiedliche Wissensmilieus von Leserinnen und Lesern erschlossen, wie etwa den lesenden Künstler (Damm/Thimann/Zittel 2013). Jede neue Lektüre schafft neue Bedeutungen, weswegen vor allem die Lektürepraxis im Interesse der Leseforschung steht. Die Frage, wie Menschen lasen, stellt die historische Forschung jedoch vor ein notorisches Quellenproblem. Buchbesitz allein sagt ja noch wenig über tatsächliche Rezeptionsvorgänge aus. Mit Hilfe von Lesespuren wie Randnotizen, Unterstreichungen, Exzerpten oder Lektüreberichten in Selbstzeugnissen und Briefen lassen sich allerdings dennoch zahlreiche Lesepraktiken rekonstruieren. Zur Analyse der Lesepraxis gehören Fragen nach materiellen Eigenschaften des Buches, in welcher Sprache es verfasst wurde, mit welchen Typen gedruckt und vor allem in welchem Format (Johns 1998). Mit dem Buchdruck entwickelten sich bestimmte Formate der Druckbögen des Papiers, die man nach Faltung in Folio (2x), Quart (4x) und Oktav (8x) unterschied. Einen Folioband konnte man schwerlich mit sich herumtragen: Das zwang zu statischer Lektüre, während ein Taschenbuch im Oktavformat mehr Mobilität ermöglichte, zum Beispiel das Lesen in der freien Natur. Mit dem Lesen entwickelten sich weitere Wissenspraktiken wie etwa das Exzerpieren und Notizen machen oder das Sammeln von Zeitungsausschnitten (te Heesen 2006; Décultot 2014). Texte konnten wie Kunstkammern funktionieren (Schock 2011). Im digitalen Zeitalter ist die Zukunft des Buches zunehmend unsicherer geworden, und neue Lesepraktiken zeichnen sich ab.

Reisen

Zu den klassischen Praktiken des Wissenserwerbs zählt seit der Antike das Reisen (Giebel 1999). Ein prominentes Beispiel bildet der idealtypische Gesetzgeber Solon, dem der antike Biograph Plutarch nachsagt, dass ihm Reisen die Begegnung mit den Gebildeten der damaligen Welt und einen reichen Erfahrungsschatz eingebracht habe (Plutarch, Solon 2 und 26).

Im Mittelalter reisten Mönche zwischen den Klöstern, zu den Bischofssitzen, zum Hof und zur Kurie, Pilger besuchten Rom, Jerusalem und Santiago de Compostela. Seit der Entstehung der Universitäten zählten die Studenten zu den mobilen sozialen Gruppen, zu deren Studientätigkeit die *peregrinatio academica* gehörte (Asche 2005). Mit dem Entstehen der landesherrlichen Universität in der Frühen Neuzeit ging die Mobilität der Studenten etwas zurück, denn für eine Anstellung im Land wurde vielfach ein heimisches Studium gefordert. Doch der akademische Austausch zählte weiter zu den Grundelementen wissensbezogener Mobilität. Auch Handwerksgesellen waren je nach Gewerbe mehr oder weniger häufig unterwegs und entwickelten eigene Reisepraktiken des Wissenserwerbs wie die Walz (Elkar 1999). Im Gegensatz zum Wissen, das die Studenten in Vorlesungen erwarben und mitschrieben, war das Wissen der Handwerker eher implizit (»tacit«) und körperlich. Die Söhne des Adels unternahmen eine sogenannte *Grand Tour*, die sie meist nach Italien und Frankreich führte und sowohl der Einübung des adeligen Habitus, dem Wissenserwerb als auch dem Anknüpfen von Beziehungen und Kontakten dienen konnte (Babel/Paravicini 2005). Alle diese sozialen Gruppen waren auf ein ständisches Solidaritäts- und Privilegiensystem angewiesen, das ihnen unterwegs eine Unterkunft und sicheres Geleit bot. Gelehrte reisten auch nach Beendigung ihres Studiums viel. Sie besuchten andere Gelehrte, Archive und Bibliotheken oder unternahmen Entdeckungs- und Forschungsreisen (Bödeker 2002; Böttcher 2020). Besuche unter Gelehrten waren ein wesentlicher kommunikativer Integrationsfaktor der Gelehrtenrepublik.

Mit Kolumbus setzten aus europäischer Sicht die Entdeckungsreisen ein, die zu einer immer dichteren Vermessung der Welt führten (Osterhammel 1999; Despoix 2007). Im 18. Jahrhundert kam mit der Forschungsexpedition ein neuer Typus auf; sie diente nicht mehr nur der Kartographierung von Seerouten und Räumen, sondern vor allem der Erschließung von Flora, Fauna und fremden Kulturen. Es war ein Wissenshunger, der sich nun ebenso die eigene Kultur und Natur zum Gegenstand nahm, die sich bei näherer Erschließung ebenso als fremdartig empfinden ließ (Cooper 2007).

Das Reisen kannte im 18. Jahrhundert keine Grenzen mehr. Berühmt geworden sind u. a. die drei Weltumsegelungen von James Cook, von denen ausführliche Reiseberichte existieren. An Bord der zweiten Reise befanden sich u. a. Johann Reinhold Forster und sein Sohn Georg, dessen Bericht von der Reise um die Welt neue Maßstäbe eines aufgeklärten ›Weltbildes‹ setzte. Mit den Reisen Alexander von Humboldts nach Südamerika und Russland im ersten Drittel des 19. Jahrhunderts trat die ›Vermessung der Welt‹ in ein neues Stadium. Humboldt ging bei seinen Forschungsreisen neue Wege: Er überschritt die sich formierenden Fächergrenzen von der Altertumswissenschaft bis zur Zoologie und betätigte sich ebenso als Natur- wie als Gesellschaftshistoriker (Ette 2018). Für die Wissensgeschichte bietet Humboldt zahlreiche Anknüpfungsmöglichkeiten, die von den Modi der Darstellung wie Essay, Tableau und Atlas bis zur postkolonialen Wissenschaftskritik reichen. So sehen die einen in Humboldt einen kosmopolitischen Vordenker globaler Vernetzung, die anderen einen Zuarbeiter des Kolonialregimes – eine postkoloniale Kritik, die sich in Deutschland insbesondere an der Planung des Berliner Humboldt-Forums entzündete (Morat 2019: 146).

Über Jahrhunderte war der Topos verbreitet, dass der Mann der allein legitim Reisende sei, während die Frau auf den heimischen häuslichen Bereich verwiesen war. Dennoch gab es bereits seit der Antike zahlreiche markante Gegenbeispiele von der Pilgerin bis zur Kaiserfrau (Woolf 2013). Zu ihnen gehörte etwa die Naturforscherin Maria Sibylla Merian (1647–1717), die Ende des 17. Jahrhunderts mit ihrer Tochter allein nach Surinam reiste. Londa Schiebinger hat herausgearbeitet, dass Merian in Südamerika während ihrer Pflanzenbeobachtung lokales Wissen über die Wirkung bestimmter Pflanzen wie dem Pfauenstrauch (»peacock flower«) für Verhütung und Schwangerschaftsabbrüche erwarb (Schiebinger 2004). Dieses Wissen wurde in Europa von der männlich dominierten Wissenskultur jedoch nicht aufgenommen, so dass Schiebinger von dieser Episode aus, gemeinsam mit Robert N. Proctor den Begriff der »Agnotology«, der organisierten Ignoranz, mitentwickelte.

Das Medium des Reiseberichts existierte seit der Antike (Schulz 2016) und stellte lange Zeit eine der Hauptinformationsquellen der Europäer über außereuropäische Zivilisationen dar. Noch Petrarca und Boccaccio schätzten etwa *De Chorographia* von Pomponius Mela, verfasst 43/44 v. Chr. (Mela 1994). Zu den bedeutendsten publizistischen Vermittlern der Frühen Neuzeit gehörten u. a. Richard Hakluyt, Giovanni Botero, Erasmus Francisci oder Theodor de Bry. Vor allem de Bry und seine Söhne Johann Theodor und Johann Israel sind in jüngerer Zeit eingehender erforscht worden (Groesen 2008). Aus ihrer Werkstatt stammten zwei der bedeutendsten Reisesammlungen der Frühen Neuzeit: die west-indischen Reisen, die in 13 Bänden von der Entdeckung und Eroberung Amerikas berichten, sowie die ostindischen Reisen, die den Aufstieg der Niederländer in Asien dokumentierten. In deutscher wie in lateinischer Sprache veröffentlicht, enthielten die Ausgaben der de Brys viele Illustrationen mit Kupferstichen, die das europäische Bildwissen bzw. Bildgedächtnis von der Neuen Welt nachhaltig beeinflussen sollten.

Auch für die umgekehrte Blickrichtung waren Reiseberichte für kulturelle Wissensbestände prägend, wie man etwa an osmanischen Gesandtschaftsberichten über Reisen nach Mitteleuropa ablesen kann. Im Sinne eines zumindest vom Blickwinkel her symmetrischen kulturellen Austausches spricht die Forschung gern von durch das Reisen eröffneten »Kontaktzonen« (Pratt 1992). Im Sinne Peter Burkes ist der Reisebericht ein gutes Beispiel dafür, wie ›rohe‹ Information etwa über die Distanz zwischen zwei Orten zu ›gekochtem‹ Wissen beispielsweise in Form einer Landesbeschreibung oder einer Karte wurde. Mit dem Buchdruck fanden die Reiseberichte eine enorme mediale Verbreitung, wurden zunehmend bebildert und gingen in monumentale Sammlungen von Berichten ein. Der Reisebericht ist eine komplexe Gattung von Wissensliteratur, die ihrem eigenen historischen Wandel folgenden Konventionen unterliegt (Brenner 1989). Die lange diskutierte Frage der Authentizität ist heute weitgehend von der nach unterschiedlichen Repräsentationsstrategien abgelöst worden, die nicht davon ausgeht, dass es sich in jedem Fall um eine wirklichkeitsgetreue Autopsie handeln müsse, obwohl deren Norm selbst eine lange Geschichte hat.

Das Reisen bietet ein gutes Beispiel, um zu zeigen, dass der Begriff der »Praktiken« des Wissens keineswegs trivial bzw. mehr als einfach nur ein neues modisches Wort für Handlungen ist. Reisen sind durch ihre Vollzugswirklichkeit geprägte Handlungsabläufe, die, auch wenn sie den gleichen Ausgangspunkt und das gleiche Ziel aufweisen, immer wieder anders ablaufen. Sie reproduzieren Wissen, indem sie z. B. Vorbildern folgen, und produzieren gleichermaßen neues Wissen. Ein bekanntes Beispiel ist Kolumbus, der eigentlich den Seeweg nach Indien suchte und in Amerika landete. Reisende sind auf materielle Infrastrukturen und Transportmittel angewiesen: Man reist zu Fuß, zu Pferd, mit der Kutsche, dem Segelschiff, dem Dampfschiff, dem Flugzeug oder dem Auto. Reisende übernachten in Herbergen, bei Standesgenossen, im Zelt oder im Hotel. Zum Wissenserwerb nutzen Reisende Instrumente wie nautische Messgeräte, Uhren, Kompasse, Karten oder Fernrohre. Reisende vollziehen bestimmte Sprachhandlungen, fragen etwa nach dem Weg oder begehren Einlass, sie sind auf Dolmetscher angewiesen oder führen Wörterbücher mit sich. Sie orientieren sich an Texten wie Reiseanleitungen, den sogenannten Apodemiken (Stagl 2002), später wie erwähnt dem Reiseführer und produzieren neue Texte und Bildmedien in Form von Reiseberichten, Skizzen, Karten und Fotografien. Das Reisen stellt mithin eine Art mobiles Labor der Wissensproduktion dar – ein überaus fragiles Labor, wird man hinzufügen müssen, das stets dem Scheitern ausgesetzt war, sei es durch den sprichwörtlichen Schiffbruch, durch Krankheiten oder Gewalt. Reisende hatten jedoch nicht nur Wissensliteratur im Gepäck, sondern brachten zudem Kulturgüter, Tiere und Pflanzen mit, die in Europa die Wunderkammern, Gärten und späteren Museen füllten (Mariss 2015). Mit dem europäischen Kolonialismus und Imperialismus des 18. bis 20. Jahrhunderts veränderten sich die Reiseakteure quantitativ wie qualitativ. Zu ihnen zählten nun vermehrt Frauen. Eine geradezu industrialisierte Anleitung und Durchführung leisteten fortan Reiseführer und Reisegesellschaften wie Cook oder Baedeker (Müller 2012).

4.2 Lehren, Prüfen, Zertifizieren

In Bildungsinstitutionen wie Schulen und Hochschulen wird Wissen nicht nur gelehrt und vermittelt, sondern auch geprüft und zertifiziert. Solche transkulturell verbreiteten Praktiken sind zweifellos keineswegs auf die sogenannten Eliten einer Gesellschaft beschränkt. Im Handwerk spielen die Gesellenprüfung und das Meisterstück eine gewichtige Rolle, und Schulen kennen diverse Prüfungsformen von der Klausur bis zum mündlichen Examen (Ricken/Reh 2017; Nagel 2017). Gemeinsam ist ihnen die Eigenschaft, Rituale des Übergangs bzw. der Einsetzung zu sein (Bourdieu 1990).

Little Tools of Knowledge

Die historische Praxeologie des Wissens hat insbesondere von der Analyse akademischer Praktiken profitiert. Diverse klassische Mechanismen, Medien und Instrumente erfuhren als »little tools of knowledge« neue Aufmerksamkeit (Becker/Clark 2001). So wurde die Herausbildung der modernen Forschungsuniversität mit Blick auf die Rolle von u. a. Vorlesungsverzeichnissen (Rasche 2009), Examensprüfungen (Belhoste 2002), Promotionen, Forschungsseminaren (Clark 1989), Berufungsverfahren (Schwinges 2012) oder Bibliothekskatalogen neu erzählt (Clark 2006; Wellmon 2016). Françoise Waquet hat den Ansatz auf akademische Rituale ausgeweitet und die Geschichte von Textgattungen wie Festschriften, Gelehrtenbiographien und Empfehlungsschreiben, Paratexten wie Danksagungen und Medien und Praktiken wie Posterpräsentationen und Antrittsvorlesungen geschrieben (Waquet 2010; Hollstein/Schütze 2004).

Praxeologische Zugänge werden ebenso in der Bildungsforschung allgemein diskutiert (Hoffmann-Ocon/De Vincenti/Grube 2020). Mit der Geschichte administrativer und ökonomischer Praktiken auf der Mikroebene verbindet sich die Auseinandersetzung mit klassischen Modernisierungserzählungen von Rationalisierung (Max Weber) oder Disziplinierung (Michel Foucault). William Clarks Zugang ist in mehrfacher Hinsicht charakteristisch für eine wissensgeschichtliche Perspektive in der Tradition Foucaults, bei der es immer um materielle Praktiken und um strukturelle Kreuzungen und Homologien geht. An den scheinbar selbstverständlich gegebenen und geradezu überzeitlich anmutenden Praktiken, wie der Benotung, wird ihre spezifische Gemachtheit und Geschichtlichkeit herausgearbeitet.

Akademische Lehre und Graduierung

Die Entstehung des modernen Benotungssystems oder der Stellenwert des durch Publikationen erworbenen akademischen Charismas haben ihren Ursprung in einer Gemengelage aus Verwaltung, Medialisierung, Ökonomisierung und Verstaatlichung. Während sich an katholischen Hochschulen der Jesuitenorden als »Erzrationalisierer« erwies, fanden in den protestantischen Universitäten des Alten Reiches kameralistische Verwaltungspraktiken Anwendung auf akademisches Wissen (Clark 2006).

Beide Konfessionen arbeiteten so auf ihre Weise einer Transformation der Produktion und Reproduktion akademischer Graduierung zu. An der Universität des Mittelalters und der Frühen Neuzeit war ein förmlicher Universitätsabschluss lange eher die Ausnahme, nicht zuletzt aufgrund enormer Kosten. Allmählich transformierte sich die Rangordnung einer Graduierung als Nullsummenspiel – jede Position war nur einmal zu vergeben – in ein Prädikatssystem, in dem auch mehrere Kandidaten die gleiche Note erhalten konnten (Füssel 2006a: 166–175). An den zahllosen nationalen Pfadabhängigkeiten von Benotungssystemen wird deren historisch-kontingenter Charakter besonders greifbar. So erweiterte man in Deutschland im 19. Jahrhundert die zunächst drei Prädikate langsam auf fünf, bis 1938 der bis heute geltende Rahmen von sechs Schulnoten etabliert wurde. Die USA kennen indes Noten von A bis D (bzw. E und F für die Durchgefallenen).

Die Universität als zentrale Institution höherer Bildung kannte über Jahrhunderte zwei zentrale Praktiken der Wissensvermittlung: die Disputation und die Vorlesung. Erst an der Epochenschwelle um 18. Jahrhundert traten Seminare hinzu. Die im 19. Jahrhundert verschwundene Disputation ist seit einigen Jahren als Abschlussprüfung zurückgekehrt, obgleich sie heute zweifellos wenig mit ihren vormodernen Vorläufern verbindet. Der Moderne galt sie lang als Inbegriff einer selbstreferentiellen scholastischen Wissenskultur, die kaum Wege kannte, Neues zu produzieren (mehr zur Disputation unter Kap. 4.5).

An der Praxis der Graduierung tritt der historische Wandel akademischer Wissenskulturen besonders deutlich zu Tage. So war es in der Frühen Neuzeit bis in das 18. Jahrhundert üblich, dass die Professoren und nicht die Studierenden die Dissertationen verfassten. Individuelle Autorschaft formierte sich erst langsam als eine Norm, durch deren Nichtbeachtung in der jüngeren Geschichte u.a. manche Politiker aufgefallen sind. Der Doktortitel gewährt symbolisches Kapital. In der Ständegesellschaft waren damit soziale Geltungsansprüche auf einen adelsgleichen Rang verbunden; aber auch in der Moderne spielt akademische Zertifizierung eine Rolle als Geltungsgenerator, wie das Beispiel des politischen Feldes zeigt.

Kann die europäische Tradition der akademischen Prüfungen bereits auf eine lange Geschichte zurückblicken, ist diese im Vergleich mit der Geschichte der chinesischen Beamtenprüfungen allerdings eher kurz. Schon Max Weber wies darauf hin, dass die »kaiserliche Patrimonialherrschaft« Chinas »das hier in der Welt zum ersten Mal auftauchende Mittel amtlicher Qualifikationsprüfungen und amtlicher Führungszeugnisse eingeführt« habe (Weber 1922 [1976]: 609).

Exkurs: Das chinesische Prüfungswesen

Die Anfänge des chinesischen Prüfungswesens gehen auf die Zeit der Han-Dynastie (206 v.Chr.–220 n.Chr.) zurück, doch erst während der Tang-Dynastie (618–907 n.Chr.) kam es zur Institutionalisierung eines Prüfungsapparates und der Differenzierung der verliehenen Grade (Prahl 1976: 38–50; Bibliographie: Wang 2013) – ein System, das in seinen Grundzügen bis zum Ende des chinesischen Kaiserreichs 1905/11 fortdauerte. Von den frühneuzeitlichen Reisenden und Missionaren bis zur Soziologie des 20. Jahrhunderts diente das chinesische System immer wieder als Referenzfolie zur Konturierung und Kritik der eigenen europäischen Prüfungspraxis (Osterhammel 1996: 325–330; Ringer 1987: 12–22; Mittag 2012; vgl. hierzu auch die Quelle 10 unter *www.campus.de*). Vermittelt über den Physiokraten François Quesnay, wurde in Frankreich 1791 das chinesische Prüfungssystem zum Vorbild für die Staatsprüfungen für den öffentlichen Dienst (Têng 1943).

In der Tang-Zeit hat sich ein dreistufiges Prüfungssystem auf lokaler, regionaler und zentraler Ebene formiert. Zur ersten Prüfung, die aus drei Stufen bestand, waren alle männlichen Einwohner eines Bezirks zugelassen. Bereits diese erste Prüfungsebene und damit den »ming-ching«-Grad erreichten nur wenige, die dann nach einer dreijährigen Vorbereitungsphase die nächste Prüfung in der Provinzhauptstadt absolvieren durften. Den Kandidaten, die auch diese erfolgreich durchlaufen hatten, stand nun der Weg zur Palastprüfung unter Aufsicht des Kaisers offen. Mit der Provinz- und Nationalprüfung erwarb man den »chin-shih«-Grad. Im Vergleich mit der europäischen Vormoderne ist über die konkreten Graduiertenzahlen nur wenig bekannt, die ältere Forschung geht jedoch von einer Erfolgs-Quote von 1:100 aus. Das Alter bei Absolvierung der drei Stufen weicht merklich von europäischen Graden ab: So wurde ein »chin-shih«-Grad angeblich selten vor dem fünfzigsten Lebensjahr erreicht. Die Prüfungsvorbereitung erfolgte bis zur Gründung öffentlicher Schulen ab dem 11. Jahrhundert auf privater Ebene durch Hauslehrer. Max Weber hat die chinesischen Prüfungen als »Kulturexamen« bezeichnet, die dem Erwerb eines bestimmten Charismas dienten, die den Mandarinen geradezu magische Qualitäten verlieh. Dieses Charisma war nicht primär an das Amt, sondern an den erworbenen Grad gebunden. Um die zentral gesteuerte Austauschbarkeit zu gewährleisten und damit den Aufbau lokaler Macht- und Abhängigkeitsstrukturen zu unterbinden, war nicht funktionales Expertenwissen vonnöten, sondern eine hoch standardisierte literarische Bildung auf Basis kanonischer Texte. Ist angesichts dieser Hürden zunächst nicht von einer Graduiertenflut auszugehen, so regelte das chinesische System diese Tendenz durch die Differenzierung zweier unterschiedlicher Ministerien: Einem »Ministerium der Riten« zur Qualifikation stand ein »Ministerium der Ämter« gegenüber, das unabhängig davon die Einstellung regelte. Dieser institutionelle Mechanismus führte dazu, dass der erworbene Grad sich im Laufe der Zeit von einem reinen Rekrutierungsinstrument zu einer Prestigeressource entwickelte. Der hohe soziale Status der Shen-Shih, in unserer Sprache der Mandarine, drückte sich sowohl symbolisch in einer besonderen Mütze, einem Knopf und einer Holztafel am Haus aus als auch rechtlich durch eine Befreiung von körperlicher Züchtigung, Steuern und der lokalen Rechtsaufsicht. Damit wurden die Grade jenseits der Aussicht auf eine Anstellung als kaiserlicher Beamter attraktiv. Mit der Zeit entwickelten sich neun verschiedene Rangstufen unter den Mandarinen, die sich durch bestimmte symbolische Formen unterschieden. Innerhalb dieser Statusgruppe kam es zu ständischen Vergesellschaftungsmechanismen, die sich einerseits in einer Homogenisierung der Lebensführung ausdrückten, andererseits in der Konzentration des Graderwerbs auf bestimmte Familien über mehrere Generationen. Um 1800 sollen angeblich von 300 Millionen Chinesen allein eine Million Männer Inhaber eines Grades gewesen sein (Zingerle 1972: 81).

4.3 Beobachten, Befragen, Messen, Experimentieren

Beobachten

Die Beobachtung (lat. *observatio*) stellt seit der Antike eine zentrale Praktik dar, deren Tradition vor allem mit der neuen empirischen Naturphilosophie und Naturgeschichte einen Dynamisierungsschub erlebte (Breidbach 2005; Steinle 2005). Im gleichen Moment, in dem die Beobachtung sich mit dem gen Himmel gerichteten Fernrohr ins unendlich Große wandte, entdeckte sie mit dem Mikroskop zugleich das unendlich Kleine. Erkenntnis sollte sich unmittelbar aus dem Augenschein ergeben, so gewann etwa Licht an Bedeutung für die Evidenzproduktion (Rößler 2012). Von der Anatomie, Astronomie und Anthropologie bis zur Tier- und Pflanzenkunde, der Meteorologie, der Kriegskunst oder der Landvermessung setzten während der Frühen Neuzeit immer mehr Wissensfelder auf die Evidenz der Beobachtung, wenn auch mit unterschiedlichen Motiven. So prägten die Naturbeobachtungen der Physikotheologen etwa religiöse Motive (Blair/von Greyerz 2020). Mit dem Bedeutungszuwachs der Beobachtung wurden traditionelle Lektürepraktiken jedoch keineswegs obsolet. Ganz im Gegenteil, philologische Quellenkritik wurde zu einem die Empirie ergänzenden Werkzeug (Krämer 2014).

Jenseits der Naturforschung entwickelte sich die Beobachtung zu einer Schlüsselpraxis der empirischen Sozialwissenschaften von der Soziologie bis zur Ethnologie (»teilnehmende Beobachtung«). Bereits vor der Entstehung dieser Disziplinen hatten Überlegungen zur Rolle des Beobachters im Spannungsfeld von Subjektivität und Objektivität eingesetzt (Daston/Galison 2007). Nicht nur die Urteilskraft und Standpunktabhängigkeit des Beobachters sollten sich als Herausforderung darstellen, sondern auch die sprachliche und visuelle Repräsentation der Ergebnisse der Beobachtung. Die Gewinnung ›reiner‹ Daten erwies sich zunehmend als handlungsleitende Fiktion.

Befragen und Verhören

Zu den obrigkeitlichen Praktiken der Informationsbeschaffung zählten Verhöre und Befragungen. Kirchliche wie landesherrliche Visitationen dienten der aktuellen Bestandsaufnahme und Normenkontrolle. Ebenso wie gerichtliche Verhöre konnten sie ganz eigene soziale Wissensbestände zu Tage fördern, die gar nicht dem entsprachen, was die Obrigkeit eigentlich gefragt hatte (Fuchs/Schulze 2002). In manchen Fällen entwarfen eigensinnige Akteure wie der von der Inquisition verhörte und 1599 verbrannte Müller Domenico Scandella genannt Menocchio aus dem Friaul ganz eigene Weltsichten (Ginzburg 1979).

Wer Steuern erheben wollte, musste wissen, über wie viele zahlungsfähige Untertanen er regierte, wer koloniale Expansion betrieb, musste Informationen über Land und Leute, Flora, Fauna und Bodenschätze erheben. *Imperium und Empirie* gingen seit dem 16. Jahrhundert ein dynamisches Verhältnis ein (Brendecke 2009; Marroquín Arredondo 2014). So konnte Arndt Brendecke den Beginn der modernen Empirie aus dem England des 17. Jahrhunderts in das Spanien des 16. Jahrhunderts vorverlegen, indem er zeigte, wie das spanische Imperium auf neue Techniken der Informationsgewinnung zurückgriff, um seine überseeischen Territorien zu beherrschen. Über den Alltag des Verwaltungsschrifttums, seiner Fragebögen etc. zeigt sich ein spezifisch wissenshistorischer Ansatz, der den Zugang der Wissenschaftsgeschichte zur Empirie nicht ersetzt, aber signifikant erweitert.

Messen und Quantifizieren

Messen und Quantifizieren sind seit Jahrtausenden verbreitete Kulturtechniken. In Anwendung auf die Natur gewannen sie vor allem Bedeutung in der neuzeitlichen Chemie und Physik. Die Entwicklung neuer Instrumente wie Thermometer und Barometer ging im 18. Jahrhundert einher mit der Entwicklung neuer Einheiten, die später nach ihren Erfindern benannt wurden, wie *Newton*, um 1700 für Kraft (nach Isaac Newton, 1643–1727; offiziell 1948), *Fahrenheit*, 1714 für Temperatur (nach Daniel Gabriel Fahrenheit, 1686–1736), oder *Celsius*, 1744 für Temperatur (nach Anders Celsius, 1701–1744; offiziell 1948). In der zweiten Jahrhunderthälfte entwickelte Alessandro Volta (1745–1827) ein Elektrometer zur Messung von Elektrizität (seit 1881 misst man elektrische Spannung in *Volt*). In der Forschung spricht man von einem »quantifying spirit« des 18. Jahrhunderts, der seine Evidenz nicht nur aus dem Bereich der Naturphilosophie bezog (Frängsmyr/Heilbron/Ryder 1990), sondern auch aus der sozialen und historischen Datenproduktion in Statistik und Kameralismus. Mit dem Aufkommen unterschiedlicher Maßeinheiten stellte sich immer das Problem der Vereinheitlichung, und erst im Verlauf des 19. Jahrhunderts einigten sich die Kontinentaleuropäer beispielsweise auf das metrische System (Kramper 2019). So einigte man sich 1889 bei der »Conférence Générale des Poids et Mesures« (CGPM) auf internationale Basiseinheiten wie Meter, Kilogramm und Sekunde (MKS-System). Wettervorhersagen und die Anfänge der Klimaforschung verdanken sich ebenso zunehmender Standardisierung, Präzisierung und Kontinuität der Messpraktiken (Golinski 2007).

Neue epistemische Tugenden wie die Präzision des Messens und der Datenerhebung etablierten sich, ebenso wie eine Quantifizierungs-Skepsis angesichts weiter zunehmender Übertragungen auf andere Wissensfelder wie die Bevölkerungsstatistik, die Wirtschaftswissenschaften oder die Geschichtswissenschaften.

Experimentieren

Zu den Schlüsselpraktiken der modernen Naturwissenschaft zählt ohne Zweifel das Experiment (Rheinberger 2021). Im Zuge der Empirisierung der Naturphilosophie im 16. und 17. Jahrhundert wurden Experimente immer wichtiger, um neue Erkenntnisse zu gewinnen und zu legitimieren. Die Wiederholbarkeit im Experiment liefert den Beweis für die Richtigkeit der Erkenntnis. Um die Geltung dieser fragilen Praktik zu festigen, setzte man im 17. Jahrhundert auf Zeugenschaft (Shapin 1994). Zeugenschaft war ursprünglich ein juristisches Verfahren, das im England der Frühen Neuzeit auf die Herstellung wissenschaftlicher Fakten übertragen wurde (Shapiro 2000). Adelige Gentlemen etwa, die ein hohes Maß an symbolischem Kapital besaßen, galten als vertrauenswürdig. Versammelte man sie um ein Experiment, dokumentierte ihre Gegenwart in einer Teilnehmerliste und publizierte den gesamten Vorgang in einer gelehrten Zeitschrift wie den *Philosophical Transactions of the Royal Society*, konnte sich daraufhin die ganze europäische Gelehrtenrepublik davon überzeugen, dass das Experiment erfolgreich stattgefunden hatte, und es gegebenenfalls nachahmen. Für die Geltung des Experimentes waren jedoch nicht nur Zeugen, sondern ebenso die umgebenden Räumlichkeiten relevant. Fand das Experiment in den Privaträumen des Gelehrten oder in einem semi-öffentlichen institutionellen Raum wie etwa der *Royal Society* statt (Shapin 1988)? Im 18. Jahrhundert wurden viele spektakuläre

Experimente etwa mit Elektrizität in der städtischen Öffentlichkeit abgehalten und galten als einträgliches Geschäft (Hochadel 2003).

Das rief Akteure auf den Plan, die von gelehrten ›Grenzarbeitern‹ gern als Scharlatane ausgegrenzt wurden (Gieryn 1983). In der Tat waren die Grenzen zwischen Wissenschaft und Schaustellerei für den Laien schwer zu erkennen. Hier konnte abermals der Raum helfen: Wenn in Göttingen ein Scharlatan auf dem Marktplatz aufsehenerregende Experimente veranstaltete und Lichtenberg ganz ähnliche in seiner Vorlesung zur gleichen Zeit präsentierte, so unterstützt die akademische Rahmung deren Legitimität. Lichtenberg verließ sich aber nicht darauf und ging so lang aggressiv gegen solche Konkurrenten vor, bis sie die Stadt verlassen hatten. Das öffentliche Experiment hat in jedem Fall theatrale Qualität, es findet auf einer Art Bühne statt, unterhält und erntet Applaus (Schramm/Schwarte/Lazardzig 2003; dies. 2006).

Experimente sind als Praktiken nicht nur in Raum und Zeit situiert, sondern erfordern auch materielle Objekte und Arrangements. Sie können daher kaum von einem einzelnen Wissenschaftler allein durchgeführt werden, es bedarf der Helfer: einer Gruppe von unverzichtbaren Zuarbeitern, die Steven Shapin als »unsichtbare Techniker« bezeichnet hat und zu denen zuweilen die Frauen des Gelehrtenhaushaltes zählten (Shapin 1989). In der modernen Laborwelt ist die Öffentlichkeit verschwunden, Schauexperimente sind aber weiterhin ein Teil von Schulunterricht oder universitären Vorlesungen.

4.4 Sammeln, Ordnen, Klassifizieren

Die Erforschung der Natur zählt weltweit zu den ältesten Wissenschaften (Müller-Wille 2008). So reichen die Anfänge der Naturgeschichte bis nach Mesopotamien zurück. Ihre Wissenspraxis prägen nicht Experimentieren und Beweisen oder Quantifizieren und Messen, sondern Sammeln, Ordnen und Klassifizieren. Über Jahrtausende traditionsbildend wirkten die Schriften des Aristoteles und des Namensgebers der Naturgeschichte Plinius d. Ä. mit seiner *Naturalis historia* (ca. 77 v. Chr.) (dt. Plinius 1973–2004; vgl. hierzu auch die Quelle 1 unter *www.campus.de*).

Die Aufmerksamkeit der westlichen Forschung richtete sich vorrangig auf die Dynamik der Naturforschung in Europa von der Renaissance bis zur Aufklärung. Zu bedenken ist allerdings, dass sich parallele Entwicklungen in Asien vollzogen (zu Japan vgl. Marcon 2017). Naturgeschichte ging in der Moderne nur zum Teil in Naturwissenschaft über, epistemologische Abgrenzungen ergeben sich etwa zu Chemie und Physik.

Sammeln als Wissen

Sammeln ist nicht nur eine in der Menschheitsgeschichte allgemein verbreitete kulturelle Praktik (Sommer 1999), sondern auch eine spezifische Form der Wissensproduktion (te Heesen/Spary 2001). Das Sammeln als Wissenspraktik ist eine voraussetzungsvolle Tätigkeit, die mit Katalogisieren, Klassifizieren, Ordnen, Etikettieren und Verzeichnen verbunden ist (Klemun 2017: 235). Sammeln erforderte eigene Räume und spezielle Möbel wie den Sammlungsschrank (te Heesen 2007) oder im Fall lebendiger Species z. B. ein Aquarium (Vennen 2018). Die Geschichte der Schränke und Aquarien ist wissenshistorisch keineswegs trivial. Die Funktion von Schränken umfasste weitaus mehr als die eines simplen Behälters. Am Herbarschrank Carl von Linnés wurde gezeigt, wie dieser zur Bedingung der Möglichkeit seines spezifischen Ordnungs- und Klassifikationssystems wurde (Müller-Wille 2001). Linné ordnete jedes neues Specimen in ein System von Schubladen ein, die untereinander getauscht werden konnten: ein sprichwörtliches Schubladendenken, das jedoch nicht zur Engstirnigkeit führte, sondern zur Flexibilität einer Wissensordnung.

In der Erforschung des Sammelns treffen sich Wissensgeschichte und die Geschichte materieller Kultur an einem Knotenpunkt viel diskutierter Gegenwartsfragen. Durch die Digitalisierung wird man sich der Bedeutung des materiellen Objekts neu bewusst. Im Zuge politischer Debatten über die Restitution von Sammlungsobjekten hat die Provenienzforschung zunehmend an Relevanz gewonnen.

Ordnen

Mit seiner Studie *Die Ordnung der Dinge* (im französischen Original *Le mots et les choses*, wörtlich: die Worte und die Dinge) hat Michel Foucault der Erforschung der Wissensordnungen einen wesentlichen Impuls gegeben (Foucault 1966 [1971]). In der Einleitung zitiert er aus einer Erzählung von Jorge Luis Borges, der wiederum eine »gewisse chinesische Enzyklopädie« zitiert, die Tiere auf folgende Weise gruppiert: »a) Tiere, die dem Kaiser gehören, b) einbalsamierte Tiere, c) gezähmte, d) Milchschweine, e) Sirenen, f) Fabeltiere, g) herrenlose Hunde, h) in diese Gruppierung gehörige, k) die mit einem ganz feinen Pinsel aus Kamelhaar gezeichnet sind, l) und so weiter, m) die den Wasserkrug zerbrochen haben, n) die von weitem wie Fliegen aussehen« (ebd., 17). Mit dieser ebenso beliebig wie exotisch anmutenden Liste sensibilisiert Foucault für die historische Andersartigkeit von Wissensordnungen.

Ordnung und Verräumlichung

Die Verfremdung wird zum heuristischen Instrument des Erkenntnisgewinns, der unseren Blick auf die Geschichte der eigenen Ordnungen des Wissens neu justiert. Die Planetenzeichen in einem frühneuzeitlichen Archiv oder der Bibliothekskatalog mancher Klosterbibliothek können ebenfalls Rätsel aufgeben, wie nicht nur Leserinnen und Leser von Umberto Ecos *Name der Rose* wissen. Im Mittelalter trennte man neben den Wissenschaften auch zwischen religiösen und weltlichen Schriften, in der Frühen Neuzeit etablierte sich dann die Aufstellung nach Fakultäten: Theologie, Jurisprudenz, Medizin und Philosophie. Bücher alphabetisch zu ordnen, bedeutet demgegenüber schon einen sehr egalisierenden Schritt, der sich erst im 18. Jahrhundert in Medien wie dem Leipziger Messkatalog durchzusetzen begann. Bücher nach der Farbe zu sortieren, erscheint uns hingegen heute intellektuell eher schlicht; im 17. Jahrhundert konnte das noch leichter und legitimer ein ästhetisches Ideal bedienen, weil die Bücher als Buchblock erworben und individuell gebunden wurden. Nachvollziehbarer wirkt da schon die pragmatische Sortierung nach Größe und Format, um wertvollen Regalplatz zu sparen.

Ordnung und Verzeitlichung

Ordnung zu schaffen und zu halten, war nicht nur ein räumliches Problem, sondern eine epistemische Herausforderung angesichts des permanenten Anwachsens an Kenntnissen und Phänomenen. Während des 18. Jahrhunderts brachen sich Ideale einer empirischen Begründung des Wissens so weit Bahn, dass sich ein allgemeiner »Erfahrungsdruck« einstellte, der in einen regelrechten »Empirisierungszwang« mündete. So nahm die Menge der Gegenstände nicht nur permanent zu, die Empirie wurde auch immer mehr unverzichtbar als Grundlage einer Behauptung. Die traditionelle Autorität der Texte verblasste langsam, doch es galt die neuen »Daten« zu verarbeiten (Lepenies 1978: 16–20). Man lernte nun nicht mehr täglich neue Arten, Spezies oder Substanzen kennen, sondern ebenso Kulturen, Rechtsformen oder archäologische Funde. Eine Reaktion darauf bestand darin, »Komplexität durch Techniken der Verzeitlichung zu verarbeiten« (ebd.: 19). Viele Fächer dokumentierten ihre Empirie nun im Modus der »Geschichte« und schrieben Werke der Naturgeschichte, Rechtsgeschichte oder Kunstgeschichte.

Klassifizieren

Eine induktive Ergründung der Naturgesetze, wie sie die zeitgenössische Naturforschung betrieb, erforderte nicht nur ein Lesen im ›Buch der Natur‹, sondern zugleich dessen exakte Registratur. Der schwedische Naturforscher Carl von Linné begründete mit seinen Werken *Systema Naturae* (1735) und *Species Plantarum* (1753) die moderne Nomenklatur von Botanik und Zoologie, während sein französischer Kollege Georges-Louis Leclerc, Comte de Buffon (1707–1788), mit seiner *Histoire naturelle générale et particulière* (1749–1788, 36 Bde.) ein evolutionäres Stufenmodell entwarf.

Eine besonders unheilvolle Klassifikationskategorie ist der Begriff der »Rasse«. Seine Ursprünge liegen in der ibero-atlantischen Welt des 16. Jahrhunderts, als man ausgehend von der durch die Reconquista beeinflussten Lehre der »Reinheit des Blutes« (*limpieza de sangre*) auch in den Kolonien den rechtlichen und sozialen Status an Hautfarbe und Herkunft zu binden begann (Hering Tores 2006). Ihre eigentliche Verwissenschaftlichung fand die Rassenlehre dann im 18. Jahrhundert bei Gelehrten wie Linné und Buffon oder deutschen Forschern wie Johann Friedrich Blumenbach und Samuel Thomas von Soemmerring (Reimann 2017). Im Anschluss an Linné definierte Blumenbach zunächst vier, später fünf »Varietäten« des Menschengeschlechts: den kaukasischen, mongolischen, äthiopischen, amerikanischen und malaischen Typ. Den kaukasischen »weißen« Typ stellte er als Ursprung der anderen und ästhetisch »schönsten« Rasse an den Anfang. Im Gegensatz zu Soemmerring, der die Afrikaner als unterlegene Rasse abqualifizierte, die näher am Tier als am Menschen seien, oder seinem Göttinger Kollegen Christoph Meiners, der mit ähnlichen Ansichten für die Beibehaltung der Sklaverei plädierte, trat Blumenbach entsprechenden Wertungen entschieden entgegen und betonte die Gleichwertigkeit aller Menschen (Rupke/Lauer 2019). Im 19. und frühen 20. Jahrhundert wurde der Rassediskurs im Zuge von Nationalismus und Imperialismus zu einer transatlantisch verbreiteten Ideologie, die in der zeitgenössischen Wissenschaft fest verwurzelt war und auch den deutschen Alltag prägte (Geulen 2004; vgl. hierzu auch die Quelle 18 unter *www.campus.de*).

Ein markantes Beispiel für die Entstehung von Klassifikationssystemen in kolonialen Kontexten ist das indische Kastensystem. Aus heutiger westlicher Sicht handelt es sich um ein genuines Charakteristikum indischer Kultur. *De facto* handelt es sich jedoch um ein Produkt britischer Kolonialherrschaft, nicht um ein archaisches Relikt eines ›alten‹ Indien (Dirks 2001). Peter Burke hat diesen Befund auf den Punkt gebracht, indem er formulierte, dass die Briten die soziale Ordnung Indiens vielleicht falsch interpretierten, aber gleichwohl »die Macht hatten«, ihre Missinterpretation zur »neuen Realität« zu erheben (Burke 2016: 118).

In Museen wie dem *American Museum of Natural History* (New York) wurden Tierfamilien im frühen 20. Jahrhundert so in Szene gesetzt, dass sie vorherrschende westliche Taxinomie von Rasse und Geschlecht reproduzierten und mit visueller Evidenz ausstatteten – ein Prozess den Donna Haraway ideologiekritisch als »Teddy-Bären-Patriarchat« analysiert hat (Haraway 1984/85).

4.5 Streiten, Kritisieren, Zitieren, Zensieren

Streiten

Wissen war und ist immer Gegenstand von Auseinandersetzung. Von der Wissenssoziologie hat die Wissensgeschichte gelernt, dass der Konflikt und der Streit um Wissen keine Unfälle in einer Kultur des natürlichen Konsenses darstellen, sondern konstitutiv für Wissenskulturen sind. Kontroversen, Streitkulturen, Polemiken und »unanständige« Gelehrte sind zu viel beachteten Themen geworden (Liebert 2006; Spoerhase/Bremer 2011). Der Streit um die Wahrheit hat eine lange Geschichte, die weniger von einer klaren Zivilisationskurve von mehr zu weniger Streit gekennzeichnet ist als von Medienwechseln und unterschiedlichen Streitforen und Streitstilen.

Eine institutionalisierte Form des Wortgefechts kannte die europäische Gelehrtenkultur seit dem Mittelalter in Gestalt der Disputation (Gindhart/Kundert 2010). Mit fest verteilten Rollen eines Opponenten und eines Respondenten wurden unter dem Vorsitz eines Präses Argumente ausgetauscht. Allerdings standen die Argumente, ebenso wie Gewinner und Verlierer, meist vorher schon fest, so dass ein ›Ausscheren‹ nur selten erfolgte (Mulsow 2007). Im Mittelalter waren fiktive wie reale Religionsgespräche zwischen christlichen und jüdischen Gelehrten ein verbreitetes Medium interreligiöser Auseinandersetzung (Haeberli 2010). In der Reformationszeit wurde der Modus der Disputation in der reformatorischen Öffentlichkeit zum beliebten Verfahren, die gegnerische Seite von der Wahrheit des eigenen Glaubens zu überzeugen. Der Modus des Disputierens übertrug sich in den Bereich der Schriftlichkeit, und der gelehrte Disput wurde seit dem Buchdruck immer öfter in gedruckten Streitschriften ausgetragen.

Wahrheit war ein umkämpftes Gut, wie man mit dem wissenssoziologischen Instrumentarium Foucaults und Bourdieus gut rekonstruieren kann. Streiten konnte der Herabsetzung der diskursfähigen Sprecher dienen und helfen, durch den Gewinn des symbolischen Kapitals der Ehre Positionen im gelehrten Feld zu besetzen. Gelehrte taten sich gerade in den für die Vormoderne typischen Distinktionskonflikten um Rang und Status besonders hervor (Füssel 2006a).

Kritisieren

Wie der Medienwechsel Einfluss auf die Streitkultur nehmen konnte, lässt sich am Übergang von der Streitschrift zur Fußnote und zur Rezension beobachten (Gierl 1997; Gantet/Krämer 2021). Neue Genres erforderten einen neuen Ton der Sachlichkeit, und die Anonymisierung des Rezensenten sorgte für eine gewisse Versachlichung des Streitens. Denn auf diese Weise konnte das Streiten *ad personam* hin zu einer Sachdebatte gelenkt werden.

Kritik *ad personam* ist im 21. Jahrhundert nicht vollständig verschwunden, doch als legitime Streitpraxis weitgehend diskreditiert. Die Foren des Streitens sind einer fortschreitenden Entgrenzung ausgesetzt, während sich der Streit schon früh von den Hörsälen auf die Straße verlagern konnte. Im 20. Jahrhundert traten Fernsehduelle oder die agonale Kultur sogenannter sozialer Netzwerke hinzu.

Begriffe wie »Netiquette« zeigen, dass Fragen der Verhaltensethik nicht an Aktualität eingebüßt haben.

Kritik ist ein Modus wissenschaftlicher Qualitätskontrolle, der erst langsam erlernt werden musste. Eine gute Rezension sollte die Qualität des Buches unabhängig von ihrem Verfasser beurteilen und ihre Argumente transparent machen. Der Kommentar wird so im Sinne Foucaults zu einem wichtigen Regulativ des wissenschaftlichen Diskurses.

Zitieren

Von besonderer Relevanz sind in diesem Zusammenhang das Zitieren und Zitiertwerden. Die Fußnote ist seit der Frühen Neuzeit zu einem der Grundpfeiler wissenschaftlicher Arbeitsweise vor allem in den Geisteswissenschaften geworden. Anthony Grafton hat ihr eine eigene Geschichte gewidmet (Grafton 1995), und bereits im 18. Jahrhundert hat ein Satiriker »Noten ohne Text« verfasst, ein Werk, das nur noch aus Fußnoten bestand (Rabener 1745). Der Anmerkungsapparat kann zu einem Raum des Kommentars werden, in dem Fehler korrigiert oder Positionen kritisiert werden. Zitiert zu werden, generiert symbolisches Kapital im Sinne Bourdieus, es zeugt von der Anerkennung in der gelehrten Welt. Eigene Indizes in Gestalt des *Science Citation Index* messen seit den 1960er Jahren weltweit die Anzahl der Zitationen von Wissenschaftler:innen (Wouters 2006).

Zensieren

Während die Rezension es dem Urteil des Publikums überlässt, ob es die Einschätzung des Rezensenten teilt, geht die Zensur wesentlich rigider vor (Plachta 2006). In ganz Europa zensierten die Herrschenden seit der Antike unliebsame Schriften (Báez 2008; Rohmann 2016), ein Verfahren, das mit dem Buchdruck vor eine neue logistische Herausforderung gestellt wurde (Haefs/Mix 2007). Maßgeblich für die katholische Christenheit war bis in das 20. Jahrhundert der Index der römischen Kurie (Wolf 2009–2011). Am römischen Index kann man Paradoxien der Zensur sichtbar machen: Sie bestehen darin, dass Werke, die man der Ökonomie der Aufmerksamkeit zu entziehen suchte, durch die Platzierung auf dem Index diese Aufmerksamkeit erst recht auf sich zogen. Zensur ist gegenwärtig kein Problem autoritärer Staaten allein, sondern gerade auch eines der westlichen Demokratien (Roßbach 2018).

4.6 Wissen verkaufen

Das zentrale Argument in der Debatte um die Wissensgesellschaft war der ökonomische und wirtschaftliche Bedeutungswandel von Wissen in der Spätmoderne. Angesichts der Diagnose eines »kognitiven Kapitalismus« der Gegenwart lag nichts näher, als nach der historischen Genese von Wissensökonomien zu fragen (Mokyr 2002; Moulier-Boutang 2012; Leemans/Goldgar 2020). Je nach Epoche und gesellschaftlichem Entwicklungsstand fallen die Ökonomien des Wissens sehr unterschiedlich aus (Renn 2020: 190–243).

Ökonomien des Wissens

Ähnlich wie der Wissensbegriff hat der Ökonomiebegriff in den letzten fünfzig Jahren erhebliche Ausweitungen erfahren. Bourdieu hat die Kategorie des ökonomischen Kapitals um weitere Kapitalsorten wie kulturelles, soziales, religiöses Kapital erweitert und auf deren Wahrnehmungs- und Geltungsebene zusätzlich das symbolische Kapital eingeführt. Man spricht von »Ökonomien der Aufmerksamkeit« (Franck 1998) oder »moralischen Ökonomien des Wissens« (Daston 2001). Eine scheinbare kulturelle Selbstverständlichkeit wie Geld wurde radikal historisiert und der Bereich der Ökonomie selbst dem wissenshistorischen Blick geöffnet. Eine Wissensgeschichte des Ökonomischen nimmt etwa die *Erfindung des Bruttosozialprodukts* (Speich Chassé 2013) oder die Börse als Wissensraum in den Blick (Richter 2020).

Der Aufstieg der Naturforschung im 16. und 17. Jahrhundert war ganz wesentlich auch ein Prozess der Kommerzialisierung von Wissen (Smith/Findlen 2002). Karten wurden zu einem begehrten Wissensmedium im Zeichen der europäischen Expansion, Wunderkammern mussten mit seltenen und kostbaren Dingen bestückt werden, der Buchhandel florierte, Projektemacher priesen ihre geheimen Erfindungen an. Die Spekulation mit Tulpen, die sogenannte Tulpenmanie, löste in den Niederlanden eine der ersten modernen Finanzkrisen aus (Goldgar 2007). Nachdem die Pflanze im 16. Jahrhundert über das Osmanische Reich nach Europa gekommen und von gelehrten Botanikern kultiviert wurde, fand sie ihre Liebhaber bald in nahezu allen gesellschaftlichen Schichten.

Als eine Art *tracer* zur Sichtbarmachung von besonders pulsierenden Wissensökonomien können Konflikte um das Urheberrecht an »geistigem Eigentum« dienen (Johns 2009; Wadle 1996–2003). Im 16. Jahrhundert war Venedig ein Ort, an dem italienische Künstler um ihr Urheberrecht stritten, im 17. Jahrhundert trat Amsterdam hinzu und Mitte des 18. Jahrhunderts London. So war es kein Zufall, dass mit William Hogarth der erfolgreichste Kupferstecher Großbritanniens im 18. Jahrhundert Bildrechte erstritt. Während der europäischen Frühen Neuzeit wurden entsprechende Rechte als Privilegien verliehen bzw. verkauft (Gieseke 1995; Höffner 2010).

Robert Darntons exemplarische Studie zur Wissensökonomie der Aufklärung

In seiner einflussreichen Studie *The Business of Enlightenment* aus dem Jahr 1979 behandelt der amerikanische Historiker Robert Darnton die ökonomische Dimension aufgeklärter Wissensproduktion im Frankreich des 18. Jahrhunderts am Beispiel der *Encyclopédie* von Diderot und d'Alembert (dt. Darnton 1993; vgl. hierzu auch die Quelle 12 unter *www.campus.de*). Für die beteiligten Akteure – Verleger, Buchhändler und Gelehrte – stellte das Projekt der Aufklärung ganz offensichtlich auch ein ökonomisches Projekt dar. Der erste Band der *Encyclopédie* erschien 1752, und noch im gleichen Jahr wurden die ersten beiden Bände aufgrund ihres »radikalen« philosophischen Inhalts verboten, was den Absatz aber zunächst nicht verhinderte. Von Beginn an dem Argwohn der Kirche ausgesetzt, landete das Werk 1759 auf dem römischen Index. Darntons Mikrogeschichte geht vor allem der Verbreitung der Quart-Ausgabe nach, denn die Folio-Ausgabe hatte sich als unrentabel erwiesen. Konkret fragt Darnton: »Wie wurde sie vertrieben, wer versuchte sie zu verhindern, wer hat sie gelesen, wer an ihr verdient« (Darnton 1993: 2)? Als wichtige Quellen seines Wissens-›Krimis‹ dienen ihm die Verzeichnisse der über 4.000 Subskriptionen, die sich wie eine Landkarte der französischen Aufklärung lesen (Darnton 1993: 363). Das ist umso bemerkenswerter, vergegenwärtigt man sich den Umfang des Werkes: In 17 Bänden erschienen über 71.000 Artikel, ergänzt um elf Tafelbände mit 2.885 Kupferstichen. Darntons Studie hat methodische Maßstäbe gesetzt; sie ist Teil einer Trilogie über den französischen Buchmarkt der Aufklärung, in der 1995 *The Forbidden Best-Sellers of Prerevolutionary France* und 2005 *The Devil in the Holy Water, or the Art of Slander from Louis XIV to Napoleon* folgten. Wissen wurde im 18. Jahrhundert immer mehr zu einer Ware, so dass sich die Enzyklopädisten vielleicht tatsächlich auf einem der zahlreichen Wege zur modernen Wissensgesellschaft befanden.

Industrialisierung

Als Bindeglied zwischen der wissenschaftlichen Revolution des 17. Jahrhunderts und der industriellen Revolution des 19. Jahrhunderts sehen manche Forscher die »industrielle Aufklärung« (Mokyr 2002; Jacob 2014). Praxisbezogene Wissensbestände, die zunächst in ihrer ökonomischen Relevanz als randständig begriffen wurden, rückten nun ins Zentrum. Bergbau, Baumwollproduktion und Maschinenbau gewannen immer mehr an Bedeutung, und das für ihre Nutzung erforderliche ›nützliche‹ Wissen fand seine eigenen Institutionen, etwa Bergakademien und Ingenieurschulen (Klein 2016). Das 19. Jahrhundert brachte dann Innovationen für die Kommunikation wie den Telegraphen, für den Transport wie die Eisenbahn oder für die Bekämpfung von Krankheiten wie Impfstoffe und später Antibiotika hervor. Ab der zweiten Hälfte des 19. Jahrhunderts wurden Industriezweige wie die Chemie- oder die Elektroindustrie zu treibenden Kräften der Wissenschaft (Szöllösi-Janze 2004: 288ff.). In der »zweiten industriellen Revolution« von ca. 1870 bis 1914 entstanden Innovationen in immer rascherer Folge. Einzelne Erfinder verloren gegenüber den kollektiven Unternehmungen von Firmen und Großlabors an Terrain (Mokyr 1999; zu einzelnen Ländern Paul 1985). Der Übergang vom Holz- zum Kohlezeitalter begründete neue Ressourcenregime, die mit der Ökonomie wissenschaftlicher Wissensproduktion immer enger verwoben waren.

Ökonomisierung des Wissens

Spricht man von einer Ökonomisierung des Wissens, so geschieht das meist in kritischer Absicht, um Prozesse sichtbar zu machen, in denen wissenschaftsexterne Faktoren auf die Wissenschaft einwirken (Mittelstraß 2001). Schon im 18. Jahrhundert begriff man metaphorisch die Gelehrtenrepublik als Handelsplatz und die Universitäten als Fabriken (Waßer 2020). Im Zuge der Bologna-Reformen und den Wettbewerben um akademische Exzellenz sei an der »unternehmerischen Universität« der *Homo Academicus* langsam zum *Homo Oeconomicus* geworden, mahnen kritische Stimmen (Münch 2011). Seit den 1970er Jahren schwanden im Zeichen der Entstaatlichung und Re-Autonomisierung der Hochschulen die Ressourcen, was eine bis heute andauernde Ökonomisierung der Hochschulen bewirkte, die den systemischen Code der Wissenschaft von »wahr/falsch« auf den von »verwertbar/nicht verwertbar« umstellte (Mayer 2019). Abgesichert wird diese Umstellung durch diverse Formen des Evaluierens, Messens, Quantifizierens und Zertifizierens (Espeland/Sauder 2016). Zitationsindizes stiften nicht nur Orientierung über symbolisches Kapital, sondern regulieren auch die Ausschüttung ökonomischen Kapitals. Wissenschaftler schlüpften nun immer mehr in die Rolle von Antragstellern, die eine eigene Rhetorik des Antrags auf Forschungsfinanzierung ausbildeten (Serrano Velarde 2018).

5. Medien, Medialität und Objekte

Wissen ist auf mediale Träger und Objekte angewiesen. Wissensgeschichte war daher immer zugleich Mediengeschichte bzw. verdankt ihr wesentliche Impulse und hat Anteil am sogenannten »material turn« der historischen Kulturwissenschaften. Neben klassischen Wissensmedien wie dem Buch sind in den vergangenen drei Jahrzehnten diverse Arten von Objekten in den Fokus der Wissensgeschichte gerückt. Ein jüngeres Handbuch stellt als »Werkzeuge der Wissenschaft« etwa Instrumente der Zeitrechnung, Gewichte und Maße, Rechenmaschinen, Sammlungen von Naturalia, Aufnahmegeräte, Mikroskope, Teleskope, Spektroskope und Spektrographen, Diagramme und dreidimensionale Modelle vor (Lightman 2016). Konzeptionell reicht die Beschäftigung mit den materiellen Grundlagen und Medien des Wissens von den epistemischen Dingen (Rheinberger 2001) über die »things that talk« (Daston 2004) bis zur Akteur-Netzwerk-Theorie (ANT) oder den Science and Technology Studies (STS). Objekte sind längst keine simplen Speichermedien mehr, sondern selbst als Akteure der Wissensproduktion erschlossen worden.

5.1 Zwischen Schriftrolle und Buch

Buchgeschichte

Einen wichtigen Einfluss auf die Wissensgeschichte hat die Buchgeschichte der letzten drei Jahrzehnte ausgeübt. Verdankt diese Subdisziplin ihre Emanzipation von den Traditionen bibliothekarischer Eigengeschichten zunächst wesentlich einer sozialgeschichtlichen Wende hin zur Erforschung von Buchmärkten und Verlagsgeschichten, so hat sie sich seit den 1980er Jahren zu einer interdisziplinären Mediengeschichte, einer Geschichte des Lesens und der Wissensaneignung weiterentwickelt (Johns 1998; Bellingradt/Nelles/Salman 2017).

Die Geschichte des Buchdrucks ist ein mahnendes Beispiel dafür, was der Eurozentrismus und der Kult des großen Mannes an historischen Verzerrungen verursachen können. Die Wiege des Drucks stand nicht in Europa, sondern in Asien, die Entstehungsphase fiel nicht in die Mitte des 15. Jahrhunderts, sondern dehnte sich über viele Jahrhunderte, die in Europa als Früh- und Hochmittelalter gerechnet werden, und er ist nicht mit einem einzigen Namen wie Gutenberg verknüpft, sondern mit Hunderten, heute zum Teil unbekannten Akteuren (Bibliographie bei Walravens 2007; Bösch 2019: 26–33). In Asien druckte man mit dem sogenannten »Schriftstempeldruck«, dessen materielle Träger aus Holz und Keramik (China) oder Bronze (Korea) gefertigt waren. Gründe für die hohe Verbreitung von Druckwerken waren das chinesische Bildungs- und Prüfungssystem für den Staatsdienst, die Förderung durch die Herrscherhäuser, die Funktion als Geschenk im Alltag und die religiöse Bedeutung im Buddhismus und Neokonfuzianismus (McDermott 2006; Bösch 2019). Bereits um 1420 umfasste die Bibliothek des chinesischen Kaisers 100.000 Druckwerke in 200.000 Titeln, während die Vatikanische Bibliothek in Rom um 1475 etwa 2.500 Titel enthielt. Der xylographische Druck (vom griechischen Wort für Holz abgeleitet) bildete in Asien bis in das 19. Jahrhundert eine eigene Druckmedienkultur.

Nach derzeitigem Kenntnisstand entwickelte Johannes Gutenberg um 1450 in Mainz unabhängig davon den Buchdruck mit bewegten Lettern (Giesecke 1991). Gutenberg verband eine standardisierte Vervielfältigung von Lettern durch ein neuartiges Handgießgerät mit der den Winzern entlehnten Technik des Pressens zu einem neuen Verfahren, das höchsten ästhetischen Erwartungen genügte und dennoch eine hohe Reproduktionsfähigkeit besaß. Der medienkulturelle Prozess, der damit ausgelöst wurde, zog sich über einen langen Zeitraum hin und war keineswegs ein punktueller Akt der Revolution (Eisenstein 1979; Neddermeyer 1998). Die Folgen für die Wissenskultur waren enorm. Mit den Klöstern und Universitäten standen bereits Institutionen der Nutzung und Speicherung bereit, den gewaltigen Schritt nach vorn brachte allerdings die Reformation. Reformation und Buchdruck sind untrennbar miteinander verknüpft: So nutzten Martin Luther und andere massenhaft verbreitete Flugschriften und Pamphlete als zentrale Medien zur Vermittlung und Durchsetzung ihrer Positionen (Kaufmann 2019).

Für die Zirkulation neuer wissenschaftlicher Erkenntnisse gewann der Buchdruck im 16. Jahrhundert immer rascher an Bedeutung. Inzwischen hat man der Verbreitungsgeschichte einiger Klassiker in geradezu detektivischer Manier nachgespürt. Während Nikolaus Kopernikus' *De revolutionibus orbium coelestium* (1543) erst posthum zu seinem Ruhm beitrug (Gingerich 2004), publizierte Andreas Vesalius mit *De humani corporis fabrica libri septem* (1543) bereits zu Lebzeiten ein Werk von höchster Produktionsqualität in Typographie und Bild, das ihn zu einer »Kultfigur« machte (Margócsy/Somos/Joffe 2018: 72).

Marshall McLuhan hat den Druck als »Unsterblichkeitsmaschine« bezeichnet (McLuhan 1968: 275), da er neue Formen der Erinnerung ermöglichte, weshalb man Bücher und Periodika analog zu Archiven, Bibliotheken und Sammlungen gern als »Wissensspeicher« begreift (Grunert/Syndikus 2015). Die Speichermedien, um im Bild zu bleiben, differenzierten sich seit dem 16. Jahrhundert weiter aus um Bibliographien, Dissertationen, Lexika und Enzyklopädien, Florilegien, Geschichtsschreibung, Reiseberichte, Staatskalender und Tabellenwerke. Die Speichermetaphorik kann allerdings in die Irre führen, indem sie suggeriert, dass Wissen quasi gestapelt oder eingelagert werden könnte wie eine Ware und damit der Stellenwert performativer Aktualisierung und situativer Passfähigkeit unterschätzt wird (Linz 2002).

Denn bereits die frühneuzeitliche Gelehrtenkultur kannte die Erfahrung eines »information overload« (Rosenberg 2003; Blair 2010). Die Gelehrten beklagten die Flut neuen Wissens jedoch nicht nur, sie erfanden auch zahlreiche neue Techniken des Informationsmanagements. Mit Notizzetteln, Zitatsammlungen und Wörterbüchern ebenso wie mit Bibliothekskatalogen wurden Wissensbestände kompiliert, und das nicht nur in Europa, sondern ebenso in der islamischen und asiatischen Welt. Immer schnelleres und immer umfangreicheres Verzeichnen, Abschreiben und Nachdrucken hatten aber Qualitätsverluste zur Folge, Ungenauigkeiten schlichen sich ein. Ob dies primär ein den Kräften des Marktes geschuldeter Effekt war (Johns 1998) oder eine immanente Signatur eines spezifischen Denkstils (Blair 2010), wird in der Forschung unterschiedlich bewertet. Mit der Erfindung des elektrischen Kopiergerätes in den 1930ern gewann die technische Reproduzierbarkeit von Drucken im 20. Jahrhundert eine weitere ungeahnte Dynamik, deren Einfluss von Bürokratie und Verwaltung bis zu sozialen Bewegungen reicht (Dommann 2020).

Enzyklopädien

Seit der Antike versuchen die Menschen den Kreis alles Wissbaren, den *enkyklios paideia* (*ἐγκύκλιος παιδεία*) medial zu repräsentieren, zu speichern und zu ordnen. Der Versuch der Ordnung und Sammlung allen verfügbaren Wissens beschäftigte bereits die Gelehrten des Mittelalters und der Frühen Neuzeit (Isidor von Sevilla 2008; vgl. hierzu auch die Quelle 3 unter *www.campus.de*).

Zwar schon im Mittelalter als Problem formuliert, wurde es spätestens mit der Verbreitung des Buchdrucks zur sozialen Realität, dass die immens ansteigende Wissensfülle immer neue Praktiken der Verarbeitung und Verwaltung erforderte. Die meisten einschlägigen Werke der Wissenskompilation tragen nicht den Titel einer Enzyklopädie, sondern eines »Theatrum«, »Thesaurus« oder einer »Bibliotheca« (Schierbaum 2009): so etwa das *Theatrum vitae humanae* des Basler Professors Theodor Zwinger von 1565 (Zedelmaier 1992) oder die bereits erwähnte *Bibliotheca universalis* Conrad Gessners von 1545. Beide Werke stehen exemplarisch für unterschiedliche Strukturprinzipien gelehrten Wissens: die sogenannte *dispositio* bei Zwinger und die *inventio* bei Gessner (Schneider/Zedelmaier 2004). Die *dispositio* privilegiert eine systematische Ordnung im Sinne einer regelrechten Topographie des Wissens, während die *inventio* den Schwerpunkt auf das Auffinden von Wissen legt und mit einer alphabetischen Ordnung arbeitet. Beide Prinzipien unterscheiden sich grundlegend im Hinblick auf die Hierarchisierung des Wissens: Während die *dispositio* bestimmte Gegenstände privilegiert und entsprechende Abhängigkeiten konstruiert, verfolgt die *inventio* ein tendenziell egalisierendes Ordnungsarrangement. Analog zur ständischen Ordnung und zur klassischen Mnemotechnik versteht die frühneuzeitliche Enzyklopädistik sich als hierarchische »Vertextung von Erinnerungsorten« (Schneider/Zedelmaier 2004: 356). Das Wissen muss gleichsam seinen Platz finden, was schließlich materiell in der Entwicklung des Zettelkastens zum Ausdruck kommt (Krajewski 2002; Zedelmaier 2015: 63–74; vgl.  hierzu auch die Quelle 6 unter *www.campus.de*).

Bis in das 18. Jahrhundert hinein bildeten die enzyklopädischen Projekte meist die individuellen Ordnungsversuche einzelner Gelehrter ab. Erst mit Johann Heinrich Zedlers *Universal-Lexikon* und der großen *Encyclopédie* von Diderot und d'Alembert kam es Mitte des 18. Jahrhunderts zu Gemeinschaftsprojekten verschiedener Gelehrter, die schon rein quantitativ neue Wege der Wissensbefassung beschritten (Stammen/Weber 2004; Schneider 2013). Die enzyklopädischen Großprojekte der Aufklärung gelten bis heute als Inbegriff des umfassenden Wissensspeichers bzw. als Beginn einer Entwicklung von der *Encyclopédie* zu Wikipedia (Burke 2012).

Mit der Aufklärung veränderte sich im 18. Jahrhundert der Rahmen der Wissensdistribution und Speicherung grundlegend. Nun waren es nicht mehr allein die Gelehrten, die nach Orientierung in der Welt des Wissens verlangten, sondern ein breites Publikum bzw. eine im Entstehen begriffene bürgerliche Öffentlichkeit. Vorbereitet wurde dieses allgemeine öffentliche Räsonnement durch die konfessionellen Gegensätze. Das klassische Werk, in dem sich ein neuer Typus der Kritik und vor allem deren textueller Umsetzung manifestierte, ist das erstmals 1697 erschienene *Dictionnaire Historique et Critique* des französischen Protestanten Pierre Bayle. Bayle operiert darin mit einem komplexen System von Kommentaren und Exkursen, welches die eigentliche Kritik meist versteckt in einem ganz anderen Artikel formuliert. Beispielsweise kritisierte er die Leibniz'sche Philosophie nicht in einem Artikel über Leibniz, denn er nahm grundsätzlich keine noch lebenden Gelehrten auf, sondern in einem Artikel über einen relativ unbekannten Autor namens Rorarius. Zwar fand der Aufbau von Bayles Werk kaum Nachahmer, der intellektuelle Stil, den es verkörperte, aber schon. Die Transparenz des Wissens und die öffentliche Auseinandersetzung *mit* und Kritik *an* überkommenen Autoritäten wurden immer bestimmender. Hatte Bayle das Werk unter seinem eigenen Namen publiziert, so sind die meisten Artikel der beiden bedeutendsten Enzyklopädien des 18. Jahrhunderts weitgehend anonym erschienen. Nicht nur in ihren quantitativen Dimensionen unterschieden sich die beiden Werke deutlich, sondern auch in ihrer qualitativen Ausrichtung. So übte der *Zedler*, wenn überhaupt, eher implizite Kritik, während sich die *Encyclopédie* einen Ruf als »Kriegsmaschine« der Aufklärung erwarb. Sich eine Enzyklopädie in klassischer vielbändiger Buchform vorzustellen, scheint uns heute in Zeiten von Wikipedia indes als Auslaufmodell, hat sich doch offenbar längst das Internet als universeller Wissensspeicher empfohlen.

Zeitschriften

Eine wichtige Innovation wissenschaftlicher Publizistik bilden die wissenschaftlichen Zeitschriften im letzten Drittel des 17. Jahrhunderts (Fyfe 2016). Das Zeitschriftenwesen war wesentlich für die Formierung einer wissenschaftlichen Öffentlichkeit und ist bis heute ein wichtiger Faktor zur Herstellung von Reputation. Zeitschriften trugen zu einer neuen Zeitökonomie bei, wie ja bereits der Begriff des Periodikums anzeigt. Neue Forschungsergebnisse oder Debatten erschienen regelmäßig und vor allem zeitnah. Gerade in Medizin und Naturwissenschaft wurden Aktualität und Geschwindigkeit zu wichtigen Faktoren.

In Paris gründete man das *Journal de Sçavans* (1665), in London im gleichen Jahr die *Philosophical Transactions* (1665), und in Schweinfurt etablierten sich die *Miscellanea curiosa medico-physica*. Diese frühen Zeitschriften waren noch eng an die wissenschaftlichen Akademien wie die Londoner *Royal Society* oder die *Academia Naturae Curiosorum* in Schweinfurt gebunden (Vorläufer der Leopoldina, der nationalen Akademie der Bundesrepublik, heute mit Sitz in Halle). Brachte das 17. Jahrhundert rund 35 der Medizin und Naturforschung gewidmete Periodika hervor, so explodierte ihre Zahl im Lauf des 18. Jahrhunderts, an dessen Ende rund 1.000 Organe existierten (Kronick 1976). Neben der weiterhin bestehenden institutionellen Anbindung mancher Journale an die Akademien entstanden nun vor allem rein kommerzielle Projekte privater Verleger. Ab dem zweiten Drittel des 18. Jahrhunderts dokumentierten die Zeitschriften den Prozess fortschreitender disziplinärer Ausdifferenzierung. In Berlin entstanden die *Medizinischen und Chirur-*

gischen berlinischen wöchentlichen Nachrichten (1738–1748) als die erste deutsche medizinische Fachzeitschrift, es folgte u.a. das *Chemische Journal* (1778, später *Chemische Annalen*), in Paris wurden die bis heute fortbestehenden *Annales de Chimie* (1789) ins Leben gerufen. In Halle gründete der Naturforscher Friedrich Albert Carl Gren ein *Journal der Physik* (1790–1794), das 1795–1797 vom *Neuen Journal der Physik* abgelöst wurde und seit 1799 bis heute als *Annalen der Physik* weiter existiert. Im 19. Jahrhundert erweiterte sich das Publikum der Periodika ein weiteres Mal, immer mehr populärwissenschaftliche Organe entstanden, während gleichzeitig die Spezialisierung voranschritt (Csiszar 2018). Zudem nationalisierte sich zusehends der Zeitschriftenmarkt, der vor allem von Deutschland, Frankreich und Großbritannien angeführt wurde. Im Jahr 1934 führte die *World List of Scientific Periodicals* bereits mehr als 36.000 Titel (Fyfe 2016: 392). Mit den Zeitschriften entstanden neue Rollen wie die des Herausgebers, Redakteurs und wissenschaftlichen Autors, und neue Formate und Praktiken wie die Rezension oder der *Peer Review* (Hirschauer 2005) bildeten sich heraus (vgl. oben Kap. 4.5.).

5.2 Bilder des Wissens

Obwohl Bilder zweifellos zu den zentralen Wissensmedien zählen, hat sich die Kunstgeschichte lange schwer mit einer Öffnung zur Wissenschafts- und Wissensgeschichte getan. Bereits in den 1970er Jahren hatte man nach der »visuellen Sprache« von Disziplinen wie der Geologie gefragt, ohne damit jedoch den Mainstream der kunsthistorischen Forschung zu erreichen (Rudwick 1976). Es hat trotz Pionierarbeiten von Aby Warburg lang gebraucht, bis die Kunstgeschichte bereit war, sich mit Bildern zu beschäftigen, die »keine Kunst sind« (Elkins 1995). Seit rund zwanzig Jahren hat sich das fundamental geändert, und Wissen ist als Grundlage von Bildern, das Bild als Ausdrucksform von Wissen und das Wissen des Künstlers in den Blick gerückt. Besondere konzeptionelle Dynamik ging von der Kunst- und Wissensgeschichte der Frühen Neuzeit aus

(Lefèvre/Renn/Schoepflin 2003). Es geht nicht mehr nur um Kunst und Wissenschaft, sondern um »Bilder, Objekte und Wissen« und eine neue Hinwendung zu Materialien und Techniken (Marr 2016: 1001). Viele der bereits angesprochenen Probleme und Kontexte lassen sich gerade im Bereich der Bilder und Objekte besonders gut diskutieren, so etwa das implizite Knowhow des Künstlers oder wenn aus Bildern Aussagen über implizites Körperwissen anhand der dargestellten Handgriffe gewonnen werden (Dupré 2016). Bildmedien verweisen auf die Bedeutung materieller Expertise ebenso wie auf die Rolle von Märkten und Ökonomien oder die soziale Reichweite des ›wissenden Bildes‹. Epistemologische Fragen von Evidenzproduktion, bestimmte epistemische Tugenden wie Authentizität und Genauigkeit, wissensästhetische Ideale oder Fragen von Fiktion und Wahrheit traten in den Fokus.

Die Bilder der wissenschaftlichen Revolution

Besonders produktiv hat die Frage nach dem Zusammenhang zwischen der wissenschaftlichen Revolution und den Strategien der Visualisierung und Legitimation des neuen Wissens gewirkt (Baldasso 2006). Wie bereits Svetlana Alpers an der niederländischen Genremalerei gezeigt hat, lassen sich deutliche Wechselwirkungen zwischen der neuen Wissenschaft des 17. Jahrhunderts und der Entwicklung der Kunst feststellen – neue optische Verfahren etwa veränderten in mehrfacher Hinsicht die Sehgewohnheiten, z. B. wenn es um die Darstellbarkeit von Details ging (Alpers 1985). Nicht jeder konnte optische Einsichten gewinnen wie der mit Instrumenten der Glaubwürdigkeit ausgestattete Naturforscher. Eine als realistisch verstandene Visualisierung war daher zentral für die soziale Akzeptanz neuer Erkenntnisse.

Im Sinne des Bildaktes zählt zu den Grundannahmen der Beschäftigung mit den Beziehungen von bildender Kunst und Wissen, dass die Bildmedien Wissen nicht nur einfach abbilden, sondern mitformen (Bredekamp 2010). Für die Erzeugung von Evidenz sind Verfahren der Visualisierung grundlegend. So wurde am Beispiel der Botanik (Leonhard Fuchs, Conrad Gessner) und der Anatomie des 16. Jahrhunderts (Andreas Vesalius) gezeigt, welche Heterogenität das Spektrum der Verbildlichung auf dem Weg zu einer eigenen visuellen Sprache des »Buches der Natur« aufwies (Kusukawa 2012). Auf dem Titelblatt von Vesalius *De humani corporis fabrica* ist eine öffentliche anatomische Sektion zu sehen, eine ebenso spektakuläre wie prekäre Praktik der Wissenserzeugung, die hier den Vorlesungsraum einer Kirche mit der Öffentlichkeit des Drucks in Verbindung setzt. Auch eher clandestine Orte wie etwa das Laboratorium des Alchemisten wurden zu beliebten Sujets der Kunst (Feuerstein-Herz/Laube 2014).

Die Entdeckung und Dokumentation neuer Arten wie etwa bei Insekten warf neue Fragen der Visualisierung auf (Neri 2011). Viele der bedeutenden Forschungsreisenden dokumentierten Flora und Fauna in hochpräzisen Zeichnungen, so etwa Maria Sibylla Merian im 17. Jahrhundert oder Georg Forster im 18. Jahrhundert (Merian 1705 [2017]). Gleichwohl existierte über die ganze Frühe Neuzeit hindurch eine Tendenz zur Idealisierung des Dargestellten; Vesals Körper sind dafür das beste Beispiel. Der Erfolg der neuen Naturphilosophie des 17. Jahrhunderts beruhte ganz wesentlich auf einer Nutzung visueller Medien vom Titelkupfer über die Buchillustration bis zum Gemälde (Freedberg 2002; Remmert 2005; Kusukawa/McLean 2006). Für die Exaktheit einer Darstellung war die Expertise ihres Herstellers von großer Bedeutung, ein klarer Vorteil für Gelehrte wie Galilei, die Forscher und Künstler in einer Person vereinten.

Autorschaft umfasste immer mehr auch visuelle Autorschaft, wenngleich die Kunstgeschichte – analog zum ›Tod des Autors‹ bei Roland Barthes oder Michel Foucault – auch frühneuzeitliche Kunstwerke als kollektive Produkte einer Werkstatt analysiert, selbst wenn der Meister seine individuelle Signatur daruntersetzte (Alpers 1989). Doch mit welchen Techniken konnte die Natur am vertrauenswürdigsten wiedergegeben werden (Felfe 2014)? Um solchen Fragen einen heuristischen Rahmen zu geben, reichte das traditionelle Repertoire der Kunstgeschichte nicht aus.

Das epistemische Bild

In Konzepten des »epistemischen Bildes« treffen sich Kunstgeschichte und Wissensgeschichte. Christopher Lüthy und Alexis Smets definieren epistemische Bilder als solche Bilder, deren Absicht es ist, eine Theorie »auszudrücken, zu demonstrieren oder zu illustrieren« (Lüthy/Smets 2009: 399). Eine etwas engere Definition hat Lorraine Daston vorgeschlagen, die dem epistemischen Bild nicht nur die Aufgabe zuweist, das Objekt der Forschung abzubilden, sondern es zu ersetzen (Daston 2015: 17f.). Das Bild wird so selbst zum Werkzeug der Wissensproduktion. Für Lüthy und Smets weiteres Verständnis sind u. a. Fragen nach den Differenzen zwischen den zeitgenössischen und den modernen Kategorien relevant: die Spannung zwischen Worten und Bildern, das Verhältnis von Inhalten und unterschiedlichen visuellen Mitteln und die Frage der sozialen und epistemologischen Kontexte (Marr 2016: 1007).

Graphik

Eine wachsende Menge an Wissensinhalten beförderte neue visuelle Vermittlungsstrategien, die den Versuch unternahmen, der Komplexität Herr zu werden und Ordnung zu stiften. Seit dem Mittelalter kam es zu einer steten Ausdifferenzierung von Bildallegorien, Schautafeln und Kartenwerken, die besonders plastisch in der Septem-artes-Literatur greifbar werden (Stolz 2004; Capella 2005). Tabellen und Diagramme ermöglichten neue visuelle Ordnungen (Siegel 2009). Exemplarisch für die synoptische Visualisierung enzyklopädischen Wissens im Druck kann etwa Christophe de Savignys Werk *Tableaux accomplis de tous les arts libéraux* (1587) stehen. Auf insgesamt 39 Tafeln stellt der französische Humanist 16 Disziplinen von der Grammatik bis zur Theologie dar, deren Inhalte in einem Oval in vielen kleinen Ovalen, ähnlich wie Sprechblasen, durch Linien in eine Ordnung gebracht werden.

Mit dem *Orbis sensualium pictus* (1658) des Theologen und Pädagogen Johann Amos Comenius entstand ein fast 200 Jahre lang genutztes Schulbuch. Darin handelte Comenius die gesamte Schöpfung von Gott bis zum Insekt sowie zentrale Phänomene der sozialen Welt ab, von Religion, Politik und Recht. Der didaktische Mehrwert des Werkes bestand in der Zweisprachigkeit von Deutsch und Latein, so dass das Werk auch als Lateinbuch genutzt wurde, und in der Verbildlichung jedes vorgestellten Begriffes. Es kann daher als erstes multimediales Werkzeug des Schulunterrichts begriffen werden. Der *Orbis pictus* wurde ein Bestseller, man übersetzte ihn in zwanzig Sprachen, er erschien in mehr als 200 Auflagen. Werke wie die Savignys und Comenius' schufen visuelle Evidenzen, deren Bildelemente die Ordnung des Wissens illustrierten und zugleich legitimierten (Siegel 2009). In der Geographie entwickelten sich im Übergang vom 18. zum 19. Jahrhundert Visualisierungsstrategien, die vom Diagramm zur Querschnittskarte auf Grundlage von Extrapolation der Oberfläche führten (Rudwick 1976).

Der Trend zur Visualisierung ist jedoch keine historische Einbahnstraße. Im Zeitalter der Aufklärung mehrten sich kritische Stimmen, die Bilder und Aufführungen als falschen Schein oder belanglose Belustigung abtaten und ganz auf die Macht des Textes setzten. Es handelte sich um eine Umwertung, die bereits eine lange, religiös fundierte Tradition besaß, sich nun aber säkular artikulierte – ein Prozess, den die Kunsthistorikerin Barbara M. Stafford als »Niedergang der visuellen Bildung« betitelt und mit den jüngeren medialen Entwicklungen unserer eigenen Zeit in Beziehung gesetzt hat (Stafford 1998). Mit der Fotographie revolutionierten sich seit dem 19. Jahrhundert die Dokumentationsweisen und Evidenzpraktiken in den Wissenschaften (Geimer 2001) Im digitalen Zeitalter ist der Bildschirm allgegenwärtig, und kulturkritische Stimmen konstatieren eine visuelle Überflutung. Sie beklagen analog zu Staffords historischer Diagnose einen Verlust an analoger Lese- und Schreibkompetenz.

5.3 Dinge des Wissens

Nach Texten und Bildern sind weitere materielle Dinge des Wissens in den Fokus der Forschung getreten, und ihre Erforscher:innen haben ein eigenes, rasch expandierendes Forschungsfeld ausgebildet. Motor wie Ergebnis dieser Entwicklung ist ein allgemeiner »material turn« der historischen Kulturwissenschaften. So verdankt die Wende zur Materialität gerade wissenschaftshistorischen Untersuchungen ohne Zweifel wesentliche Einflüsse, während die Wissensgeschichte ihrerseits Ansätze der Geschichte materieller Kultur aufnimmt. Zu den Pionierstudien der neuen Wissenschaftsgeschichte zählten die Geschichten der Luftpumpe (Shapin/Schaffer 1985), der Elektrisiermaschine, des Teleskops (Biagioli 2006) und des Mikroskops (Wilson 1995), während die Wissensgeschichte Salz (Vogel 2008), Eisenerz (Fischer 2017) oder »Stoffe in Bewegung« (Espahangizi/Orland/Baier 2014) zum Thema macht. Die Arbeit mit der über viele Jahrhunderte knappen Ressource Papier wurde beispielsweise als vergeschlechtlichte Praxis in den Blick genommen (Bittel/Leong/Oertzen 2019).

Längst ist der Objektbereich über die Erforschung wissenschaftlicher Instrumente, Stoffe und Substanzen hinaus erweitert worden. Objekte, Dinge und Artefakte beschäftigen neben der Laborforschung u.a. die Sammlungs- und Museumsgeschichte, die Geschichte der Lehre am Objekt oder die Wissensgeschichte der Technik oder der Umwelt. Man schreibt wissenschaftliche Objektbiographien (Daston 2000), rekonstruiert das »soziale Leben der Dinge« (Appadurai 1988), oder analysiert die Wirkungsweise von Akteursnetzwerken oder »epistemischer Dinge« (Rheinberger 2014). Aus der postkolonialen Wissensgeschichte heraus hat sich die Provenienzforschung zu Sammlungen und Museen zu einem zentralen, aber auch längst überfälligen Thema entwickelt, das die Herkunft der Dinge aus Raub und Gewalt auf die Agenda setzt. Materialität ist ein fester Bestandteil von Wissenspraktiken, wie Rheinberger es mit der nur auf den ersten Blick simplen Formel zum Ausdruck bringt: »Eine Tat*sache* ist eine *Tat*sache.« (Rheinberger 2006: 31)

Epistemische Dinge

Mit dem Konzept der »epistemischen Dinge« hat Hans-Jörg Rheinberger eine voraussetzungsreiche epistemologische Figur entwickelt, die angesichts einer Konjunktur der materiellen Forschung leider oftmals in trivialisierter Weise als Synonym für Wissensobjekte aller Art verwendet wird (Rheinberger 2001). Ursprünglich verkörpert das epistemische Ding etwas, »was man noch nicht weiß«, einen Gegenstand der »epistemischen Begierde« (Rheinberger 2014: 194). Epistemische Dinge sind gerade keine technischen Dinge wie Apparate oder Messvorrichtungen, sondern deren Gegenpart. Man kann sie »weder zeigen noch sie einfach in die Hand nehmen« (ebd.: 195). Als Beispiel nennt Rheinberger das Gen. Um sichtbar gemacht zu werden, benötigen epistemische Dinge Hilfsmittel wie Präparate und Modelle. Präparate haben an der Materialität des epistemischen Dings Teil, gehen jedoch nicht darin auf. Sie verweisen lediglich darauf, ähnlich wie das Modell, das sich allerdings durch einen Medienwechsel vom Präparat unterscheidet. Der Status des epistemischen Dings ist der

der Unsicherheit, es generiert Unklarheiten. Verlieren sich diese prozessualen Eigenschaften, hört ein Ding auf, ein epistemisches Ding zu sein, wird z. B. ein technisches Ding. Später hat Rheinberger die »Epistemologica« als Untergruppe der epistemischen Dinge eingeführt, die er definiert als »materielle Dinge, die in der Produktion von Wissen eine Rolle spielen, an denen Sachverhalte zur Aufklärung und Darstellung gebracht werden können, die jedoch in der einen oder anderen Weise auf Dauer gestellt worden sind« (Rheinberger 2015: 66). Als deren Paradebeispiel behandelt er »anatomische Präparate«.

Instrumente

Eine zentrale Objektgruppe von ›Ding-Wissen‹ bilden wissenschaftliche Instrumente (Baird 2004). Ihre in der Frühen Neuzeit enorm an Dynamik gewinnenden Funktionen lassen sich auf drei Ebenen ansiedeln: 1. der Erweiterung des menschlichen Beobachtungs- und Wahrnehmungsradius (Teleskope; Mikroskope), 2. der Fabrikation bestimmter Zustände in Versuchen (Luftpumpe, Elektrisiermaschine) und 3. der Messung und Quantifizierung (Thermometer) (Steinle 2012: 69). Auf die Anwendungskontexte wurde bereits bei den Experimenten eingegangen: Instrumente erforderten eigene spezialisierte Hersteller, die Instrumentenmacher, wurden in eigen Bildbänden visualisiert, beförderten die Ausbildung neuer Wissensorte wie dem Labor und trugen zur Etablierung epistemischer Tugenden wie der Präzision und Exaktheit bei. Im Wort Objektivität schwingt stets das Objekt mit.

Die Materialität des Wissens ist nicht nur Thema diverser theoretischer Ansätze, sondern auch Anreiz methodischer Experimente. So hat sich eine »Experimentelle Wissenschaftsgeschichte« als Zugang etabliert, der historische Instrumente nachbaut und Experimente nachstellt (Breidbach/Heering/Müller/Weber 2010). Dieser ebenfalls in der Archäologie durchaus anerkannte Ansatz wird in der allgemeinen Geschichte als »re-enactment« eher skeptisch beäugt, kann jedoch für die Wissensgeschichte vor allem dort von Nutzen sein, wo Schrift- oder Bildquellen strukturell rar gesät sind, so etwa in der Rekonstruktion des »impliziten Wissens« von Handwerkern (Smith 2004). Damit ist das sprichwörtliche Meisterstück wieder neu in den Fokus gerückt (vgl. hierzu auch die Quelle 8 unter *www.campus.de*).

Die Universität der Dinge

An den Universitäten führte der Einsatz von Objekten seit dem 16. Jahrhundert zu neuen Formen der Lehre am Objekt und einer fortschreitenden Empirisierung akademischer Wissensproduktion – ein Prozess, der sich über Jahrhunderte hinzog und sich von Fach zu Fach stark unterschied. Als ein Gradmesser kann die visuelle Überlieferung dienen. So zeigen Galerien von Professorenporträts, wie zu den Talaren und den Büchern weitere Objekte als Ausweis der eigenen gelehrten Tätigkeit hinzutraten (Füssel 2019b). Universitäten wie Leiden oder Altdorf begannen mit eigenen Serien von Kupferstichen ihre – modern gesprochen – materiellen Infrastrukturen zu bewerben (Lengenfeld 1958). So werden anatomische Theater, Bibliotheken, botanische Gärten oder Hörsäle gezeigt, später traten Sternwarten, Klinikgebäude oder Museen hinzu. In den Vorlesungsverzeichnissen wurde die Lehre am Objekt und Exkursionen beworben. Professoren wurden zu regelrechten Sammlern (Müller 2020). In Göttingen begeisterte ein Physiker wie Lichtenberg in der Lehre mit spektakulären Experimenten, Studierende der Medizin erhielten vielerorts Unterricht am Krankenbett, und die Naturforschung expandierte durch die Sammlung immer neuer Species. In Seminaren wurden Historiker im 19. Jahrhundert am konkreten Quellenmaterial von Akten und Urkunden geschult. Ähnliches galt mit visuellen Objekten für die Kunstgeschichte oder mit Plastiken für die Archäologie und Altertumskunde. In dieser Zeit wuchsen mit der disziplinären Ausdifferenzierung nicht nur die akademischen Sammlungen an, sondern auch die technischen Forschungsapparate der Naturwissenschaften wurden immer komplexer und erforderten eigene räumliche Strukturen. Nach dem Zweiten Weltkrieg entwickelten sich eigene universitäre Rechenzentren, und der unterschiedliche Finanzbedarf für Apparate markierte immer deutlicher die Grenze zwischen den Natur- und der Geisteswissenschaften.

Wissenstechnologien und Aufschreibesysteme

Instrumente und Technologien begannen vom 19. bis frühen 20. Jahrhundert die Mechanisierung von Arbeitsabläufen in westlichen Gesellschaften zu revolutionieren. Medienhistorisch hat man den Wandel der Aufschreibesysteme analysiert, die vom »typographischen Aufschreibesystem« im Zeichen des Buches zu den »technischen Urmedien« wie Schreibmaschine, Grammophon oder Tonband führten (Kittler 1985). Tachographen, Parlographen, Dictaphone, Dactylotypen, Walzenzählerwerke, Adressiermaschinen und Schreibmaschinen – manches davon ist uns heute fremd, manches gehört selbstverständlich zum technisierten Alltag. »Schreiben, Rechnen, Ablegen« waren alte Kulturtechniken, die seit dem 19. Jahrhundert einer fortschreitenden Mechanisierung unterlagen, ein Prozess, der den »Aufstieg des Dienstleistungssektors« beförderte und die Grundlagen für die digitale Transformation des 20. Jahrhunderts legte (Gardey 2019).

Kybernetik, Künstliche Intelligenz und Cyborgs

Im 20. Jahrhundert gewann die Rolle von maschineller Technologie für die Produktion des Wissens rasant an Bedeutung. Die am Ende des Zweiten Weltkriegs von Norbert Wiener entwickelte Kybernetik versprach eine neue Universalwissenschaft, deren unterschiedlichen disziplinären Adaptionen für die Wissenskulturen des 20. Jahrhunderts von enormer Prägekraft waren. Kybernetik ist eine Lehre bzw. Kunstfertigkeit der Steuerung, in ihr stecken das griechische Wort für Steuermann (*kybernetes*) ebenso wie das für Leitung (*kybernesis*). Während sich die Reflexion von Steuerungsprozessen zunächst auf Maschinen bezog und damit die Informatik beeinflusste, begann bereits in den 1950er Jahren die Anwendung auf mentale Prozesse, und es folgten Management, Verhaltensforschung und Pädagogik (Hagner/Hörl 2008). In den 1970er Jahren entwickelten sich u. a. der radikale Konstruktivismus und die soziologische Systemtheorie Luhmanns. Kybernetik wurde in der frühen Bundesrepublik ebenso wie mit leichter Verspätung in der DDR zu einer regelrechten Theoriemode (Aumann 2009). Ein in unserer Alltagssprache mittlerweile fest etablierter Begriff der Kybernetik ist etwa das auf das soziale Rückmelden bezogene »Feedback«. Für den Erfolg kybernetischer Konzepte zeichneten neben hohem intellektuellem Adaptionspotential jedoch vor allem wirtschaftliche und militärische Kalküle verantwortlich, während das Spektrum ihrer Anhänger von Weltanschauung und Lebensstil her betrachtet von der instrumentellen Vernunft der Militärs bis zum Utopismus der Hippies reichte (Rid 2016). Aus der studentischen Gegenkultur entwickelten sich auch führende Computerspezialisten einer neuen »cyber culture«.

Mit der Kybernetik erfuhr der alte Traum der Menschen von einem Maschinenmenschen neuen Auftrieb, der Roboter wurde nun zu einer neuen Figur, die gerade für Militärs neue Möglichkeiten entpersonalisierter Kriegführung etwa mit Drohnen versprach. Aus wissensgeschichtlicher Perspektive hat man unter anderem auf die bis zur Wissenskultur der Aufklärung zurückgehende Geschichte einer Vorstellung des Menschen als Maschine verwiesen (Muri 2007; Jank 2014). Anders als der rein mechanische Roboter ist der Cyborg ein Hybrid aus menschlichen Organismen und künstlichen Bauteilen. Auch er entstammt dem Kontext der Raumfahrtforschung und ist inzwischen wie der Roboter nicht nur zu einer beliebten Science-Fiction-Figur geworden, sondern ebenso zu einem Begriff der Gendertheorie. So machen ihn seine Hybridität und Ambiguität für Donna Haraway zu einem Modell der Überwindung binärer biologischer Geschlechterklassifikationen (Haraway 1985/1995a). Vom *Homme Machine* des 18. Jahrhunderts führt der Weg nach dem Zweiten Weltkrieg zur Diskussion um das Thema der Künstlichen Intelligenz (KI) (McCorduck 1987). Ihre Begriffsgenese lässt sich relativ genau auf die sogenannte Dartmouth Conference im Sommer 1956 zurückdatieren, während der junge Wissenschaftler wie Claude Shannon, John McCarthy oder Daniel Rochester u. a. über die Sprachfähigkeit von Computern, neuronale Netzwerke, Selbstverbesserung und die Möglichkeitsbedingungen von Kreativität nachdachten. Die KI stellt gegenwärtig vielleicht eine der größten Herausforderungen des Wissens dar.

6. Strukturen und Prozesse in der Geschichte des Wissens

Bei aller Begeisterung für die Mikrostudie, die einzelne Biographie oder die Geschichte der Praktiken kommt die Wissensgeschichte nicht ohne strukturierende Konzeptbegriffe aus, die größere Zusammenhänge, langfristige Entwicklungen oder einflussreiche normative Ordnungen thematisieren. Und sei es, dass die Kategorien nur als reine Abgrenzungsfolien dienen, um sie zu dekonstruieren oder zu hinterfragen. Ohne prozessuale Kategorien scheint es schwer, die Geschichtlichkeit des Wissens und seiner Räume, Akteure, Praktiken und Medien herauszuarbeiten. Sensibilisiert gegenüber den Fallstricken allzu gradliniger oder gar teleologischer, auf den Höhepunkt in der eigenen Gegenwart zielender Verlaufsmodelle lohnt es sich, darüber nachzudenken, wie die Wissensgeschichte Strukturen und Prozesse konzipiert und operationalisiert. Auch sie nutzt bestimmte Erzählmuster, arbeitet mit Prozessbegriffen und historisiert die eigenen Wertmaßstäbe.

Eine begründete Skepsis gegenüber jeglicher Art von Fortschrittsnarrativen gehört zu den Grundaxiomen der Wissensgeschichte. Mustert man diverse Klassiker der Wissens- und Wissenschaftsgeschichtsschreibung über die letzten fünfzig Jahre, so fällt ein Trend von Geburts-, Bruch- und Revolutionsnarrativen hin zu evolutionären Erzählmustern auf (Renn 2020). Foucault markierte noch die *Geburt der Klinik*, Hall die *Geburt der wissenschaftlichen Methode*, Rossi die *Geburt der modernen Wissenschaft*, Burke (wenn auch unfreiwillig) die *Geburt der Wissensgesellschaft*, Markus Friedrich die *Geburt des Archivs* etc. Die Renaissancen als Wiedergeburten hatten sich ausgehend von der Renaissance im 15. und 16. Jahrhundert vom 19. Jahrhundert an als beliebte Deutungsfiguren für andere Zeiträume etabliert: So prägten Jean-Jacques Ampère 1839 den Begriff der »karolingischen Renaissance« und Charles Homer Haskins 1927 den Begriff der »Renaissance des 12. Jahrhunderts«, jeweils mit explizitem Rekurs auf einen Wandel des Wissens. Koyré, Kuhn und andere kennen die wissenschaftliche Revolution im Singular wie im Plural. Demgegenüber stehen langfristig wirkende Prozesse, ungleichzeitige Entwicklungen und Kontinuitäten.

6.1 Jenseits der großen Erzählung? Narrative der Wissensgeschichte

Wissenschaftsrevolutionen

Betrachtet man die Geschichte des Wissens und speziell des wissenschaftlichen Wissens aus einer Perspektive langer Dauer, so stellt sich unweigerlich die Frage, ob sich in der Entwicklung bestimmte Verlaufsmuster erkennen lassen. Eine bis in die 1960er Jahre gängige Ansicht war, dass wissenschaftliche Inhalte einer kumulativen Wachstumslogik folgen, weniger überzeugende Erkenntnisse langsam von besseren, überzeugenderen widerlegt oder erweitert werden. Dem hat der amerikanische Wissenschaftstheoretiker Thomas S. Kuhn die These revolutionärer Brüche in der Wissenschaft gegenübergestellt. Die *Strukturen wissenschaftlicher Revolutionen* folgen einem wiederkehrenden Schema, indem eine Phase der Normalwissenschaft von einem neuen Paradigma abgelöst wird, das selbst wieder zur Normalwissenschaft werden kann, um von einer weiteren Revolution abgelöst zu werden. Als »Paradigma« definiert Kuhn »allgemein anerkannte wissenschaftliche Leistungen, die für eine gewisse Zeit einer Gemeinschaft von Fachleuten maßgebende Probleme und Lösungen liefern« (Kuhn 1967: 11). Ein Paradigma wirkt orientierend, identitätsstiftend und stabilisierend, es begründet einen Grundkonsens, der kaum zu hinterfragen ist. Dem Paradigmenwechsel geht eine Krise der herrschenden Paradigmen voraus. Hat sich ein neues Paradigma etabliert, verhält es sich inkommensurabel zu anderen wissenschaftlichen Theorien, ja, seine Vertreter setzen alles daran, abweichende Positionen als illegitim auszugrenzen. Hier entwickelt Kuhn Flecks Gedanken zu »Denkstilen« und »Denkkollektiven« weiter – Begriffen, von denen er sich explizit distanziert. Paradigmen stehen für kollektive Unternehmungen, die Grenzen ziehen, Kuhn erweitert sie aber zu einem zyklischen Verlaufsmodell. Kuhn entwickelt seine Theorie am naturwissenschaftlichen Denken: Wichtige historische Paradigmenwechsel wären etwa der Übergang vom geozentrischen zum heliozentrischen Weltbild (die kopernikanische Revolution), der Wechsel von der Phlogiston-Theorie zur Oxidations-Theorie (die chemische Revolution Lavoisiers) oder die Darwin'sche Evolutionstheorie (Renn 2020: 118-142).

Ob das Schema sich auf die Entwicklung der Geisteswissenschaften übertragen lässt, ist schwer zu beantworten; rein empirisch spricht der Begriffsgebrauch dafür, obwohl Kuhn selbst in dieser Frage eher skeptisch war. In seiner späteren Phase wandte sich Kuhn der Sprachphilosophie zu und verabschiedete den Begriff des Paradigmas zugunsten des »Lexikons« (Kuhn 2000). Es zählt zweifellos zu den Problemen des inflationären Begriffsgebrauchs von Paradigma, dass es auf immer kleinere Innovationen angewandt wird. Als eine Revolution in den Geisteswissenschaften könnte die Entstehung des Historismus im 19. Jahrhundert gewertet werden.

Bei den seit dem »linguistic turn« in den späten 1960er Jahren immer rascher folgenden ›Wenden‹ in den Geistes- und Sozialwissenschaften hätte man schon mehr Probleme, die Absolutheit der Revolution zu erkennen. Vielleicht wäre ein Weg zurück zu Fleck hier angemessener, der rivalisierende Denkstile und Denkkollektive bestimmt, die Brüche aber nicht zu absolut setzt (Zittel 2014). Inzwischen ist Kuhns Ansatz viel kritisiert und historisiert worden. Während unter anderem sein Bild der Normalwissenschaft oder die Ausblendung anderer Wachstumsmodelle moniert wurden, ist die Entstehung von Kuhns Modell, das sich gegen marxistische Denkansätze richtete und ökonomische und soziale Zusammenhänge ausblendet, vor allem im historischen Kontext des Kalten Krieges situiert worden (Richards/Daston 2016).

Zu den besonders wirkmächtigen großen Erzählungen der Wissenschaftsgeschichte zählt das in den 1930er/1940er Jahren entwickelte Konzept der wissenschaftlichen Revolution, dessen Zeitraum landläufig in etwa von Nikolaus Kopernikus' *De revolutionibus or-*

bium coelestium (1543) und Isaac Newtons *Principia Mathematica* (1687) gerahmt wird (Shapin 1998; Dear 2001; Burns 2016; Wooton 2016).

»Die sogenannte wissenschaftliche Revolution hat es nie gegeben und davon handelt dieses Buch« – mit diesem provokanten Satz beginnt Steven Shapin seine Einführung in die Geschichte der wissenschaftlichen Revolution und eröffnet damit einen Zugang radikaler Historisierung (Shapin 1998: 9). Was es seiner Ansicht nach nie gegeben hat, ist die »reale Existenz eines kohärenten, sich zuspitzenden, umsturzartigen Ereignisses, das einen grundlegenden, unwiderruflichen Wandel im Wissen der Menschen und in den Methoden der Gewinnung zutreffender Welterkenntnis herbeigeführt habe« (ebd.). An seine Stelle setzt Shapin die Erzählung einer Heterogenität sozialer Prozesse des Wissenserwerbs, die sich über mehrere Generationen erstreckten.

**»Die wissenschaftliche Revolution«.
Zur Dekonstruktion eines Forschungsnarrativs**

»Unser Verständnis der Naturwissenschaft des siebzehnten Jahrhunderts hat sich in den letzten Jahren verändert, und schon der Gedanke der ›wissenschaftlichen Revolution‹ bereitet den Historikern heute Unbehagen. Selbst die Berechtigung der einzelnen Bestandteile dieses Ausdrucks wird in Frage gestellt. Viele Historiker glauben nicht länger, daß es ein einzelnes, isolierbares, in Raum und Zeit lokalisierbares Ereignis gegeben hat, das man ›die‹ wissenschaftliche Revolution nennen könnte. Diese Historiker bestreiten sogar, daß es im siebzehnten Jahrhundert überhaupt eine einzelne, kohärente kulturelle Entität namens ›Wissenschaft‹ gegeben hat, die einen revolutionären Wandel hätte erfahren können. Sie sehen lediglich ein Bündel vielfältiger kultureller Praktiken, die dem Ziel dienten, die natürliche Welt zu verstehen, zu erklären und zu beherrschen, die aber über je eigene Besonderheiten verfügten und sich auf je eigene Weise veränderten. Wir sind heute sehr viel skeptischer gegenüber der These, daß es so etwas wie eine ›wissenschaftliche Methode‹ gebe – einen kohärenten Satz universeller, effizienter Verfahren zur Gewinnung wissenschaftlicher Erkenntnisse – und noch skeptischer gegenüber historischen Darstellungen, nach denen diese Methode im siebzehnten Jahrhundert entstanden und von dort ohne weitere Probleme auf uns überkommen sein soll. Viele Historiker glauben heute nicht mehr, daß der Wandel der wissenschaftlichen Auffassungen und Verfahren im siebzehnten Jahrhundert so ›revolutionär‹ gewesen ist, wie er vielfach dargestellt wird. Man verweist statt dessen auf die Kontinuität zwischen der Naturphilosophie des siebzehnten Jahrhunderts und ihren mittelalterlichen Vorläufern. Umgekehrt folgte die These einer ›verspäteten‹ Revolution der Chemie und der Biologie im achtzehnten und neunzehnten Jahrhundert unmittelbar auf die Identifizierung ›der‹ ursprünglichen wissenschaftlichen Revolution durch die Historiker.« (Shapin 1998: 11f.)

In der Wissenschaftsgeschichtsschreibung sollte die wissenschaftliche Revolution des langen 17. Jahrhunderts nicht die einzige bleiben. In der Antike entdeckte man eine »vergessene Revolution« des 3. und 2. Jahrhunderts v. Chr. wieder (Russo 2005). Zu der Zeit von Archimedes und Euklid hat sich u. a. in Mathematik, Technik und Medizin Revolutionäres ereignet, was nach einer Phase des Verlusts später Gegenstand einer »jahrhundelangen Wiederentdeckung« wurde. So wäre ohne das emsige Kopieren und Kompilieren der frühmittelalterlichen Mönche und Kleriker wohl wenig antikes Wissen von der Dichtung über die Medizin bis zur (Natur-) Philosophie überliefert. Selbst das Mittelalter, das in vielen Narrativen ja für das Vergessen verantwortlich gemacht wurde, hat seine Wissenschaftsrevolution, während der im 12. und 13. Jahrhundert neue Praktiken der Gelehrtenkultur die Entstehung der Universitäten einläuteten (Rexroth 2019). Andere Forscher sprechen von einer »zweiten« wissenschaftlichen Revolution und verorten diese in der Zeit um 1800 (Cunningham/Williams 1993). Der eigentliche Durchbruch zur modernen Wissenschaft hängt demnach weniger an der kopernikanischen Wende des Weltbildes als vielmehr an Prozessen der Industrialisierung und des Kolonialismus, die mit Formen des Energiewandels (Thermo- und Elektrodynamik), neuen chemischen Elementen und Stoffen (Düngemittel, Pharmazie, Farbstoffe) oder vertieften geowissenschaftlichen und klimatischen Kenntnissen einhergingen (Müller-Wille 2017: 147).

Wissens- und Informationsgesellschaft

Die Debatten um die Genese der Wissensgesellschaft und der Informationsgesellschaft haben in beiden Fällen zu einer Abkehr von teleologischen Orientierungsmustern geführt. Jede historische Gesellschaft sei auf ihre Weise eine Wissens- und Informationsgesellschaft gewesen. Zeithistoriker:innen haben indes auf die »besondere Rolle wissenschaftlichen Wissens in einer fortgeschrittenen Gesellschaftsformation« abgehoben (Szöllösi-Janze 2004: 279). Margit Szöllösi-Janze hat daher ausgehend von einer Historisierung der Wissensgesellschaft eine Neudefinition der Zeitgeschichte über »tiefgreifende Verwissenschaftlichungsprozesse« vorgeschlagen (ebd.: 285). Damit wird der Beginn der modernen Wissensgesellschaft in das letzte Drittel des 19. Jahrhunderts verlagert. Als Kriterien dafür dienen die »Diffusion wissenschaftlichen Wissens in alle gesellschaftlichen Bereiche, die kontinuierliche Erweiterung seiner Leistungen, die Durchlässigkeit der Systemgrenzen und die ökonomische Funktion von Wissen als unmittelbarer Produktivkraft« (ebd.: 286). Das sind zweifellos qualitative Veränderungen von gewaltiger Transformationskraft, die die mit den vormodernen Jahrhunderten befassten Forscher jedoch nicht zu einem Verzicht auf den Begriff der Wissensgesellschaft gebracht haben.

Konnte die »Wissensgesellschaft« nach erhitzten Diskussionen Anfang der 2000er Jahre als zeitlich fokussierbares Deutungsschema weitgehend als ausgehöhlt gelten, so zeichnen sich in jüngerer Zeit erneut Versuche ab, sie als historische Deutungsfolie zu mobilisieren (Reinhardt 2010). So wurde vorgeschlagen, zwischen den formativen Phasen einer Proto-Wissensgesellschaft (Wissensgesellschaft 0.0) der Frühen Neuzeit, einer ersten Wissensgesellschaft (1.0) seit der Wende vom 18. zum 19. Jahrhundert und einer Wissensgesellschaft zweiter Ordnung (2.0) seit den 1970er Jahren zu unterscheiden (Böschen 2017).

Mit Blick auf die ›lange Dauer‹ der Informationsgesellschaft ist man in der historischen Forschung etwas zurückhaltender, sieht aber bereits die frühe Neuzeit als Transformationsphase an, in der sich eine immer stärkere Abstraktion und Codierung von Information abzeichnete, ohne eine klar lineare historische Entwicklung zu postulieren (Behrisch 2008). Die Erfahrung einer steigenden Komplexität an Information und damit einhergehender Verunsicherung war schon Menschen vor dem 20. Jahrhundert bekannt, und sie reagierten darauf z. B. mit Techniken synoptischer Darstellungen.

Wissensepochen

Diskussionsfähiger als diese Rettungsversuche der Wissensgesellschaft als Epochenbegriff scheinen mir allerdings die von Peter Burke entworfenen Epocheneinteilungen des Wissens. Ein Manuskriptzeitalter von 3000 v. Chr. wurde abgelöst von einem Papier-

und Druckzeitalter (1450–1750), auf das Burke dann im Modus des die Moderne charakterisierenden beschleunigten Wandels noch fünf weitere folgen lässt: Das Zeitalter der Statistik (1750–1840) wurde durch das Zeitalter von Dampf und Elektrizität (1840–1900) abgelöst. Es folgte das Zeitalter der Großforschung (1900–1950). Die zweite Hälfte des 20. Jahrhunderts wird von drei parallelen Prozessen bestimmt, dem dritten Entdeckungszeitalter, der dritten wissenschaftlichen Revolution und der dritten industriellen Revolution (1950–1990). Burke zufolge befinden wir uns seit 1990 im Netzzeitalter (Burke 2016: 25).

In dem wenige Jahre zuvor veröffentlichten zweiten Band seiner Sozialgeschichte des Wissens hatte Burke bereits eine alternative Einteilung vorgenommen, die ähnliche Fünfzigjahresschnitte setzt, diese aber anders benennt und begründet (Burke 2014: 300–325). Die Zeit 1750–1800 ist die der »Reform des Wissens«, gefolgt von der »Wissensrevolution« 1800–1850 als der zweiten Wissenschaftlichen Revolution und der Zeit von 1850–1900 als jene der »disziplinären Vielfalt«. Der Zeitraum 1900–1950 ist der einer »Wissenskrise«, der von 1950–1990 der einer »Technisierung des Wissens« und der letzte von 1990 bis heute (2014) die »Zeit der Reflexivität«.

Diese Epocheneinteilung deckt sich nicht mit den üblichen Blöcken Antike, Mittelalter, Frühe Neuzeit und Moderne, sondern zeitigt ganz eigene Rhythmen. In der vorgestellten Form ist die Epochenordnung weitgehend euro- bzw. westenzentriert und kann der globalisierten Wissensgeschichte kaum als universeller Rahmen dienen. Für die europäische Geschichte können entsprechende Systematisierungen dennoch hilfreich sein, um zumindest Tendenzen kenntlich zu machen. Für die »Zeit der Reflexivität« ist kennzeichnend, dass sie mit dem Boom der Wissensgeschichte nahezu in eins fällt. Wissen klärt sich also zunehmend über sich selbst auf, und das nicht nur in einer neuen historischen Forschungsrichtung, sondern ebenso in Wissenschaftsmuseen, Wiki's oder »bürgerwissenschaftlichen« Projekten einer »citizen science«.

6.2 Prozesse des Wissens

Um den historischen Wandel von Wissenskulturen zu erfassen, operiert man mit Prozesskategorien unterschiedlicher Reichweite (Burke 2016: 44–106). So können Prozesse nur für eine Kultur oder eine Epoche gelten, oder sie können globalhistorische Dimensionen annehmen. Im Folgenden werden als makrohistorische Prozesse der Wissenstransformation, die sich vielfach mit den gleichnamigen Modernisierungstheorien überschneiden, Säkularisierung, Professionalisierung, Disziplinierung, Verwissenschaftlichung, Nationalisierung, Ideologisierung und Demokratisierung vorgestellt, um am Ende nach der Umsetzung und Irreversibilität dieser Vorgänge zu fragen.

Säkularisierung

Zu den klassischen Modernisierungserzählungen die für die Geltungsgeschichte des Wissens relevant sind, zählt zweifellos die Säkularisierung. Spätestens seit der Frühen Neuzeit verlören metaphysische Begründungszusammenhänge an Boden, so das klassische Narrativ (Danneberg 2002/03). Galileo Galilei etwa wurde zum Märtyrer der wissenschaftlichen Wahrheit stilisiert. Doch dieses Erzählmuster hat mittlerweile viel Relativierung erfahren, indem man einerseits auf die Gegenbewegungen gerade im 19. und 20. Jahrhundert hingewiesen (Burke 2014: 296–299) und andererseits gezeigt hat, dass Naturforschung und Religiosität beispielsweise im 17. Jahrhundert keineswegs als sich wechselseitig ausschließend verstanden werden müssen (Brooke 1998; Trepp 2009). Im Gegenteil förderten bestimmte Strömungen des Luthertums etwa die Erforschung der Natur als Medium der Sinngebung. Gerade in einer nicht allein auf das Christentum fixierten Wissensgeschichte wird man das Verhältnis von Religion und Wissenschaft historisch ohnehin komplexer zu analysieren haben (Dixon/Cantor/Pumfrey 2010).

Professionalisierung

Ein Prozessbegriff, bei dem die Häufigkeit seiner Verwendung und die Spannbreite seiner inhaltlichen Füllung besonders ausgeprägt sind, ist der Begriff der Professionalisierung. Die historische Beschreibung eines gesamtgesellschaftlichen Prozesses der Verberuflichung seit dem 19. Jahrhundert (McClelland 1991) ist stark von der systemtheoretischen Annahme einer Umstellung von stratifizierten auf funktional differenzierte Gesellschaften geprägt, in der immer mehr Subsysteme Tendenzen zur Professionalisierung ausbilden. Allerdings gilt es hier zwischen einer amerikanischen, an Talcott Parsons orientierten Professionssoziologie und einer deutschen Tradition im Anschluss an Niklas Luhmann zu unterscheiden. Aus Sicht der letzteren waren die Professionen zunächst identisch mit den drei höheren Fakultäten der alteuropäischen Universität: Theologie, Recht und Medizin. Vor allem Recht und Medizin können dabei als regelrechte Proto-Professionen angesprochen werden, die insbesondere bei der Herausbildung von Expertenkulturen wirkmächtig wurden (Rexroth/Roick/Reich 2012). Bereits für das spätmittelalterliche Reich ist von der »Professionalisierung gelehrter Tätigkeiten« gesprochen worden (Schwinges 2001). Verwendet man Professionalisierung, um einen Prozess zu kennzeichnen, ist damit eine epochenspezifische Verberuflichung gemeint, für die unterschiedliche Kriterien aufgestellt worden sind. In der Regel werden damit eine Effizienzsteigerung und eine Standardisierung angezeigt. Die Professionalisierung der Geschichtswissenschaft etwa betont die Etablierung verbindlicher methodischer Standards. Professionalisierung wird hier oftmals identisch mit Verwissenschaftlichung und Institutionalisierung verwendet. Im engeren Sinne kann mit Professionalität jedoch die »lebenslange Zuständigkeit für ein einziges Gebiet der Lehre (und der Forschung) an der Universität« bezeichnet werden (Stichweh 1999: 340). Das war keineswegs immer so, denn an der vormodernen Universität rückten die Professoren zwischen Lehrstühlen und Fächern oftmals auf. Professionalisierungsprozesse sind mit Disziplinierungsprozessen verbunden, und zwar sowohl im Sinne eines abgegrenzten und monopolisierten Wissensgebietes als auch im Sinne der Kontrolle. In Bezug auf Heilberufe und medizinische Tätigkeiten ist das etwa für die Professionalisierung von Hebammen herausgearbeitet worden (Beaufaÿs 1997). Entsprechenden Machteffekten nachzuspüren, ist in der Professionalisierungsforschung allerdings nicht die Regel, da der Begriff meist positiv normativ aufgeladen ist und Fortschritt und Emanzipation zu signalisieren scheint.

Disziplinierung

Von ähnlicher Ambivalenz geprägt sind Prozesse der Disziplinierung des Wissens. Die Doppeldeutigkeit eines disziplinierten Arbeitens und einer Wissens-Disziplin kommt nicht von ungefähr. Eine wissenschaftliche Disziplin zeichnet sich durch bestimmte Regeln, Methoden, Denkstile und Habitus aus. Es ist eine empirisch kaum zu leugnende Tatsache, dass Fächer und Disziplinen über die Jahrhunderte immer mehr und immer kleinteiliger geworden sind und dass eine entscheidende Schwelle der Fächerdifferenzierung in der sogenannten Sattelzeit zwischen 1750 und 1850 liegt. Weniger Einigkeit besteht allerdings über den Modus dieses Wachstums und der ihn begleitenden Arbeitsteilung. Ein starkes Modell ist das der disziplinären Ausdifferenzierung und entstammt der Systemtheorie (Stichweh 1984). Im 18. Jahrhundert hat vor allem die philosophische Fakultät als Inkubationsraum der Disziplinengenese gewirkt, so entstanden hier u. a. die Anthropologie, die Physik oder die Kunst-, Musik- oder Literaturgeschichte. Aus der Medizin heraus entwickelte sich die Chemie; aus Kameralismus und Staatswissenschaft entstanden die Soziologie, die Politik- und Wirtschaftswissenschaften (einzelne Daten zur Lehrstuhlgründung für Deutschland bei Baumgarten 1997: 277–286).

Um die Effekte der Disziplinenbildung beschreibbar zu machen, haben Forscher auf diverse Sprachbilder zurückgegriffen, die akademische Stämme und Territorien beschreiben, ebenso wie eine eigene disziplinäre Grenzpolizei oder eigene disziplinäre Dialekte (Becher 1989). Räumliche Übersetzungen sind besonders beliebt und deuten die akademische Wissenskultur der Moderne als ein Archipel aus vielen kleineren und größeren Inseln, die untereinander mitunter schwer zu erreichen sind (Burke 2016: 19). Ähnliches wurde für die Campus-Architektur beschrieben, wo sich Philologien und historische Wissenschaft um ein zentrales Bibliotheksgebäude verdichten, während die Naturwissenschaften weit weg vor der Stadt auf einem eigenen Campus mit Laboren, Kliniken etc. angesiedelt sind; die Weite der Wege symbolisiert Nähe und Ferne der Disziplinen (Daston 2017: 146f.). Um mehr Nähe zu ermöglichen bzw. aktiv zu befördern, hat man im 20. Jahrhundert weltweit zahlreiche interdisziplinäre Institutionen gegründet: vom *Institute for Advanced Study* in Princeton (1930) über das *Maison des sciences de l'homme* in Paris (1963) bis zum Zentrum für Interdisziplinäre Forschung (ZIF) in Bielefeld (1968) (Burke 2014: 315).

Verwissenschaftlichung

Ein vor allem in der Zeitgeschichte viel genutztes Konzept ist die »Verwissenschaftlichung des Sozialen« (Raphael 1996; Vogel 2004: 654–658). Sie bezeichnet die »dauerhafte Präsenz humanwissenschaftlicher Experten, ihrer Argumente und Forschungsergebnisse in Verwaltungen und Betrieben, in Parteien und Parlamenten, bis hin zu den alltäglichen Sinnwelten sozialer Gruppen, Klassen oder Milieus« (Raphael 1996: 166). Konkret meint das u. a. Mediziner, Juristen, Psychologen, Soziologen, Politikwissenschaftler, Ökonomen oder Ingenieure – sie alle agierten im wachsenden Maße als Gutachter, Berater, Reformer und Therapeuten und setzten damit eine bereits seit dem Spätmittelalter begründete Expertenkultur fort. Verändert haben sich jedoch u. a. die Instrumente, Medien und politischen Konstellationen. Hier griff man auf die bereits erwähnten Werkzeuge der staatlichen Informationsgewinnung wie Statistiken, Umfragen oder Testreihen zurück und baute sie weiter aus. Anfang des 20. Jahrhunderts erfand man in Frankreich den sogenannten Intelligenztest, der rasch zum Modell für weitere Leistungstests des »falsch vermessenen Menschen« (Gould 1983) wurde. Hier fügt sich die Geschichte der Hirnforschung ein, die sich auf die Jagd nach den »genialen Gehirnen« machte (Hagner 2004).

Lutz Raphael hat den Verwissenschaftlichungsprozess des 19. und 20. Jahrhunderts in vier Phasen eigenteilt und eine Phase der sozialen Frage in der ersten Hälfte des 19. Jahrhunderts, von einer der Wohlfahrstaaten 1880–1930, einem Zeitalter der Meinungsforschung und der empirischen Sozialforschung von 1940 bis 1970 und einer Phase der »entzauberten Wissenschaft« seit 1970 unterschieden (Raphael 1996: 171–179; Wagner 1990; Rueschemeyer/Skocpol 1996). Es handelt sich um Prozesse, die mit weiteren gesellschaftlichen Modernisierungsprozessen wie Bürokratisierung, Rationalisierung und Nationalisierung in Verbindung stehen. Diesen begegnet die Zeitgeschichte zwar mit ausgeprägter Sensibilität für ihre Dialektik und dunklen Seiten, weniger aber mit der stärker mikrohistorisch geprägten Skepsis der Wissensgeschichte, zumal jener, die sich der Vormoderne widmet, gegenüber makrohistorischen Prozessnarrativen allgemein.

Ein Beispiel für das Einwirken makrostruktureller technischer Rationalisierungsprozesse auf den Alltag der Menschen ist die Rationalisierung des Haushalts (für die Antike vgl. Föllinge 2002). Um 1900 hatte der amerikanische Ingenieur Frederick W. Taylor mit einflussreichen Schriften auf die Verwissenschaftlichung technischer Arbeitsabläufe eingewirkt: *Shop Management* (1903) (dt. *Die Betriebsleitung*, 1909) oder *The Principles of Scientific Management* (1911) (dt. *Die Grundsätze wissenschaftlicher Betriebsführung*, 1913) (Szöllösi-Janze 2004: 290ff.). Der Taylorismus wurde von der Amerikanerin Christine Frederick wenig später auf *Die rationale Haushaltsführung*, so die deutsche Übersetzung ihres Werkes von 1921, übertragen. So kam es zu einer wissenschaftlich legitimierten Neugestaltung von Kücheneinrichtungen und Haushaltsgeräten, die ein regelrechtes »Laboratorium der Hausfrau« konstituieren sollten (ebd.: 291). Am Beispiel der wissenschaftlich gestützten Haushaltsorganisation wird so das enge Zusammenspiel von Wissenschaft, Technik, Ökonomie und Geschlechterordnung sichtbar.

Als Kehr- bzw. Gegenseite der »Verwissenschaftlichung der Gesellschaft« ist seit den 1980er Jahren die »Politisierung der Wissenschaft« problematisiert worden (Weingart 1983). So wirke nicht nur die Wissenschaft auf andere gesellschaftliche Subsysteme ein, sondern die Politik gewinne an Einfluss auf die Wissenschaft etwa durch Forschungsförderungsstrategien oder Ethikkommissionen.

Nationalisierung

Im 19. Jahrhundert kam es in fast allen europäischen Staaten zu einer Nationalisierung der Wissenschaft (Jessen/Vogel 2002). Der Kosmopolitismus der Gelehrtenrepublik löste sich zunehmend auf, wissenschaftlicher Universalismus traf auf nationalen Partikularismus. Wissenschaft wurde immer mehr zur »symbolischen Ressource für den Nationsbildungsprozeß« (Szöllösi-Janze 2004: 312). Philologien arbeiteten am Kanon der »Nationalliteratur«, die Geschichtswissenschaften an der »Nationalgeschichte«, und selbst die an universellen Gesetzmäßigkeiten orientierten Naturwissenschaften nationalisierten sich allerorten. Ob die Chemie in Frankreich (Fell 2000) oder die Physik in Deutschland (Metzler 2000), überall griffen ähnliche Dynamiken im Spannungsfeld von »internationaler Wissenschaft und nationaler Kultur« (ebd.). Der Anthropologe, Pathologe und Politiker Rudolf Virchow entwarf das Modell einer »deutschen Wissenschaft«, das einen »nationalen Wissenschaftsstil« mit der »Verwissenschaftlichung der Nation« verband (ebd.: 298; vgl. hierzu auch die Quelle 14 unter *www.campus.de*). Neue Institutionen wie das Deutsche Museum in München (1903) verankerten Naturwissenschaft und Technik im nationalen Gedächtnis. In

der »Gelehrtenpolitik« des deutschen Kaiserreichs verschmolzen die Verwissenschaftlichung der Nation und die Nationalisierung des einzelnen Wissenschaftlers (vom Bruch 1980), ein Prozess, der im Kontext des Ersten Weltkriegs seinen Höhepunkt erreichte. Als Gradmesser für die Relation zwischen Internationalisierung und Nationalisierung kann der seit 1901 verliehene Nobelpreis gelten. Seiner Verleihung darf keine nationale Bevorzugung und Benachteiligung zugrunde liegen, und doch wird er gleichzeitig als Leistungsindikator nationaler Wissenschaftssysteme interpretiert.

Ideologisierung und Totalisierung

Innerhalb der totalitären politischen Systeme des 20. Jahrhunderts erfuhren Wissen und Wissenschaft einen markanten Strukturwandel. Vor allem der Nationalsozialismus galt lange Zeit als wissenschaftsfeindlich und die Akteure der Wissenschaft als ›parteifern‹ – beides ist inzwischen empirisch widerlegt (Sieg 2001; Szöllösi-Janze 2001). Das NS-System verfolgte ganz spezifische Ziele der Forschungsförderung, und rund 50 Prozent der Hochschullehrer gehörten der NSDAP an. Mit dem 1933 erlassenen »Gesetz zur Wiederherstellung des Berufsbeamtentums« setzte eine beispiellose Vertreibungswelle an den deutschen Universitäten ein, die rund 20 Prozent der Lehrenden ins Exil trieb (Grüttner/Kinas 2007). Auf den freiwerdenden Stellen agierten regimetreue Akademiker, denen vor allem in den anwendungsbezogenen Disziplinen eine Karriere sicher war. In der sogenannten »Generation der Sachlichkeit« wich der gebildete ›Gelehrte‹ dem pragmatischen ›Experten‹ (Sieg 2001: 265). Die NS-Wissenschaftspolitik bevorzugte Projekte außeruniversitärer Großforschung im Bereich von Biologie, Chemie oder Physik, während die Universitäten eher stagnierten. Anwendungsbezogen hieß hier konkret kriegsrelevant. Die Ressourcenmobilisierung für die Wissenschaft nahm vor allem im Zuge des Krieges immer größere Ausmaße an (Flachowsky/Hachtmann/Schmaltz 2016).

Ein Beispiel für die Ideologisierung der Naturwissenschaft ist das Postulat einer ›Deutschen Physik‹, die einer vermeintlich ›Jüdischen Physik‹, verkörpert durch Albert Einsteins Relativitätstheorie, entgegengesetzt wurde. Eine bevorzugte Strategie des NS-Regimes im Umgang mit Institutionen des Wissens war weniger deren totale Aufhebung als deren sogenannte »Gleichschaltung« und, wo dies nicht möglich war, die Ersetzung durch eigene alternative Institutionen. Anstelle des Nobelpreises, dessen Annahme man unter Strafe stellte, stiftete man den »Deutschen Nationalpreis für Kunst und Wissenschaft«, der allerdings nur 1937 und 1938 verliehen wurde. 1935 wurde von Himmler und der SS der Verein »Deutsches Ahnenerbe e. V. « gegründet, dessen Projekte und Mitglieder u. a. von der DFG gefördert wurden und neben Wehrmedizin auch archäologische, historische sowie sprach- und kunstgeschichtliche Forschung und im Ausland Kulturgutraub in großem Umfang betrieben. Unter dem Dach einer »völkischen Wissenschaft« wurde in Natur- wie Geisteswissenschaften weltanschauliches Gedankengut produziert, dessen Geltungsbedingungen mit Blick auf dessen Wissenschaftsverständnis durchaus widersprüchlich waren. So stand ein dezidierter wissenschaftskritischer Antiakademismus und Antiintellektualismus neben einer Indienstnahme wissenschaftlicher Medien, Praktiken und Organisationsformen von der Fachzeitschrift bis zum Institut (Haar/Fahlbusch/Pinwinkler 2017).

Zu den politisch geprägten Schwierigkeiten der historischen Forschung der Nachkriegszeit, das Engagement eines Großteils der Wissenschaftler für das NS-Regime aufzuarbeiten, gesellte sich noch ein politisch-epistemologischer Vorbehalt bei der Historisierung seines Wissenssystems, das teilweise in der Lage war, Ideologie und strukturelle Modernisierung zu verbinden. So wurde etwa für die Geisteswissenschaften die Genese der modernen Sozialgeschichte aus Traditionen völkischer Geschichtsschreibung aufgezeigt (Oberkrome 1993; Hausmann 2011), während in den Natur- und Technikwissenschaften bedeutende Innovationen von der Luftfahrt bis zur Rechentechnologie erreicht wurden. Langfristig sollten der NS-Wissenschaft jedoch ihre bewusste Provinzialisierung und Abkappung vom internationalen Wissensdiskurs sowie die Fragmentierung der Steuerungsorgane zum Problem werden (Szöllösi-Janze 2004: 309). Deutlich wird dies etwa am sogenannten Manhattan-Projekt, der amerikanischen Großforschungsinitiative zur Entwicklung von Atomwaffen, an dem auch emigrierte deutsche Wissenschaftler teilnahmen. Westliche Staaten wie die USA oder Japan und die Sowjetunion nutzten die Wissenschaft als Kriegstechnologie (Sachse/Walker 2005).

Viele neue Disziplinen verdanken sich explizit militärischen Wissensanforderungen wie die Medienwissenschaft oder die Sozialpsychologie. Ein entscheidender Unterschied lag indes im Vorhandensein oder Verlust von Kontrollinstanzen. Die Geschichte der Wissenschaften im Nationalsozialismus zeigt einerseits, dass das Wissenschaftssystem keinerlei Immunität gegenüber den Versuchungen menschenverachtender Ideologien kannte, andererseits, dass der generelle Verwissenschaftlichungsprozess strukturell bereits so weit fortgeschritten war, dass das NS-System ihn nicht zerstören konnte und wollte, sondern die Wissenschaft vielmehr zu ihren eigenen Zwecken instrumentalisierte und umbaute.

Demokratisierung und Popularisierung

Eine der jüngsten Prozesskategorien ist die ›Demokratisierung‹ des Wissens (Stehr/Adolf 2018: 357–370; Kitcher 2011). Wilhelm Liebknecht hielt am 5. Februar 1872 vor einem Arbeiterbildungsverein in Dresden eine berühmt gewordene Rede zum Thema *Macht ist Wissen – Wissen ist Macht*. Der Mitbegründer der SPD leitete seine Thesen mit einer historischen Perspektive ein: »Knowledge is power – Wissen ist Macht! Wohl ist das ein wahres Wort. Wissen ist Macht, Wissen gibt Macht, und weil es Macht gibt, haben die Wissenden und Mächtigen von jeher das Wissen als ihr Kasten-, ihr Standes-, ihr Klassenmonopol zu bewahren und den Nichtwissenden, Ohnmächtigen – von jeher die Masse des Volkes – vorzuenthalten gesucht. So ist es zu allen Zeiten gewesen, so ist es noch heute.« (Liebknecht 1872 [1888]: 9; vgl. hierzu auch die Quelle 15 unter *www.campus.de*).

Auch die jüngere Wissenssoziologie geht davon aus, dass es zu den »charakteristischen Merkmalen« »differenzierter und hochkomplexer moderner Gesellschaften« zähle, dass der »Zugang zu und die Kontrolle über Wissen stratifiziert« seien. Wissen könne in einer »hochgradig arbeitsteiligen Gesellschaft nicht gleich verteilt sein« (Stehr/Adolf 2018: 405).

Die Frage des gleichberechtigten Zugangs zu Wissen hängt mit der Kategorie der Popularisierung zusammen, die bereits bei der Frage der Öffentlichkeit angesprochen wurde. Das Internet ist das jüngste Beispiel dafür, wie Chancen, an Wissen teilzuhaben, dessen publikumsorientierte Präsentation und kommerzielle Interessen ineinander spielen. So hatte die Popularisierung des Wissens historisch immer mit der Vermarktung des Wissens zu tun. Neben marktförmigen Prozessen stehen solche bewusster Steuerung ›von oben‹ oder Initiativen ›von unten‹. Für erstere können etwa die Bewegung der Volksaufklärung im 18. Jahrhundert oder die Volkshochschulen stehen, für zweitere Arbeiterbildungsvereine oder indigene interkulturelle Universitäten Lateinamerikas (vgl. hierzu auch die Quelle 16 unter *www.campus.de*).

Mit Begriffen wie *scientific outreach* oder einfach *public outreach* – wohl nicht zufällig anglophone Begriffe – ist die transparente und leicht verständliche Kommunikation von Inhalten heute zu einer leitenden Norm des Wissenschaftssystems aufgestiegen. Als »politisch-emanzipatorische Trumpfkarte im Übergang zur digitalen Gesellschaft« ist vor allem der Cyberspace zum Sehnsuchtsort der Subversion des Wissens geworden, der Verfügbarkeit, Kreativität, Freiheit und Anarchie verspricht (Hagner 2020: 41).

Irreversible Prozesse?

Ein gemeinsamer Problemhorizont von Prozesskategorien ist die Frage ihrer Irreversibilität. Sind bestimmte Prozesse unumkehrbar, oder gibt es gegenläufige Tendenzen, gar einen Weg zurück? Je nach Reichweite der Kategorie werden die möglichen Antworten recht unterschiedlich ausfallen. Eine Deprofessionalisierung lässt sich in manchen Professionen ebenso erkennen wie eine Tendenz zur Aufhebung von Disziplinarität durch Transdisziplinarität; räumliche Verflechtung geht einher mit Entflechtung. Bei der Säkularisierung sah es lange nach Unumkehrbarkeit aus, doch in der Zeitgeschichte finden sich Diagnosen einer Rückkehr der Religionen. In Umkehr von Max Webers Formel von der »Entzauberung der Welt« sprechen manche etwa am Beispiel biologischer Diversitätsforschung von Phänomenen der »Neuverzauberung im Gestus der Wissenschaftlichkeit« (Lipphardt/Patel 2008). Die Frage der Demokratisierung des Wissens zeigt, wie Prozesse zugleich Gegenstand expliziter politischer Kämpfe sein können, also keineswegs nur als anonyme Strukturen wirken. Für den Prozess der Verwissenschaftlichung wurde festgehalten, dass dieser weder eine »teleologische Fortschrittsutopie« impliziere noch einen »automatischen, sich selbst regulierenden Prozeß« (Szöllösi-Janze 2004: 312). Vielmehr führten manche Wege in eine Sackgasse; Verwissenschaftlichung könne »gesellschaftliche Handlungsmöglichkeiten« zum Beispiel auch in Richtung auf »Unterdrückung, Destruktion und Vernichtung« erweitern (ebd.). Der normative Gehalt von Wissenschaft wird damit zum Problem.

6.3 Die Historizität epistemischer Tugenden

Das Wissenschaftssystem weist »normative Strukturen« auf, die der Wissenschaftssoziologe Robert K. Merton 1942 auf die folgenden vier Grundwerte eines »Ethos der Wissenschaften« gebracht hat: Universalismus (unbeschränkte Partizipation aller Akteure und ihrer Wahrheitsansprüche), »Kommunismus« (gemeinsam geteilter Besitz des Wissens), Uneigennützigkeit (Engagement ohne persönliche Interessen) und organisierten Skeptizismus (ständige Überprüfbarkeit und Falsifizierbarkeit) (Merton 1942/1985). Um die überindividuelle Geltung von Wissen zu stabilisieren, haben sich bestimmte Werte und Tugenden formiert, die ihre eigene Geschichte haben, obwohl ihr Anspruch einen überzeitlich anmutenden Universalismus in sich zu tragen scheint. Eigenschaften wie Unparteilichkeit, Neugier, Genauigkeit oder Objektivität werden aktuell unter dem Begriff der epistemischen Tugenden subsumiert (Gelhard/Hackler/Zanetti 2019).

Neugier und Nützlichkeit

Viele der unter die epistemischen Tugenden gezählten Begriffe erwecken zunächst vielleicht den Eindruck, Teil einer überzeitlichen *conditio humana* zu sein. Kann Neugier eine Geschichte haben? Selbst wenn Neugier eine allgemeinmenschliche Eigenschaft sein sollte, unterlagen ihr Begriff (*curiositas*, *curiosity*, Kuriosität) und ihre Bewertung doch einem deutlichen historischen Wandel (Kenny 1998; Krüger/Daston 2002). Vom Sündenfall her gedacht war Neugier, speziell weiblich konnotierte Neugier, im Christentum lange eine negative Eigenschaft. Erst mit der Renaissance begann sich die Einstellung zu wandeln, Neugier wurde zunehmend positiv bewertet. Die bereits behandelten Kunst- und Wunderkammern sind auch als Kuriositätenkabinette bekannt. Die Aufklärung entwarf ein positives Bild des Willens zum Wissen, nur um gleichzeitig mit dem Imperativ der Nützlichkeit neue Grenzen zu ziehen, die die bloße Neugier um der Neugier willen zu pejorisieren erlaubte (Kaldewey 2013; Klein 2016; Schauz 2020; vgl. hierzu auch die Quelle 17 unter *www.campus.de*). Der langen Reihe der Apologeten der Nützlichkeit ist eine ebenso lange Ahnenreihe der Verteidiger der Nützlichkeit des unnützen Wissens an die Seite gestellt worden, die von Platon bis Poincaré reicht (Ordine 2014).

Genauigkeit und Objektivität

Einen aufschlussreichen begriffshistorischen Befund hat Harold J. Cook anhand der Niederlande im 17. Jahrhundert erarbeitet. So hätten sich in Begriffen wie Empirie, Interesse, Information, Faktum, Genauigkeit, Akkumulation oder Austausch die Wertesysteme der Kaufleute und der Naturforscher, der globalen Handelsökonomie und der neuen Wissenschaft überschnitten (Cook 2007). Cooks Befund verweist damit sowohl auf die spezifische Historizität epistemischer Tugenden als auch auf die Dynamik ihrer Geltung. Wenn es dem Handel dient, ist es nützlich, auf Genauigkeit zu pochen, und damit ein unbestreitbar nicht nur legitimes, sondern notwendiges Anliegen.

Lorraine Daston und Peter Galison haben am Konzept der wissenschaftlichen Objektivität eindrucksvoll gezeigt, wie sich die Geschichte epistemischer Tugenden schreiben lässt, ohne deren Geltung damit in Frage zu stellen (Daston/Galison 2007). Genauigkeit und Präzision spielten eine immer gewichtigere Rolle als epistemische Tugenden im Prozess wissenschaftlicher Evidenzproduktion (Wise 1995; Krajewski 2016). Beobachtungen sollten genau, Messungen präzise und visuelle Repräsentationen möglichst akkurat sein. Je präziser er ausfiel, desto objektiver konnte ein wissenschaftlicher Befund Geltung beanspruchen. Historisierung bedeutet daher nicht Relativierung, sondern einen Zuwachs an Reflexivität über das eigene Wertesystem.

Werturteile

Die Frage, ob Wissenschaftler:innen wertend zu Fragen außerhalb der Wissenschaft, in erster Linie der Politik, Stellung beziehen dürfen, war zu Beginn des 20. Jahrhunderts Gegenstand des sogenannten Werturteilsstreites zwischen den auf Wertfreiheit pochenden Max Weber und Werner Sombart auf der einen und dem »Kathedersozialisten« Gustav Schmoller auf der anderen Seite. In den 1960er und 1970er Jahren kam es zu einer ähnlich gelagerten Debatte, dem Positivismusstreit zwischen Vertretern der Kritischen Theorie (Theodor W. Adorno, Jürgen Habermas) und des Kritischen Rationalismus (Karl Popper, Hans Albert). Inzwischen verzeichnet man einen dritten Werturteilsstreit, der vornehmlich in der anglophonen Wissenschaftsphilosophie von Denkern und Denkerinnen wie Richard Rudner oder Helen Longino geführt wird (Schurz/Carrier 2013).

Untugenden

Wie nun bereits an diversen Beispielen deutlich wurde, zählt es zu den Charakteristika der Wissensgeschichte, immer auch die Kehrseite von Phänomenen in den Blick zu nehmen. Auf diese Weise sind die Untugenden historischer Wissenskulturen in den Blick geraten (Kivistö 2014). Pedanterie, Ruhmsucht, Streitsucht, Stolz und Vorurteile waren gepaart mit Praktiken wie dem Plagiat, der Vielschreiberei, der Beleidigung oder der Herabsetzung über Jahrhunderte Gegenstand eines moralökonomischen Diskurses. In Satire und moralisierenden Traktaten wurden die personifizierten Untugenden karikiert und kritisiert, um damit informell Normen richtigen gelehrten bzw. wissenschaftlichen Verhaltens aufzuzeigen und zu implementieren. Am Begriff der Neugier konnte überdies herausgearbeitet werden, wie ein Begriff einer markanten Umwertung unterzogen werden konnte und von der Untugend zur Tugend wurde (Kivistö 2014: 202–238; Kenny 2004).

6.4 Wissen an Grenzen

Bei aller Entgrenzung hat die Wissensgeschichte sich selbst für Grenzziehungen sensibilisiert und diese als heuristische Perspektive genutzt. Eine besondere Aufmerksamkeit hat sich gegenüber Grenzziehungen zwischen Wissen und Nicht-Wissen oder wissenschaftlichem und nicht-wissenschaftlichem Wissen produktiv entfaltet. Zudem hat man vorgeschlagen, angesichts unterschiedlicher Rationalitätsstandards Wissen von »Glaubenssystemen« zu unterscheiden (Sarasin 2011). Hier wäre allerdings zu differenzieren, ob wir etwa über esoterisches Denken unserer eigenen Gegenwart urteilen und ein begründetes Unbehagen haben, dies unter den Begriff Wissen zu subsumieren, oder ob wir es mit historischen Formationen zu tun haben, deren Geltungsmechanismen andere als die unsrigen waren. Wissensgeschichte versucht zunächst einmal, für die Reflexion dieser Grenzziehungen zu sensibilisieren. Wichtige Instrumente dieser Grenzarbeit sind wie gezeigt bestimmte epistemische Tugenden und moralische Ökonomien. Damit sind ältere Dichotomien wie die zwischen Volks- und Elitenkultur überwunden oder Binnenepochen und Prozessbegriffe wie »wissenschaftliche Revolution« dekonstruiert worden.

Die Grenze ist ein kulturwissenschaftlicher Modebegriff par excellence und hat in der Wissensgeschichte zu diversen Begriffsbildungen wie »Grenzarbeit« (*boundary work*), »Grenz-Objekten« (*boundary objects*) oder »boundary institutions« geführt (Gieryn 1983; Star/Grisemer 1989; Klemun 2017). Wissen wurde und wird in seiner langen Geschichte immer wieder von »Grenzarbeiten« begleitet, wie es der Soziologe Thomas F. Gieryn nennt. In jeder Epoche wurden die Grenzen jedoch neu gezogen – das Mittelalter kannte andere Formen der Abgrenzung als etwa das viktorianische Zeitalter (Mulsow/Rexroth 2014; Karpenko/Claggett 2017). Heterodoxie im religiösen Bereich konnte »Ketzer« hervorbringen, kommerzialisiertes Wissen mobiler medizinischer Heiler den »Scharlatan«. Der Scharlatan weitete sich im 18. Jahrhundert dann als Etikett auf alle Wissensbereiche aus, man kannte nun juristische Scharlatane ebenso wie historische (Asmussen/Rößler 2013).

Zu regelrechten Modewissenschaften entwickelten sich im späten 18. Jahrhundert die Anthropologie, die Elektrizitätsforschung, der sogenannte Mesmerismus oder die Physiognomik. Der nach dem deutschen Arzt Franz Anton Mesmer (1734–1815) benannte »Mesmerismus bzw. der »Animalische Magnetismus« behauptete dem Elektromagnetismus analoge Kräfte im Menschen (Darnton 1986). Dagegen glaubte die Physiognomik aus den Körper- und Gesichtszügen auf die Seele und den Charakter eines Menschen schließen zu können (Campe/Schneider 1996). Es sind Wissensfelder, von denen wir heute wissen, dass Anthropologie und Elektrizität den Weg der Anerkennung gefunden haben, Mesmerismus und Physiognomie aber Geschichte sind. Hier zeigt sich die Notwendigkeit der symmetrischen Perspektive, die das Rennen zwischen Gewinnern und Verlierern zunächst offenlässt. In einer vielbeachteten Studie über Thomas Hobbes und Robert Boyle haben Steven Shapin und Simon Schaffer herausgearbeitet, wie sich Boyles experimentelle Praxis mit der Luftpumpe durchsetzte, während Hobbes als Naturphilosoph unterlag und bis heute vorwiegend als politischer Theoretiker gewürdigt wird – eine Positionierung, die sich zur Zeit der Debatte selbst noch als offen erwies (Shapin/Schaffer 1985; kritisch Detel 2002).

Ähnliches ließe sich über Alchemie oder Astrologie sagen (Campion 2008/09). Während die Astrologie in der Frühen Neuzeit breite Anerkennung genoss und sogar an Universitäten gelehrt wurde, geriet sie während des 18. Jahrhunderts in Misskredit. Ende des 19. Jahrhunderts kehrte die Astrologie als Teil einer »bürgerlichen Gegenkultur« jedoch zurück, wenn auch institutionell nur über Privatleute verankert (Burke 2014: 182). Ende des 19. Jahrhunderts etablierte sich die Parapsychologie, die sich Phänomen wie der Telepathie zuwandte, akademisch jedoch eine stark polarisierende Nische blieb. Von der Physiognomik führte ein Weg zur Phrenologie als einer der Modewissenschaften des frühen 19. Jahrhunderts. Nun waren es nicht mehr die Gesichtszüge, sondern die Ausmaße des Schädels und des Gehirns, die eine Lesbarkeit des Charakters versprachen. Die Grenzen zur Rassenkunde waren fließend. Gegen Ende des 19. Jahrhunderts wurden in vielen Ländern anthropometrische Massenuntersuchungen vorgenommen, die bereits seit der Renaissance zu zirkulierenden Überlegungen zur gezielten Steuerung der »Menschenzucht« (Lorenz 2018) und zur Etablierung der Eugenik führten. Im Deutschen sprach man von »Rassenhygiene«, und das Fach begann sich akademisch zu etablieren. Im Nationalsozialismus erfuhren entsprechende Programme besondere Förderung, um sich dann durch menschenverachtende Experimente und gezielte Tötungen als »unwert« erachteter Menschen endgültig zu diskreditieren. Die Eugenik transformierte sich nach dem Krieg in die Humangenetik und die Soziobiologie (Lipphardt 2008). Die *Annals of Eugenics* benannten sich 1954 um in *Annals of Human Genetics*, das *Eugenics Quartely* wurde 1969 zu *Social Biology* (Burke 2014: 188).

Gerade die Medizin ist ein in allen Epochen prekäres Feld, da unterschiedliche Heilungsversprechen vom »medical fringe« und medizinischer Orthodoxie miteinander in Konkurrenz stehen (Bynum/Porter 1987). Im 19. und 20. Jahrhundert veranschaulicht die Geschichte der Homöopathie, wie wissenschaftliche Grenzarbeiten seitens der etablierten akademischen Medizin wirkten (Dinges 1996a; ders. 1996b). Der »medikale Pluralismus« und die Homöopathie haben eine globale Geschichte, deren Wissensgeschichte von Vergleichen profitieren konnte (Dinges 2014). Ein weiteres Beispiel für historische Konjunkturen ist die Rezeption der traditionellen chinesischen Medizin im Westen. Im 17. und 18. Jahrhundert durchaus akzeptiert, wurde sie im 19. Jahrhundert disqualifiziert und erlebte ihre Renaissance erst in den 1960er und 1970er Jahren.

Exkurs: Der Sokal-Hoax

Im Jahr 1996 publizierte der Physiker Alan Sokal in der kulturwissenschaftlichen Zeitschrift *Social Text* einen Artikel zum Thema »Die Grenzen überschreiten: Auf dem Weg zu einer transformativen Hermeneutik der Quantengravitation« und löste damit einen weltweiten Skandal aus (Sokal/Bricmont 1999; vgl. hierzu auch die Quelle 20 unter *www.campus.de*).

Bald nach der Publikation deckte Sokal die Parodie in der Zeitschrift *Lingua Franca* selbst auf. Der Text war reine Fiktion, in den Worten Sokals »eleganter Unsinn«, und kombinierte Versatzstücke postmoderner Theorie mit der Diskussion der Quantengravitation, die darin als soziale Konstruktion entlarvt wurde. In den Text selber hatte Sokal absichtlich zahlreiche Fehler eingestreut; dass der Text ohne Peer Review eines Physikers einfach gedruckt wurde, kompromittierte nicht nur die Redaktion der Zeitschrift, sondern führte weltweit zu einer Debatte über die Seriosität als postmodern etikettierter Theorie (gemeint waren u. a. Jean Baudrillard, Gilles Deleuze, Luce Irigaray, Julia Kristeva, Jacques Lacan oder Bruno Latour). Sokals Impetus war der Eindruck, dass das genannte Denkmilieu sich gern Begriffen oder Theoremen aus der Physik bediene, ohne deren Gehalt und Kontext adäquat zu kennen. In einer Publikation zusammen mit Jean Bricmont, die die Debatte dokumentierte, wurde daraus die Anklage eines intellektuellen Missbrauchs, einer intellektuellen Hochstapelei *(Imposture Intellectuelle)*. Der Titel *Die Grenzen überschreiten* ist damit sowohl selbst Indikator einer Grenzüberschreitung als auch deren Kritik. Sokal und Bricmont verstehen sich selbst als politisch »links« und verbanden mit der Aktion eine Kritik an der politischen Wirkungslosigkeit der adressierten Theoriefamilie. Diesem initialen Hoax folgten weitere, die unter anderem der Kritik der Review-Standards in den *Human Animal Studies* (›Schäferhunde‹ 2015) und den *Gender Studies* (*Sokal Squared* 2017–2018) galten.

Pseudowissenschaft

Wissenschaft sieht sich immer wieder genötigt, sich von Formen der »Pseudowissenschaft« abzugrenzen (Rupnow u.a. 2008). Als Pseudowissenschaftler begriffene Akteure berufen sich in paradoxer Weise auf epistemologische Maximen der Wissenschaft, ohne deren Praxis konsequent zu betreiben (Hagner 2008: 42). Verschwörungstheoretiker des frühen 19. Jahrhunderts beriefen sich zum Beispiel gern auf geheime Archivbestände, die ihre Thesen stützten, und nahmen damit das empirische Ideal der Geschichtswissenschaft auf, mit dem Unterschied, dass sie keine Signaturen nachwiesen und niemand anders Zugang zu diesen Quellen finden konnte. Auch Lobbyisten der Tabakindustrie oder Leugner des Klimawandels berufen sich auf eine Art »Partisanen-Wissen«, das sie der etablierten Wissenschaft gern entgegenstellen (Staley 2019).

Besondere politische Brisanz gewann die Wissenschaft als Pseudowissenschaft, wenn sie »missbraucht« wurde, wenn sie staatlich institutionalisiert und zur Verfolgung von Minderheiten genutzt wurde, wie etwa die »Tsiganilogie« (»Zigeunerkunde«) und Rassenbiologie der Nationalsozialisten. Letztere gab sich durch Sammlungen, Datenraster oder Vermessungen den Anschein wissenschaftlicher Korrektheit. Dies geschah allerdings wohl nicht im Bewusstsein des Betrügens, sondern als im System anerkannte Wissenschaften, deren Etikettierungen als »pseudo« stets von außen bzw. der Nachwelt stammen, weshalb der Begriff wissenschaftstheoretisch verabschiedet wurde (Hagner 2008). Für die Wissenschaftsgeschichte, die nach Geltungskämpfen und Demarkationsarbeiten fragt, ist sie hingegen ein Thema, aber keine Analysekategorie.

Wie gerade geschildert, waren die Grenzen zwischen Weltanschauung und Wissenschaft jedoch zum Teil fließend, so dass die Historisierung von Wissenskulturen, die unserem heutigen Wissenschaftsverständnis entgegenstehen, sich leicht dem Vorwurf des Relativismus ausgesetzt sieht. Der Wissenschaftsphilosoph Paul Feyerabend ebnete bereits in den 1970er Jahren den Weg für ein erweitertes Wissensverständnis, wenn er fragte: »Was ist die Wissenschaft *wert*? Ist sie besser als die Kosmologie der Hopi, die Wissenschaft und Philosophie des Aristoteles, die Lehre vom Tao? Oder ist sie ein Mythos unter vielen, entstanden unter besonderen historischen Bedingungen?« (Feyerabend 1976: 11) Damals eine

Provokation, ist diese Pluralisierung heute zu einer Grundhaltung im Umgang mit Wissenschaft geworden, ohne diese damit abzuwerten oder zu relativieren. Nochmals ist an Michael Titzmanns Definition von kulturellem Wissen zu erinnern: »Zum Wissen gehören also auch kulturelle Annahmen, von denen *wir* zu wissen glauben, daß sie falsch sind« (Titzmann 1989: 48). Zum Problem des epistemischen Relativismus gesellt sich jedoch rasch das des ethischen Relativismus (Hirschi 2020: 26f.). Kaum jemand spreche, so Caspar Hirschi, von »Hexenwissen«, »rassistischem Wissen« oder »kreationistischem Wissen« (ebd.). Ein Blick in die Literatur zeigt jedoch, dass dies sehr wohl der Fall ist (Terkessidis 2004; Sieburg/Voltmer/Weimann 2017). Dennoch bleibt die Mahnung berechtigt, sich nicht von einem normativen Wissensbegriff leiten zu lassen, der unseren heutigen Wahrheitskriterien verpflichtet ist. Gerade die wissensgeschichtliche Sensibilität für Geltungsmechanismen und Grenzziehungen schafft jedoch die Voraussetzung dafür, Wissenschaft und Pseudowissenschaft oder Wissen und Nicht-Wissen als voneinander unterscheidbar zu problematisieren und die Historizität von Wissen herauszuarbeiten.

Anthony Grafton hat »Fälscher und Kritiker« als zwei strukturverwandte Figuren beschrieben, die »durch die Zeiten miteinander verschlungen [waren] wie Laokoon und seine Schlangen« (Grafton 1990 [1991]: 12). Fälschungen erforderten ebenso historische Sachkenntnisse wie ihre Aufdeckung. Ihr Wechselspiel brachte damit eine immer mehr verfeinerte Methodologie der Quellenkritik hervor, ohne damit überzeitliche historische Wahrheiten zu produzieren. Wissen kann aber ebenso an Grenzen stoßen, wenn grundlegende Zweifel an seiner Gesichertheit aufkommen und diese in Gestalt von Skeptizismus und Wahrscheinlichkeit selbst wieder Traditionen des Wissensbezugs ausbilden (Spoerhase/Werle/Wild 2009).

Damit sind die Kehrseiten des Wissens zum Thema geworden, ohne dass es noch gegenwartspolitischer Aktualität bedurft hätte, um Geschichten von Nicht-Wissen, Ignoranz, Fake Science, Scharlatanerie, Scheitern oder Unsicherheit und Fragilität des Wissens zu schreiben. Martin Mulsow hat aus der Warte der frühneuzeitlichen Ideengeschichte das Konzept des prekären Wissens entwickelt

(Mulsow 2012). Analog zum soziologischen Begriff des Prekariats sieht Mulsow in ihrer Existenz bedrohte Wissensträger und Wissensinhalte, die weit unterhalb der Wissensbourgeoisie des öffentlich Anerkannten agieren und zirkulieren. Unterhalb ist dabei wörtlich zu nehmen, sind es doch tatsächlich häufig Akteure des Untergrunds, die sich allerlei Verschlüsselungen und Camouflagen bedienen, deren Medien, oft Handschriften, stets davon bedroht sind, gänzlich gelöscht zu werden.

Jenseits der Fortschrittsgeschichte – »Prekäres Wissen«

»Die Debatte um die Gestalt einer ›Wissensgeschichte‹ des neuzeitlichen Europa bedarf der Korrektur. Zum einen benötigt sie Fallstudien, die sich nicht aus dem Fundus bekannter Geistesgrößen und dominanter Strömungen bedienen, sondern vorliegende Theorieangebote auf unbekannte Materialien anwenden. Zum anderen ist die Anhäufung, Organisation und Nutzung von Informationen und Wissen nunmehr genügend gefeiert worden. Es wird Zeit, die prekäre Seite, die Verlustseite zu beleuchten: die Unsicherheit und Gefährdung von bestimmten Theorie- und Wissensbeständen, den prekären Status der Trägerschichten dieser Bestände, die Reaktion auf Verlust und Bedrohung, das Risiko häretischen Transfers. All dies ist in seiner Bedeutung für den Prozeß der europäischen Wissensgeschichte nachzutragen und einzuklagen.« (Mulsow 2012: 9)

Wissensverluste

Als Kehrseite des Wachstums von Wissen präsentiert sich der Verlust von Wissen, der ganz unterschiedlichen Ursachen und Praktiken geschuldet sein kann (Burke 2014: 165–189). Die *Zerstörung von Geschriebenem* etwa ist ein transkulturelles historisches Phänomen, das von der Rasur von Inschriften über das Vernichten von Urkunden bis zur Bücherverbrennung oder der rituellen Einverleibung von Schrift reichen kann (Kühne-Wespi/Oschema/Quack 2019). Zu den prominenten Narrativen des Verlustes zählt der Wissensverlust im Übergang von der Spätantike zum Frühen Mittelalter. Wurde in der älteren Forschung mit Begriffen wie Verfall und Dekadenz gewertet, bemüht sich die jüngere wissenshistorische Forschung neutraler von einer »Transformation« zu sprechen, die neben offensichtlichen Verlusten auch von Formen der »Wissensverdichtung« und »Komplexitätsreduktion« geprägt gewesen sei (Dusil/

Schwedler/Schwitter 2017). Als emblematische Ereignisse des Wissensverlustes können Bibliothekszerstörungen gelten. Als erste in einer langen Reihe steht der Brand der legendären Bibliothek von Alexandria um 48 v. Chr., 1851 brannte die *Library of Congress* in Washington, und noch 2004 verbrannten in der Weimarer Anna Amalia-Bibliothek rund 50.000 Bände. Viele Bibliotheken wurden Opfer von Kriegen wie etwa die 1914 von deutschen Truppen zerstörte Universitätsbibliothek von Löwen oder die Berliner Staatsbibliothek während des Zweiten Weltkriegs, die rund 850.000 Bände verlor. Zu solchen absichtsvollen Prozessen der Wissensvernichtung zählt das Kassieren von Akten in den Archiven, wie sie vor allem in Zeiten politischer Umbrüche häufig passieren. Auch Bibliotheken ›entsorgen‹ Bücher, die sich nicht mehr in die Wissensordnung fügen, ebenso wie Enzyklopädien, die Artikel streichen oder kürzen. Forschendes Zerstören ereignete sich immer wieder in der Archäologie, bei deren Ausgrabungen unfreiwillig Kulturgüter zerstört wurden. Der europäische Kolonialismus produzierte nicht nur neue Wissensbestände, sondern zerstörte sie zugleich in großem Maßstab – sei es, dass Missionare »heidnisches« Schriftgut zerstörten, Ethnien und ihre Sprachen ausstarben oder bewusst vernichtet wurden; sei es, dass man Kulturgüter in großem Maßstab raubte und in europäische Sammlungen und Museen verbrachte, wo weder ihre kulturellen Kontexte noch ihre Herkunft dokumentiert wurden. Sammlungen von Objekten litten bereits früh an einer Überakkumulation, so dass zum Teil noch Jahrzehnte nach einer Expedition ungeöffnete Kisten in den Magazinen lagerten oder Objekte unkatalogisiert blieben.

Neben diesen mehr oder weniger bewussten oder bewusst in Kauf genommenen Wissensverlusten gab und gibt es immer wieder eher zufällige. So werden Informationen vernichtet, wenn Notizzettel abhandenkommen, CD-Roms nicht mehr ausgelesen werden können oder Computerdateien gelöscht wurden. Als besonders fragil erweist sich das an seine Träger:innen gebundene »tacit knowledge«, so wenn Mitarbeiter:innen von Unternehmen oder anderen Institutionen ein institutionelles Gedächtnis ausbilden, das mit diesen Akteuren vollständig verloren geht. Ähnliches gilt für Forschungsreisende, die niemals wiederkehrten, wie Jean-François de La Pérouse, dessen Expedition 1788 bei den Salomon-Inseln verschwand.

Militärische Wissenskulturen

Ein Wissensfeld, an dem die Geschichtlichkeit des Wissens besonders gut exemplarisch beobachtet werden kann, ist das militärische Wissen. Militärische Wissenskulturen sind mit nahezu allen bislang thematisierten Phänomenen des Wissens verknüpft, fristeten bislang jedoch sowohl in der Wissenschaftsgeschichte als auch in der Militärgeschichte eher eine Randexistenz.

In der Antike bereits zu großer praktischer und theoretischer Komplexität gelangt, bildeten Autoren und Erfinder wie Archimedes, Caesar, Polybios oder Vegetius lange den theoretischen Referenzrahmen der Militärtheorie (Formisano/Böhme 2011). Das Mittelalter brachte kaum nennenswerte Theoretiker hervor, man rezipierte vor allem die Schriften des Vegetius. Kriegführung war seit der Renaissance auf der Seite der *artes mechanicae* situiert, man spricht nicht umsonst von Kriegskunst und Kriegshandwerk. Büchsenmeister betrieben ein hochelaboriertes Handwerk, das sich in eigenen Handbüchern wie der Bilderhandschrift *Bellifortis* des Eichstätter Kriegstechnikers Konrad Kyeser (1366–nach 1405) niederschlug (Leng 2002). Doch dominierte wohl das implizite Wissen, das »tacit knowledge«.

In der Militärtheorie wird das Verhältnis von Theorie und Praxis zum vieldiskutierten Problem, da dies die soziale Identität der militärtheoretischen Persona maßgeblich prägt. Eine Fraktion sah sie als Experten aus Erfahrung im Feld, die andere als theoretisch gebildete Gelehrte. Hier kamen die ständischen Faktoren ins Spiel. Das Militär zu führen, war Sache des Adels, militärisches Wissen in der höfischen Erziehung zentral. Monarchen wie Friedrich II. von Preußen traten selber als Militärtheoretiker mit umfangreichen Schriften hervor. Auf der anderen Seite erforderte gerade die technische Expertise in Festungsbau und Artillerie, deren Wettstreit Motor der militärischen Revolution war, eifriges Methodenstudium. Mitglieder des Jesuitenordens als dem katholischen ›Wissenschaftsorden‹ wurden zu bedeutenden Festungsarchitekten, militärisches Wissen zirkulierte zwischen den Ständen (de Lucca 2012). Die militärische Revolution markiert einen Prozess, der nicht nur zeitgleich mit der wissenschaftlichen Revolution angesetzt wird, sondern heute in der

Forschung genauso dekonstruiert ist. Eine genaue Beobachtung der Natur wurde nun analog zu einer Herausforderung für das Militär. Wenn Galileo der Republik Venedig teure Fernrohre schenkte, tat er dies im Dienst einer militärisch aktiven Seemacht. Im 18. Jahrhundert professionalisierte sich auch die militärische Aufklärung im Sinne einer Aufklärung über den Feind und die Beschaffenheit des Geländes (Anklam 2007). Militärische Projektemacher traten seit Leonardo da Vinci immer wieder auf den Plan mit zum Teil utopisch anmutenden Erfindungen, während ihr Alltag sich meist niedrigschwelliger mit der Verbesserung bestehender Technologien befasste (Droste 2020).

Doch wo sollte der Ort des militärischen Studiums sein? Auf dem Feld oder im Hörsaal? Universitäten boten militärtheoretische Veranstaltungen an, doch militärisches Wissen wurde nie zum akademischen Fach. Ritterakademien trainierten den Adel, sogenannte Kadettenanstalten traten hinzu. Am Ende des 18. Jahrhunderts erhielten bürgerliche Zutritt zu Artillerie- und Ingenieurschulen. In der Publizistik etablierte sich zur gleichen Zeit eine »militärwissenschaftliche Öffentlichkeit« (Hohrath 1990). Eigene Zeitschriften, Bibliotheken, Lexika und Enzyklopädien beförderten einen Prozess, der die Kriegskunst in die Militärwissenschaft überführte, ganz analog zu allen akademischen Fächern, die sich um 1800 von der Gelehrsamkeit in die Wissenschaft umtauften (Hohrath 2004). Doch die Militärwissenschaft fand ihren Ort langfristig nur außerhalb der Universitäten, zu groß waren die ständischen Grenzen und zu hoch die Anforderungen einer praxisbezogenen Ausbildung. Prozesse der Verwissenschaftlichung und Professionalisierung lassen sich gerade am Militär besonders gut beobachten. Mit der *Royal Military Academy* (1741; seit 1947 in Sandhurst), der Theresianischen Militärakademie in Wien (1751), der *École Militaire* in Paris (1751) oder der Allgemeinen Kriegsschule in Berlin (1810) entwickelten sich europaweit eigene Ausbildungsstätten.

Um die Geltung militärischer Doktrinen und Strategien wurde und wird weiter gestritten. In der Zeit um 1900 konnten in Deutschland militärhistorische Debatten wie der sogenannte Strategiestreit zum Politikum werden. Militärische Wissenskulturen blieben bis in das 20. Jahrhundert rein männlich geprägt, hier gibt es Parallelen zu anderen Bildungs- und Wissensinstitutionen im späten Abbau von Geschlechtergrenzen. Seit dem Zeitalter der europäischen Expansion ist die Frage des militärischen Wissens mit Fragen der Kolonialgeschichte verbunden. Dominierten lange analog zur Wissenschaftsgeschichte Modelle der Diffusion europäischer Waffentechnologie in den Rest der Welt, haben sich inzwischen auch hier Ideen der wechselseitigen Aneignung, des Lernens und damit der Zirkulation verstärkt. Besonders von den STS und der ANT kann man hier viel lernen: So hat John Law am Beispiel der portugiesischen Karavelle gezeigt, wie sich eine Geschichte von Technologie und Expansion jenseits eines technik-deterministischen Diskurses schreiben lässt (Law 1987 [2006]).

Trotz dieser zahlreichen Parallelen und Berührungslinien gilt militärisches Wissen heute nicht als eigene Wissenschaft, sondern ist Teil einer Profession. Eine jüngere empirische Studie zur Herkunft deutscher Generäle nach 1945 hat argumentiert, dass der immer noch signifikante Anteil Adeliger wesentlich im höheren Bildungsgrad begründet sei (Loch 2021) – ein Befund, den man mit der Wissenssoziologie Bourdieus eventuell noch präzisieren müsste, der aber auf die nachhaltige Bedeutung von Wissen als symbolischem Kapital verweist. Nicht alle Wege führen jedoch in das moderne Sozialsystem Wissenschaft. Militärische Projektemacher belasten weiter die Staatshaushalte, während die Zivilgesellschaft mit dem Status und dem Ort militärischen Wissens ringt. Formen der Grenzarbeit können etwa an der sogenannten »Zivilklausel« an deutschen Universitäten abgelesen werden. Die Universität Bremen machte im Zuge der westdeutschen Friedensbewegung 1986 den Anfang und beschloss, ausschließlich für zivile Zwecke zu forschen, also nicht für die Rüstungsindustrie. Inzwischen sind ihr deutschlandweit rund 15 weitere Hochschulen gefolgt. Mit dem Instrumentarium der Wissenschaftsgeschichte allein, das sollte deutlich geworden sein, lässt sich die hybride Geschichte militärischer Wissenskulturen folglich kaum schreiben, will man ihrer ganzen Komplexität gerecht werden.

Wissenschaft als Golem

Der Blick auf die militärischen Wissenskulturen kann uns für ein viel grundlegenderes Problem wissenschaftlichen Wissens sensibilisieren. Nicht nur innerwissenschaftliches Fehlverhalten oder die Infragestellung wissenschaftlicher Expertise von außen können zum Problem für die Menschen werden, sondern die ungebremste wissenschaftliche Rationalität einer instrumentellen Vernunft selbst. »Wissenschaft ist ein Golem«, schreiben Harry Collins und Trevor J. Pinch mit Rückgriff auf eine Figur der jüdischen Mythologie: »Er ist ein Homunkulus, von einem Menschen unter Zauber und Beschwörungen aus Lehm und Wasser erschaffen. Er ist stark. Und jeden Tag wird er ein wenig stärker. Er tut, was man ihm sagt, nimmt seinem Herrn lästige Arbeit ab und beschützt ihn gegen den immer drohenden Feind. Allerdings, er ist auch schwerfällig und gefährlich. Wenn er nicht aufmerksam überwacht wird, kann der Golem seinen Herrn mit seiner wilden Kraft vernichten« (Collins/Pinch 1993/1999: 9). Das ist kein Topos aus der Mottenkiste der Kulturkritik, sondern eine Herausforderung von beunruhigender Aktualität, wie sie vor allem seit dem 19. Jahrhundert immer stärker ins Bewusstsein trat. Chemiewaffen, Atomenergie, Gentechnik, Fracking – die Liste der gefährlichen Erfindungen und Praktiken ließe sich lang fortsetzen. Die Debatte um das Anthropozän hat dem Golem in jüngerer Zeit wieder ein beängstigendes Gesicht gegeben (Renn 2020: 15f.). Damit gewinnt die Frage der Irreversibilität von Technologien, Praktiken und Prozessen des Wissens eine existentielle Dimension für die Menschheit.

Ausblick

Der Überblick über die unterschiedlichen Forschungszweige, die sich als Elemente einer Geschichte des Wissens präsentieren, hat gezeigt, dass deren Geschichte als ›Wissensgeschichte‹ zwar vergleichsweise jung ist, doch ihre weltweiten Hervorbringungen bereits zur Unübersichtlichkeit tendieren. Zudem sind viele ältere Strömungen gewürdigt worden, die sich nicht auf Vorläufer *avant la lettre* reduzieren lassen, sondern zeigen, dass die Geschichtsschreibung des Wissens selbst eine lange Geschichte hat. Allerdings zeigen die hier vorgestellten Ansätze und Autor:innen trotz aller Tendenzen zur Unüberschaubarkeit, dass es sehr wohl eine Art informellen Kanon der wissenshistorisch relevanten Positionen gibt, selbst wenn manche davon sich gerade an der Infragestellung kanonischen Wissens abarbeiten. Neben Begeisterung für den neuen Ansatz hat sich inzwischen auch Skepsis gegenüber der Wissensgeschichte artikuliert. Wie steht es also um ihr Verhältnis zu ihrer älteren Schwester, der Wissenschaftsgeschichte, und um die Zukunft der Geschichte des Wissens?

Kritik der Wissensgeschichte

Die Wissensgeschichte hat im Gegensatz zur Wissenschaftsgeschichte bislang kaum eigene Meistererzählungen hervorgebracht, sondern sich eher an der Dekonstruktion bestehender Erzählmuster abgearbeitet. Insbesondere die Kritik an jeglichen Fortschrittsnarrativen wirft bei manchen Historiker:innen die Frage auf, ob man nicht doch zwischen einflussreicheren und weniger einflussreichen Wissensbeständen oder bedeutenderen und weniger bedeutenden Wissensakteuren unterscheiden könne, bzw. zu fragen, was sich eigentlich zu »wissen lohnt« darüber, »was Menschen wussten« (Marchand 2019: 139–141).

Mittlerweile wurde zudem Kritik an der Wissensgeschichte als eines diffusen, alles in sich aufsaugenden Ansatzes mit einer Tendenz zum Relativismus geäußert, deren Vergleichsfolie meist die Wissenschaftsgeschichte bildet. So wurde kritisch gefragt, ob angesichts der Vielfalt der Zugänge überhaupt noch eine wechselseitige kritische Überprüfung der sich als wissenshistorisch begreifenden Arbeiten von Kolleginnen und Kollegen möglich sei. Entgrenzung gewährt neue Freiheiten, befördert jedoch auch ein, wenngleich subjektiv wahrgenommenes, Defizit an Orientierung. *Too much to know*, der Titel von Ann Blairs einflussreicher Studie über den frühmodernen »information overload«, kann zum Problem der Wissensgeschichte selbst werden (Blair 2010). Stellt die Wissensgeschichte, insbesondere gepaart mit den *Digital Humanities*, nicht einen Freibrief für einen ungezügelten Positivismus aus, dem alles gleich bedeutend und dokumentationswürdig ist?

Noch radikaler sind Historiker:innen mit der Wissensgeschichte ins Gericht gegangen, die sie als »geisteswissenschaftliches Beiboot zum sozialwissenschaftlichen Tanker der Wissensgesellschaft« sehen, einem Ansatz, dem die »korrigierende Kraft der Kritik« abgehe (Hirschi 2020: 30f.). Wissensgeschichte sei eine »›Wissenschaftsgeschichte light‹ mit größerem Zuständigkeitsbereich, kleinerem kritischen Anspruch und [...] einem latenten Fortschrittsnarrativ« (ebd.: 27). Ihre politische Funktion habe die konzeptionelle Stabilisierung konterkariert; Widersprüche seien ausgeblendet worden, statt sie zu problematisieren. Für Caspar Hirschi ist der Diskurs der Wissensgesellschaft jedoch mittlerweile längst an Desinformationskampagnen, Populismus und nationalem Eigensinn »zerschellt«. Jenen ideologischen Ballast hinter sich zu lassen, könnte indes der Geschichte des Wissens neue Chancen eröffnen.

Andere Stimmen haben jüngst vor einer »Epistemisierung des Politischen« oder der Überbewertung »kognitiver« Arbeit gewarnt, also einerseits der Fixierung politischer Probleme auf Wissensprobleme und Expertenantworten und andererseits der höheren gesellschaftlichen Belohnung akademischer Eliten (Bogner 2021; Goodhart 2021). Dagegen wurde der Konflikt von Werten und Interessen als ›eigentlicher‹ Basis politischer Auseinandersetzung betont und die »Zukunft der Arbeit« in kognitiver Vielfalt von Kopf- und Handarbeitern gesehen – aktuelle Debatten, die eine lange Wissens-Geschichte aufweisen.

Während das Wissen für die einen in der Krise steckt, ist es für die anderen, die Advokaten der Wissensgesellschaft, die entscheidende Ressource der Gegenwart und der Zukunft. Angesichts der vorgestellten Vielfalt der Wissensbegriffe mag es nicht verwundern, dass hier von ganz unterschiedlichen ›Wissen‹ die Rede ist. Das mindeste, was eine historische Perspektive in dieser Debatte leisten kann, ist Orientierung über ihre historische Gewordenheit zu bieten und damit auch Alternativen für scheinbar ausweglose Szenarien denkbar zu machen.

Wissensgeschichte oder Wissenschaftsgeschichte?

Eine Positionierung der Wissensgeschichte allein aus der Abgrenzung heraus bringt auch Probleme mit sich (Daston 2017). So werden unter ihrem Dach Forschungszweige zusammengeführt, die miteinander wenig zu tun haben, sich vielleicht sogar in gegensätzliche Richtungen bewegen. Diejenigen, die das praktische Wissen der Handwerker und Hebammen rekonstruieren, und diejenigen, die die Praktiken der elitären Gelehrtenkultur der *Defenders of the Text* (Grafton 1991) erforschen – obwohl beide inzwischen potentiell gegendert und im kulturvergleichenden, globalen Maßstab vorgehend – teilen im Grunde wenig, außer die gleichen Korridore von Universitäten und Forschungsinstituten und die gleichen Geldgeber, was man allerdings nicht unterschätzen sollte. Von ihren historisierenden Grundsätzen her eint sie scheinbar lediglich, dass sich beide von der sogenannten modernen westlichen Wissenschaftstradition abheben: Gelehrsamkeit war (noch) keine Wissenschaft und ebenso wenig das praktische und implizite Alltagswissen der Ethnobotaniker (Daston 2017: 143f.). Ein weiteres Problem der ›Grenzarbeit‹ der Wissensgeschichte besteht darin, dass oft ein einseitiges Bild der Wissenschaftsgeschichte gezeichnet wird, um dadurch den eigenen ›neuen‹ Ansatz zu profilieren. Ohne die selbstkritischen Arbeiten der neueren Wissenschaftsgeschichte würde das Feld der Geschichte des Wissens in seiner gegenwärtigen Vielfalt und Blüte so gar nicht existieren.

Welche Vorteile die weite Fassung des Gegenstandsbereichs des Wissens gegenüber ›Wissenschaft‹ hat, deren Existenzberechtigung ja damit nicht in Frage gestellt wird, zeigt sich an den Schwierigkeiten der Wissenschaftsgeschichte, die Geschichte von Geistes- und Naturwissenschaften (*humanities* und *sciences*) gleichzeitig und symmetrisch zu schreiben. Ein von vornherein transdisziplinär ausgerichteter Ansatz birgt hier deutliche Vorteile.

Ein Forschungsansatz impliziert jedoch nicht notwendig ein festes Methoden- und Theorieprogramm. Die Wissensgeschichte ist methodisch genauso divers wie die Wissenschaftsgeschichte oder die allgemeine Geschichte, wenngleich sich bestimmte kulturwissenschaftliche Zugänge wie Diskursanalyse, Praxeologie oder dichte Beschreibung als besonders frequent erweisen, gleichzeitig aber Netzwerkanalyse, Prosopographie oder Begriffsgeschichte keineswegs ausschließen.

Entgegen mancher Befürchtungen ist nicht abzusehen, dass die Wissensgeschichte die Wissenschaftsgeschichte in sich aufhebt, auch nicht im Hegel'schen Sinne der Mitnahme auf eine höhere Ebene. Schwerer zu überbrücken als die Gräben zwischen Wissenschaftsgeschichte und Wissensgeschichte sind wahrscheinlich die zwischen dem Wissensverständnis der Philosophie und dem der Geschichtswissenschaft (Detel 2002) oder dem Empirieverständnis von Wissensgeschichte in Geschichts- und Literaturwissenschaft (Stiening 2007). Während die Historiker:innen offenbar eine hohe Ambiguitätstoleranz gegenüber einem weiten Wissensbegriff aufweisen, tendieren die Definitionen der Philosophie meist zu einem Grad von Präzision, der die empirische Anwendbarkeit eher erschwert. An ihre Grenzen gerät die Ambiguitätstoleranz wiederum bei den historisch Forschenden an der oft genug als »gepflegte Ungenauigkeit« (Luhmann) empfundenen Deutungsarbeit der Literaturwissenschaften.

Zukunft der Geschichte des Wissens

Die Wissensgeschichte wird gut beraten sein, Tendenzen zu widerstehen, sich an die Stelle der Kulturgeschichte zu setzen, so wie es bereits Philipp Sarasin für die Sozialgeschichte vorgeschlagen hat (Sarasin 2011). Wenn es in Buchtiteln keinen Unterschied mehr macht, ob es »Eine Kulturgeschichte von« oder »Eine Wissensgeschichte von« heißt, hat die Wissensgeschichte als konturierter Forschungsansatz wahrscheinlich ein Problem (Zittel 2014: 35). So kann es nützlich sein, nochmals daran zu erinnern, dass in den 1980er Jahren der Begriff des Wissens den als zu diffus erachteten Begriff der Mentalität ersetzen sollte. Es sollte demnach weniger darum gehen, eine neue diffuse »catch all«-Kategorie zu etablieren, als vielmehr eine wissenshistorische Perspektive als Bestandteil der allgemeinen Geschichte zu verankern. Die Geschichte des Wissens als Projekt kann von einem Gestus der Bescheidenheit profitieren, der nicht beansprucht, eine Disziplin zu substituieren, einen *turn*, einen Paradigmenwechsel oder epistemischen Bruch zu markieren, sondern sich »phänomenorientiert« an gemeinsamen Fragestellungen abarbeitet (Hagner 2020: 45).

Obwohl dazu weitere konzeptionelle Präzisierungen gewiss ebenso notwendig wie hilfreich sind, sollte das Gros der Energie weniger in das Ringen um das innovativste und distinktivste Vokabular investiert werden als vielmehr in die Arbeit an den konkreten Problemen historischer Forschung, die auch künftig Herausforderungen darstellen werden: Wie verhalten sich Mikro- und Makrogeschichten, wie geht man mit Präsentismen und Anachronismen um oder wie rekonstruiert man implizites Wissen aus den Quellen, um nur einige zu nennen. Gleichwohl bleiben präzise Begriffe notwendig, denn historische Zugänge zum Thema Wissen – ganz gleich welcher Couleur – sollten stets in der Lage sein zu explizieren, was ihr Gegenstand ist. Allerdings wird sich nur in der historiographischen Praxis die Leistungskraft und Zukunftsfähigkeit des Ansatzes beweisen.

Geltungsgeschichten

Mit den theoretischen Anregungen der Wissenssoziologie und der Historischen Epistemologie stehen Instrumente zur Verfügung, die eine gemeinsame konzeptionelle Identität von Wissensgeschichte begründen können. Die von Peter Burke und anderen Kulturhistoriker:innen angeregte Wissensgeschichte ist im Grunde eine Historische Wissenssoziologie. Fragt man etwa konsequent nach den historischen Geltungsbedingungen von Wissenskulturen, sind sich die Probleme von Hebammen und prekären Gelehrten nicht so unähnlich. Ein neues Meisternarrativ anstelle desjenigen der modernen Wissenschaft zu setzen, erscheint als alternativloses Unterfangen nicht notwendig. Es ist in diesem Zusammenhang nochmals zu betonen, dass Wissensgeschichte hier primär als ein Fragehorizont und weniger als ein klar eingrenzbarer Gegenstandsbereich verstanden wird. Eine noch so monumentale enzyklopädische Gesamtdarstellung wäre kaum in der Lage, eine Geschichte des Wissens zu präsentieren, die der konzeptionellen Offenheit der Wissensgeschichte und der Komplexität ihrer möglichen Gegenstände Genüge tragen würde (vgl. als Negativbeispiel Van Doren 2000). Für die Wissenschaftsgeschichte der westlichen Moderne war dies in anderer Weise möglich bzw. denkbar; das wäre jedoch der falsche Maßstab (vgl. z.B. die achtbändige *Cambridge History of Science*).

Eine Reduktion auf einen Forschungsgegenstand, den die Geschichte des Wissens zweifellos bildet, würde ihr zugleich den Impetus einer kritischen Perspektive nehmen, der vielen, wenn auch nicht allen ihren Strömungen zu eigen ist (Wilder 2012). Man denke nur an die Geschlechterforschung und den Postkolonialismus ebenso wie die Macht- und Ungleichheitsanalysen von Foucault und Bourdieu oder die erweiterte Ideologiekritik der Wissenssoziologie. Es ist ein Anspruch, der gleichfalls gegenüber der Übersetzung in die gesellschaftliche Praxis gilt, deren Problembewältigungen von wissensgeschichtlichen Reflexionen profitieren können, denken wir an die Diskussion um das Anthropozän (Renn 2020), Epidemien oder den Populismus.

So sollten wir uns trauen, das Wissen über Wissen öffentlich zu machen, um möglichst vielen Menschen eine Teilhabe daran zumindest potentiell zu ermöglichen (Trischler 1999: 251). In der öffentlichen Vermittlung von Wissens- und Wissenschaftsgeschichte klafft eine gewaltige Lücke zwischen dem Wissensverständnis der Fachleute und der Laien. Während beispielsweise die Naturwissenschaften diese durch *public science*-Projekte zu überbrücken suchen, die den Weg zum Publikum in Fernsehshows, Internetvideos, Sachbüchern oder Ausstellungen suchen, gilt das für Theorie und Geschichte der dem zugrunde liegenden Prozesse der Wissensproduktion in weit geringerem Maße. So wird zu Recht zwischen einem öffentlichen Verständnis von Wissenschaft (*science*) und von Forschung (*research*) unterschieden (Field/Powell 2001).

Die Grundansätze der Wissenssoziologie wie der Historischen Epistemologie decken sich kaum mit der komplexitätsreduzierten, zum Ahistorischen tendierenden Wahrheitsemphase, mit der Wissen in der Öffentlichkeit oft verhandelt wird. Aus dieser Sicht wirkt die Wissensgeschichte für viele wohl wie ein abgehobenes Projekt der Selbstdemontage wissenschaftlicher Geltung. Doch das Gegenteil ist der Fall. Gerade eine Verteidigung des wissenschaftlichen Wissens u. a. gegen Antiakademismus, Verschwörungsdenken oder gezielte Falschinformation ist auf ein vertieftes historisches Verständnis seiner eigenen Grundlagen angewiesen. So liegt der eigentliche Kern sämtlicher historischer Zugänge zur Geschichte des Wissens in seiner Historisierung. Wissen wird geschaffen, Wissen verändert sich – zu fragen, was als Wissen galt, eröffnet neue Perspektiven auf die Frage, was als Wissen gilt. Und dass Geltung ein stets umkämpftes Gut darstellt, dürfte nicht die geringste historische Erkenntnis der Geschichte des Wissens darstellen.

Digitale Ressourcen zur Wissens- und Wissenschaftsgeschichte

Sammlungen und Bibliotheken

Digital Libraries Connected (DLC) – Publikationsplattform für digitale Dokumente und Sammlungen aus Bibliotheken der Max-Planck-Gesellschaft
https://dlc.mpg.de/index

Deutsches Museum – Internetpräsenz mit Objektdatenbanken
https://digital.deutsches-museum.de

Koordinierungsstelle für wissenschaftliche Universitätssammlungen in Deutschland
https://wissenschaftliche-sammlungen.de/de

PICTURA paedagogica, das digitale Bildarchiv zur Bildungsgeschichte
https://pictura.bbf.dipf.de/viewer

Digital Humanities-Projekte

Links zu Forschungswebseiten des Max-Planck-Instituts für Wissenschaftsgeschichte (MPIWG) in Berlin
https://www.mpiwg-berlin.mpg.de/de/forschungswebseiten

Circulation of Knowledge and Learned Practices in the 17th-century Dutch Republic – Projekt zu Briefkorrespondenzen in den Niederlanden im 17. Jahrhundert
http://ckcc.huygens.knaw.nl

Mapping the Republic of Letters – Projekt zu Korrespondenznetzwerken im 18. Jahrhundert
http://republicofletters.stanford.edu

Cultures of Knowledge. Networking the Republic of Letters, 1550–1750 – Projekt zu Korrespondenznetzwerken der Gelehrtenrepublik
http://www.culturesofknowledge.org

Gelehrte Journale und Zeitungen der Aufklärung – Portal zu Rezensionszeitschriften der deutschen Aufklärung
https://gelehrte-journale.de/willkommen

Welt und Wissen auf der Bühne. Die Theatrum-Literatur der Frühen Neuzeit – Projekt zur Erschließung, Analyse und Digitalisierung der frühneuzeitlichen Theatrum-Literatur
http://www.theatra.de

Architekturen der Wissenschaft. Die Universitäten Berlins in europäischer Perspektive – Virtuelle Ausstellung zur Raumgeschichte der Berliner Universitäten
https://architekturen-der-wissenschaft.de

Niklas Luhmanns Zettelkasten – Erschließungsprojekt zum legendären Zettelkasten des Bielefelder Soziologen
https://niklas-luhmann-archiv.de/bestand/zettelkasten/tutorial

Zeitschriften

Journal for the History of Knowledge – Digitale »Open Access«-Zeitschrift zur Wissensgeschichte
https://journalhistoryknowledge.org

KNOW: A Journal on the Formation of Knowledge – US-amerikanische Zeitschrift für Wissensgeschichte
https://www.journals.uchicago.edu/toc/know/current

Berichte zur Wissenschaftsgeschichte – Deutschsprachige Zeitschrift für Wissenschaftsgeschichte
https://onlinelibrary.wiley.com/journal/15222365

Science in Context – Internationale wissenschaftshistorische Zeitschrift mit Fokus auf Wissenschaftssoziologie und historischer Epistemologie
https://www.cambridge.org/core/journals/science-in-context#

Auswahlbibliographie

Eine ausführlichere Bibliographie findet sich unter *www.campus.de*. 

Quellen

Alt, Robert (1960/1965), *Bilderatlas zur Schul- und Erziehungsgeschichte*, 2 Bde., Berlin (Ost).

Aristoteles (1956ff.), *Werke in deutscher Übersetzung*. Hrsg. von Ernst Grumach/Hellmut Flashar/Christof Rapp, Berlin (West).

Bacon, Francis (1999), *Neues Organon*, Teilbd. 1, hrsg. und mit einer Einleitung von Wolfgang Krohn, Lateinisch – Deutsch, 2. Aufl., Hamburg.

Bahlmann, Katharina/Oy-Marra, Elisabeth/Schneider, Cornelia (Hrsg.) (2008), *Gewusst wo! Wissen schafft Räume. Die Verortung des Denkens im Spiegel der Druckgraphik*, Berlin.

Bois-Reymond, Emil du (1912), »Kulturgeschichte und Naturwissenschaft« (1877), in: Ders., *Reden*. 2. Aufl. Bd. 1, Leipzig, S. 567–629.

Capella, Martianus (2005), *Die Hochzeit der Philologia mit Merkur*. Übers., mit einer Einl., Inh.-Übersicht und Anm. vers. von Hans Günter Zekl (*De nuptiis Philologiae et Mercurii*), Würzburg.

Dawson, Gowan/Lightman, Bernard V. (Hrsg.) (2011/12), *Victorian science and literature*, 8 Bde., London.

De Boer, Jan-Hendryk/Füssel, Marian/Schuh, Maximilian (Hrsg.) (2017), *Universitäre Gelehrtenkultur vom 13.–16. Jahrhundert. Ein interdisziplinäres Quellen- und Methodenhandbuch*, Stuttgart.

Hähner-Rombach, Sylvelyn (Hrsg.) (2017), *Quellen zur Geschichte der Krankenpflege: mit Einführungen und Kommentaren*, 4. Aufl., Frankfurt a. M.

Heinisch, Klaus J. (Hrsg.) (2005), *Der utopische Staat: Morus: Utopia; Campanella: Sonnenstaat; Bacon: Neu-Atlantis*, 28. Aufl., Reinbek bei Hamburg.

Helmholtz, Hermann von (1896), »Ueber das Verhältnis der Naturwissenschaften zur Gesammtheit der Wissenschaft«, in: Ders., *Vorträge und Reden*, Bd. 1, Braunschweig, S. 157–185.

Holl, Ute/Pias, Claus (Hrsg.) (2012), »Aufschreibesysteme 1980/2010«. In memoriam Friedrich Kittler, in: *Zeitschrift für Medienwissenschaft* 6/1, S. 114–192.

Isidor von Sevilla (2008), *Die Enzyklopädie des Isidor von Sevilla*. Übersetzt von Lenelotte Möller, Wiesbaden.

Kyeser, Conradus (1967), *Bellifortis*. Hrsg. von der Georg-Agricola-Gesellschaft zur Förderung der Geschichte der Naturwissenschaft und der Technik, 2 Bde., Düsseldorf.

Lehmann, Andrea/Lehmann, Dieter (1985), *Zwei wundärztliche Rezeptbücher des 15. Jahrhunderts vom Oberrhein*, 2 Bde., Pattensen.

Lengenfeld, Konrad (Hrsg.) (1958), *Johann Georg Puschners Ansichten von der Nürnbergischen Universität Altdorf*, Lauf/Pegnitz.

Liebknecht, Wilhelm (1872 [1888]), *Wissen ist Macht – Macht ist Wissen. Festrede gehalten zum Stiftungsfest des Dresdner Arbeiter-Bildungs-Vereins am 5. Februar 1872*, Zürich.

Linné, Carl von (1773–1776), *Vollständiges Natursystem. Nach der zwölften lateinischen Ausgabe und nach Anleitung des holländischen Houttuynischen Werks mit einer ausführlichen Erklärung*, 8 Bde., Nürnberg.

Mela, Pomponius (1994), *De Chorographia. Kreuzfahrt durch die Alte Welt*. Zweisprachige Ausgabe von Kai Brodersen, Darmstadt

Merian, Maria Sibylla (1705 [2017]), *Metamorphosis insectorum Surinamensium: 1705*, hrsg. von Marieke van Delft und Hans Mulder, Darmstadt.

Mout, Nicolette (Hrsg.) (1998), *Die Kultur des Humanismus. Reden, Briefe, Traktate, Gespräche von Petrarca bis Kepler*, München.

Newton, Isaac (1999), *Die mathematischen Prinzipien der Physik*, übers. und hrsg. von Volkmar Schüller, Berlin.

Peters, Jan (Hrsg.) (2003), *Mit Pflug und Gänsekiel. Selbstzeugnisse schreibender Bauern. Eine Anthologie*, Köln u. a.

Pfister, Jonas (Hrsg.) (2020), *Texte zur Wissenschaftstheorie*, 2. Aufl. Stuttgart.

Gaius Plinius Caecilius Secundus d. Ä. (1973–2004), *Naturkunde* Lateinisch – Deutsch. Sammlung Tusculum, Hrsg. und übersetzt von Roderich König in Zusammenarbeit mit Joachim Hopp (ab Band 23), Gerhard Winkler und Wolfgang Glöckler, 37 Bücher (und Register) in 32 Bänden, München.

Rabener, Georg Wilhelm (1745), »Hinkmars von Repkow Noten ohne Text«, in: *Neue Beyträge zum Vergnügen des Verstandes u. Witzes* 2, 4. St., S. 263–306.

Rasche, Ulrich (Hrsg.) (2011), *Quellen zur frühneuzeitlichen Universitätsgeschichte. Typen, Bestände, Forschungsperspektiven*, Wiesbaden.

Schmitt, Eberhard/Beck, Thomas (Hrsg.) (2003), *Das Leben in den Kolonien* (Dokumente zur Geschichte der europäischen Expansion, Bd. 5), Wiesbaden.

Schmitt, Eduard/Durm, Josef u. a. (Hrsg.) (1880–1943), *Handbuch der Architektur*, Leipzig [143 Einzeltitel].

Tissot, Samuel A. A. D. (1768 [1976]), *Von der Gesundheit der Gelehrten*, Zürich/München.

Weber, Max (1917 [1919/1992]), *Wissenschaft als Beruf* (Max-Weber-Gesamtausgabe, Bd. 17), Tübingen.

Forschungsliteratur

Adell, Nicolas (2011), *Anthropologie des savoirs*, Paris.

Adolf, Marian/Stehr, Nico (2014), *Knowledge*, London.

Algazi, Gadi (2007), »Eine gelernte Lebensweise: Figurationen des Gelehrtenlebens zwischen Mittelalter und Früher Neuzeit«, in: *Berichte zur Wissenschaftsgeschichte* 30/2, S. 107–118.

Alpers, Svetlana (1985), *Kunst als Beschreibung. Holländische Malerei des 17. Jahrhunderts*, Köln.

Alpers, Svetlana (1989), *Rembrandt als Unternehmer. Sein Atelier und der Markt*, Köln.

Ames, Eric (2008), *Carl Hagenbeck's empire of entertainments*, Seattle (Washington) u. a.

Ammon, Sabine u. a. (Hrsg.), *Wissen in Bewegung. Vielfalt und Hegemonie in der Wissensgesellschaft*, Weilerswist 2007.

Anderson, Warwick (2018), »Remembering the Spread of Western Science«, in: *Historical Records of Australian Science* (https://doi.org/10.1071/HR17027).

Anklam, Ewa (2007), *Wissen nach Augenmaß. Militärische Beobachtung und Berichterstattung im Siebenjährigen Krieg*, Münster.

Appadurai, Arjun (Hrsg.) (1988), *The social life of things. Commodities in cultural perspective*, Cambridge.

Appleby, Joyce Oldham (2013), *Shores of knowledge. New world discoveries and the scientific imagination*, New York.

Arcelli, Clelia (Hrsg.) (2008), *I saperi nelle corti. Knowledge at the Courts* (Micrologus, Bd. 16), Florenz.

Asche, Matthias (2005), »›Peregrinatio academica‹ in Europa im Konfessionellen Zeitalter. Bestandsaufnahme eines unübersichtlichen Forschungsfeldes und Versuch einer Interpretation unter migrationsgeschichtlichen Aspekten«, in: *Jahrbuch für Europäische Geschichte* 6, S. 3–33.

Asche, Matthias (2008), »Bildungslandschaften im Reich der Frühen Neuzeit – Überlegungen zum landsmannschaftlichen Prinzip an deutschen Universitäten in der Vormoderne«, in: Daniela Siebe (Hrsg.), *»Orte der Gelahrtheit«. Personen, Prozesse und Reformen an protestantischen Universitäten des Alten Reiches*, Stuttgart, S. 1–44.

Ash, Eric H. (2004), *Power, knowledge, and expertise in Elizabethan England*, Baltimore.

Ash, Mitchell G. (Hrsg.) (1999), *Mythos Humboldt: Vergangenheit und Zukunft der deutschen Universitäten*, Wien/Köln/Weimar.

Ash, Mitchell G. (2000), »Räume des Wissens – was und wo sind sie? Einleitung in das Thema«, in: *Berichte zur Wissenschaftsgeschichte* 23/3, S. 235–242.

Ash, Mitchell G. (2006), »Wissens- und Wissenschaftstransfer: Einführende Bemerkungen«, in: *Berichte zur Wissenschaftsgeschichte* 29/3, S. 181–189.

Asmussen, Tina/Rößler, Hole (Hrsg.) (2013), *Scharlatan! Eine Figur der Relegation in der frühneuzeitlichen Gelehrtenkultur* (Themenheft von *Zeitsprünge* 17/2–3), Frankfurt a. M.

Asmussen, Tina (2016), *Scientia Kircheriana. Die Fabrikation von Wissen bei Athanasius Kircher*, Affalterbach.

Auga, Ulrike u. a. (Hrsg.) (2010), *Das Geschlecht der Wissenschaften. Zur Geschichte von Akademikerinnen im 19. und 20. Jahrhundert*, Frankfurt a. M.

Aumann, Philipp (2009), *Mode und Methode. Die Kybernetik in der Bundesrepublik Deutschland*, Göttingen.

Babel, Rainer/Paravicini, Werner (Hrsg.) (2005), *Grand Tour. Adeliges Reisen und europäische Kultur vom 14. bis zum 18. Jahrhundert*, Ostfildern.

Bachelard, Gaston (1938/1984), *Die Bildung des wissenschaftlichen Geistes*, Frankfurt a. M.

Bärnreuther, Sandra/Böhmer, Maria/Witt, Sophie (Hrsg.) (2020), Feierabend? (Rück-)Blicke auf »Wissen« (Themenheft von *Nach Feierabend. Züricher Jahrbuch für Wissensgeschichte* 15), Zürich.

Báez, Fernando (2008), *A universal history of the destruction of books: from ancient Sumer to modern Iraq*, New York (NY).

Baird, Davis (2004), *Thing knowledge. A philosophy of scientific instruments*, Berkeley (Cal.).

Baldasso, Renzo (2006), »The Role of Visual Representation in the Scientific Revolution: A Historiographical Enquiry«, in: *Centaurus* 48/2, S. 69–88.

Bangert, Julia (2019), *Buchhandelssystem und Wissensraum in der Frühen Neuzeit*, Berlin/Boston.

Barnes, Barry/Edge, David (Hrsg.) (1982), *Science in context: readings in the sociology of science*, Cambridge (Mass.).

Barrera-Osorio, Antonio (2006), *Experiencing nature: the Spanish American empire and the early scientific revolution*, Austin.

Barth, Fredrik (2002), »An Anthropology of Knowledge«, in: *Current Anthropology* 43/1, S. 1–18.

Barth, Volker (2020), *Wa(h)re Fakten. Wissensproduktionen globaler Nachrichtenagenturen 1835–1939*, Göttingen.

Basalla, George (1967), »The Spread of Western Science«, in: *Science* 156, S. 611–622.

Bauer, Susanne/Heinemann, Torsten/Lemke, Thomas (Hrsg.) (2017), *Science and Technology Studies. Klassische Positionen und aktuelle Perspektiven*, Frankfurt a. M.

Baumgarten, Marita (1997), *Professoren und Universitäten im 19. Jahrhundert*, Göttingen.

Bayly, Christopher Alan (1997), *Empire and information: intelligence gathering and social communication in India, 1780–1870*, Cambridge.

Bayreuther, Rainer/Rauschenbach, Sina (Hrsg.) (2011), *Kritik in der Frühen Neuzeit. Intellektuelle »avant la lettre«*, Wiesbaden.

Beaufaÿs, Sandra (1997), *Professionalisierung der Geburtshilfe. Machtverhältnisse im gesellschaftlichen Modernisierungsprozeß*, Wiesbaden.

Becher, Tony (1989), *Academic tribes and territories: intellectual enquiry and the cultures of disciplines*, Milton Keynes.

Becker, Peter/Clark, William (Hrsg.) (2001), *Little tools of knowledge. Historical essays on academic and bureaucratic practices*, Ann Arbor.

Becker, Rainer (2012), *Black Box Computer. Zur Wissensgeschichte einer universellen kybernetischen Maschine*, Bielefeld.

Beer, Günther (2008), »›Nachbleibsel der Sündfluth‹. Das ›Naturalien-Cabinet‹ des Göttinger Tuchfabrikanten Johann Heinrich Grätzel, das erste Museum Göttingens 1737«, in: *Göttinger Jahrbuch* 56, S. 171–189.

Béguet, Bruno (Hrsg.) (1990), *La science pour tous: sur la vulgarisation scientifique en France de 1850 à 1914*, Paris.

Behrisch, Lars (2008), »Zu viele Informationen! Die Aggregierung des Wissens in der Frühen Neuzeit«, in: Arndt Brendecke/Markus Friedrich/Susanne Friedrich (Hrsg.), *Information in der Frühen Neuzeit. Status, Bestände, Strategien*, Münster, S. 455–473.

Behrisch, Lars (2016), *Die Berechnung der Glückseligkeit. Statistik und Politik in Deutschland und Frankreich im späten Ancien Régime*, Ostfildern.

Behrs, Jan/Gittel, Benjamin/Klausnitzer, Ralf (2013), *Wissenstransfer. Konditionen, Praktiken, Verlaufsformen der Weitergabe von Erkenntnis*, Frankfurt a. M.

Belhoste, Bruno (Hrsg.) (2002), *L'examen: Evaluer, séléctionner, certifier XVIe–XXe siècles* (Sonderheft von *Histoire de l'éducation*, Nr. 94), Paris.

Belhoste, Bruno (2016), *Histoire de la science moderne de la Renaissance aux Lumières*, Paris.

Bell, Daniel (1973 [1989]), *Die nachindustrielle Gesellschaft*, Frankfurt a. M.

Bellingradt, Daniel/Nelles, Paul/Salman, Jeroen (Hrsg.) (2017), *Books in motion in early modern Europe: beyond production, circulation and consumption*, Cham.

Bennemann, Nils (2020), *Rheinwissen. Die Zentralkommission für die Rheinschifffahrt als Wissensregime, 1817–1880*, Göttingen.

Berg, Christa u. a. (Hrsg.) (1987–2005), *Handbuch der deutschen Bildungsgeschichte*, 6 Bde., München.

Berger, Peter L./Luckmann, Thomas (1969), *Die gesellschaftliche Konstruktion der Wirklichkeit. Eine Theorie der Wissenssoziologie*, Frankfurt a. M.

Bering, Dietz (1978), *Die Intellektuellen. Geschichte eines Schimpfwortes*, Stuttgart.

Bering, Dietz (2010), *Die Epoche der Intellektuellen: 1898–2001; Geburt, Begriff, Grabmal*, Darmstadt.

Berkvens-Stevelinck, Christiane (Hrsg.) (2005), *Les grands intermédiaires culturels de la République des Lettres. Études de réseaux de correspondances du XVIe au XVIIIe siècles*, Paris.

Bertucci, Paola (2013), »Enlightened Secrets: Silk, Industrial Espionage, and Intelligent Travel in Eighteenth Century France«, in: *Technology and Culture* 54, S. 820–852.

Beuys, Barbara (2009), *Denn ich bin krank vor Liebe: das Leben der Hildegard von Bingen*, Frankfurt a. M.

Bhabha, Homi K. (2000), *Die Verortung der Kultur*, Tübingen.

Biagioli, Mario (1999a), *Galileo, der Höfling. Entdeckung und Etikette: Vom Aufstieg der neuen Wissenschaft*, Frankfurt a. M.

Biagioli, Mario (Hrsg.) (1999b), *The science studies reader*, New York/London.

Biagioli, Mario (2006), *Galileo's Instruments of Credit, Telescopes, Images, Secrecy*, Chicago.

Biagioli, Mario/Riskin, Jessica (Hrsg.) (2012), *Nature engaged. Science in practice from the Renaissance to the present*, New York (NY).

Birkner, Thomas (2012), *Das Selbstgespräch der Zeit. Die Geschichte des Journalismus in Deutschland 1605–1914*, Köln.

Bittel, Carla/Leong, Elaine/Oertzen, Christine von (Hrsg.) (2019), *Working with Paper: Gendered Practices in the History of Knowledge*, Pittsburgh (PA).

Bittlingmayer, Uwe H. (2005), *Wissensgesellschaft als Wille und Vorstellung*, Konstanz.

Blair, Ann M. (2010), *Too much to know. Managing scholarly information before the modern age*, New Haven.

Blair, Ann/Duguid, Paul/Goeing, Anja-Silvia/Grafton, Anthony (Hrsg.) (2021), *Information: A historical companion*, Princeton/Oxford.

Blair, Ann/Greyerz, Kaspar von (Hrsg.) (2020), *Physico-theology: Religion and Science in Europe 1650–1750*, Baltimore.

Blamberger, Günter/Freimuth, Axel/Strohschneider, Peter (Hrsg.) (2018), *Vom Umgang mit Fakten. Antworten aus Wissenschaft, Medien und Politik*, Paderborn.

Bleichmar, Daniela (2012), *Visible Empire. Botanical Expeditions and Visual Culture in the Hispanic Enlightenment*, Chicago.

Bleichmar, Daniela u.a. (Hrsg.) (2009), *Science in the Spanish and Portuguese empires, 1500–1800*, Stanford (Cal.).

Bloor, David (1976/2017), »Das starke Programm in der Wissenssoziologie«, in: Susanne Bauer/Torsten Heinemann/Thomas Lemke (Hrsg.) (2017), *Science and Technology Studies. Klassische Positionen und aktuelle Perspektiven*, Frankfurt a.M., S. 66–96.

Bod, Rens (2014), *A new history of the humanities: the search for principles and patterns from antiquity to the present*, Oxford.

Bod, Rens/Maat, Jaap/Weststeijn, Thijs (Hrsg.) (2010–2014), *The Making of the Humanities*, Bd. I: *Early Modern Europe*; Bd. II: *From Early Modern to Modern Disciplines*; Bd. III: *The Modern Humanities*, Amsterdam.

Bödeker, Hans Erich/Reill, Peter Hanns/Schlumbohm, Jürgen (Hrsg.) (1999), *Wissenschaft als kulturelle Praxis 1750–1900*, Göttingen.

Bödeker, Hans Erich (2002), »›Sehen, hören, sammeln und schreiben‹. Gelehrte Reisen im Kommunikationssystem der Gelehrtenrepublik«, in: *Paedagogica Historica* 38, S. 504–532.

Böning, Holger/D'Aprile, Iwan-Michelangelo/Schmitt, Hanno/Siegert, Reinhart (Hrsg.) (2015), *Selbstlesen, Selbstdenken, Selbstschreiben: Prozesse der Selbstbildung von Autodidakten unter dem Einfluss von Aufklärung und Volksaufklärung vom 17. bis zum 19. Jahrhundert: mit 600 Kurzbiographien von Autodidakten im deutschen Sprachraum bis 1850 und Verzeichnissen von Bauernbibliotheken*, Bremen.

Böning, Holger/Schmitt, Hanno/Siegert, Reinhart (Hrsg.) (2007), *Volksaufklärung. Eine praktische Reformbewegung des 18. und 19. Jahrhunderts*, Bremen.

Bösch, Frank (2019), *Mediengeschichte. Vom asiatischen Buchdruck zum Fernsehen*, Frankfurt a.M./New York.

Böschen, Stefan (2017), »Wissensgesellschaft«, in: Sommer/Müller-Wille/Reinhardt (Hrsg.), *Handbuch Wissenschaftsgeschichte*, S. 324–332.

Böttcher, Julia Carina (2020), *Beobachtung als Lebensart. Praktiken der Wissensproduktion bei Forschungsreisen im 18. Jahrhundert*, Stuttgart.

Bognár, Anna-Victoria (2020), *Der Architekt in der Frühen Neuzeit: Ausbildung, Karrierewege, Berufsfelder*, Heidelberg.

Bogner, Alexander (2021), *Die Epistemisierung des Politischen. Wie die Macht des Wissens die Demokratie gefährdet*, Ditzingen.

Borck, Cornelius (2018), *Zur Zukunft der Wissenschaftsgeschichte* (Themenschwerpunkt der *Berichte zur Wissenschaftsgeschichte* 41/4), Weinheim.

Boscani Leoni, Simona/Stuber, Martin (Hrsg.) (2017), *Wer das Gras wachsen hört. Wissensgeschichte(n) der pflanzlichen Ressourcen vom Mittelalter bis ins 20. Jahrhundert*, Innsbruck.

Bosman, Philip R. (Hrsg.) (2019), *Intellectual and empire in Greco-Roman antiquity*, London/New York (NY).

Bosse, Heinrich (2008), »Gelehrte und Gebildete – die Kinder des 1. Standes«, in: *Das achtzehnte Jahrhundert* 32/1, S. 13–37.

Bots, Hans/Waquet, Françoise (Hrsg.) (1994), *Commercium litterarium. La communication dans la République des Lettres/Forms of communication in the Republic of Letters 1600–1750*, Amsterdam.

Boumediene, Samir (2016), *La colonisation du savoir: une histoire des plantes médicinales du »Nouveau Monde« (1492–1750)*, Vaulx-en-Velin.

Bourdieu, Pierre (1987), *Sozialer Sinn. Kritik der theoretischen Vernunft*, Frankfurt a. M.

Bourdieu, Pierre (1988), *Homo Academicus*, Frankfurt a. M.

Bourdieu, Pierre (1990), »Einsetzungsriten«, in: Ders., *Was heißt sprechen? Die Ökonomie des sprachlichen Tausches*, Wien, S. 84–93.

Bowler, Peter J. (2009), *Science for all: the popularization of science in early twentieth-century Britain*, Chicago (Ill.).

Brakensiek, Stefan (2015), »Projektemacher. Zum Hintergrund ökonomischen Scheiterns in der Frühen Neuzeit«, in: Ders./Claudia Claridge (Hrsg.), *Fiasko. Scheitern in der Frühen Neuzeit. Beiträge zur Kulturgeschichte des Misserfolgs*, Bielefeld, S. 39–58.

Braun, Guido (Hrsg.) (2018), *Diplomatische Wissenskulturen der Frühen Neuzeit: Erfahrungsräume und Orte der Wissensproduktion*, Berlin/Boston.

Bredekamp, Horst (2000), *Antikensehnsucht und Maschinenglauben. Die Geschichte der Kunstkammer und die Zukunft der Kunstgeschichte*, Berlin.

Bredekamp, Horst (2010), *Theorie des Bildakts*, Berlin.

Breidbach, Olaf (2005), *Bilder des Wissens: Zur Kulturgeschichte der wissenschaftlichen Wahrnehmung*, München.

Breidbach, Olaf (2011), *Radikale Historisierung: kulturelle Selbstversicherung im Postdarwinismus*, Berlin.

Breidbach, Olaf/Heering, Peter/Müller, Matthias/Weber, Heiko (Hrsg.) (2010), *Experimentelle Wissenschaftsgeschichte*, München.

Brendecke, Arndt (2009), *Imperium und Empirie. Funktion des Wissens in der spanischen Kolonialherrschaft*, Köln/Weimar/Wien.

Brendecke, Arndt/Friedrich, Markus/Friedrich, Susanne (Hrsg.) (2008), *Information in der Frühen Neuzeit. Status, Bestände, Strategien*, Münster.

Brenner, Peter J. (1989), *Der Reisebericht. Die Entwicklung einer Gattung in der deutschen Literatur*, Frankfurt a. M.

Brentjes, Sonja/Edis, Taner/Richter-Bernburg, Lutz (Hrsg.) (2016), *1001 distortions. How (not) to narrate history of science, medicine, and technology in non-western cultures*, Würzburg.

Brian, Éric (2001), *Staatsvermessungen – Concordet, Laplace, Turgot und das Denken der Verwaltung; politische Philosophie und Ökonomie*, Wien.

Brocke, Bernhard vom (Hrsg.) (1991), *Wissenschaftsgeschichte und Wissenschaftspolitik im Industriezeitalter. Das »System Althoff« in historischer Perspektive*, Hildesheim.

Broman, Thomas (1998), »The Habermasian Public Sphere and Science in the Enlightenment«, in: *History of Science* 36, S. 123–149.

Brooke, John Hedley (1998), *Science and religion: some historical perspectives*, Cambridge.

Brosius, Maria (Hrsg.) (2003), *Ancient Archives and Archival Traditions*, Oxford.

Bruch, Rüdiger vom (1980), *Wissenschaft, Politik und öffentliche Meinung. Gelehrtenpolitik im Wilheminischen Deutschland* (1890–1914), Husum.

Bruch, Rüdiger vom (2000), »Wissenschaft im Gehäuse. Vom Nutzen und Nachteil institutionengeschichtlicher Perspektiven«, in: *Berichte zur Wissenschaftsgeschichte* 23 (2000), S. 37–49.

Bruning, Jens (2010), »Schule«, in: *Enzyklopädie der Neuzeit*, Bd. 11, Stuttgart, Sp. 915–929.

Brunner, Claudia (2020), *Epistemische Gewalt. Wissen und Herrschaft in der kolonialen Moderne*, Bielefeld.

Büttner, Frank u. a. (Hrsg.) (2003), *Sammeln, Ordnen, Veranschaulichen. Zur Wissenskompilatorik in der Frühen Neuzeit*, Münster.

Burke, Peter (2000 [2001]), *Papier und Marktgeschrei. Die Geburt der Wissensgesellschaft*, Berlin.

Burke, Peter (2014), *Die Explosion des Wissens. Von der Encyclopédie bis Wikipedia*, Berlin.

Burke, Peter (2016), *What is the History of Knowledge?*, Cambridge.

Burke, Peter (2017), *Exiles and expatriates in the history of knowledge, 1500–2000, Waltham*, Cambridge (Mass.).

Burke, Peter (2020b), »Response«, in: *Journal for the History of Knowledge* 1:1, S. 1–7.

Burke, Peter (2021), *Giganten der Gelehrsamkeit: Die Geschichte der Universalgenies*, Berlin.

Burns, William E. (2016), *The scientific revolution in global perspective*, New York/Oxford.

Burrichter, Clemens (Hrsg.) (1979), *Grundlegung der historischen Wissenschaftsforschung*, Basel/Stuttgart.

Busse, Neill (2015), *Der Meister und seine Schüler. Das Netzwerk Justus Liebigs und seiner Studenten*, Hildesheim.

Bynum, William/Porter Roy (Hrsg.) (1987), *Medical fringe & medical orthodoxy 1750–1850*, London.

Cahan, David (1992), *Meister der Messung. Die Physikalisch-Technische Reichsanstalt im Deutschen Kaiserreich*, Weinheim.

Campe, Rüdiger/Schneider, Manfred (Hrsg.) (1996), *Geschichten der Physiognomik: Text, Bild, Wissen*, Freiburg (Breisgau).

Campion, Nicholas (2008/09), *A cultural history of Western astrology*, 2 Bde., London.

Caradonna, Jeremy L. (2012), *The Enlightenment in Practice. Academic Prize Contests and Intellectual Culture in France 1670–1794*, Ithaca.

Castells, Manuel (2001–2003), *Das Informationszeitalter*, 3 Bde., Leverkusen.

Castro Varela, María do Mar/Dhawan, Nikita (2020), *Postkoloniale Theorie: Eine kritische Einführung*, 3. Aufl., Bielefeld.

Ceranski, Beate (1996), *»Und sie fürchtet sich vor niemandem«. Die Physikerin Laura Bassi (1711–1778)*, Frankfurt a. M./New York.

Certeau, Michel de (1988), *Kunst des Handelns*, Berlin (West).

Chadarevian, Soraya de (2009), »Microstudies versus Big Picture Accounts?« *Studies in History and Philosophy of Science Part C: Studies in History and Philosophy of Biological and Biomedical Sciences* 40/1, S. 13–19.

Chadarevian, Soraya de (2015), »Human population studies and the World Health Organization«, in: *Dynamis* 35/2, S. 359–388.

Chakrabarty, Dipesh (2000 [2010]), *Europa als Provinz: Perspektiven postkolonialer Geschichtsschreibung*, Frankfurt a. M./New York.

Chakrabarty, Dipesh (2018), *The crises of civilization. Exploring global and planetary histories*, Neu-Delhi.

Chamberlain, Michael (1994), *Knowledge and Social Practice in Medieval Damascus, 1190–1350*, Cambridge.

Charle, Christophe (1997), *Vordenker der Moderne. Die Intellektuellen im 19. Jahrhundert*, Frankfurt a. M.

Chartier, Roger (1985), »Ist eine Geschichte des Lesens möglich? Vom Buch zum Lesen: einige Hypothesen«, in: *Zeitschrift für Literaturwissenschaft und Linguistik* 15/57, S. 250–273.

Chartier, Roger (1990), *Lesewelten. Buch und Lektüre in der frühen Neuzeit*, Frankfurt a. M.

Chartier, Roger (1998), »Der Gelehrte«, in: Michel Vovelle (Hrsg.), *Der Mensch der Aufklärung*, Frankfurt a. M., S. 122–168.

Chartier, Roger/Cavallo, Guglielmo (Hrsg.) (1999), *Die Welt des Lesens. Von der Schriftrolle zum Bildschirm*, Frankfurt a. M. 1999.

Clark, William (1989), »On the Dialectical Origins of the Research Seminar«, in: *History of Science* 27, S. 111–154.

Clark, William/Golinski, Jan/Schaffer, Simon (Hrsg.) (1999), *The sciences in enlightened Europe*, Chicago.

Clark, William (2006), *Academic charisma and the origins of the research university*, Chicago.

Cohn, Bernard Samuel (1996), *Colonialism and its Forms of Knowledge: The British in India*, Princeton.

Collet, Dominik (2007), *Die Welt in der Stube: Begegnungen mit Außereuropa in Kunstkammern der Frühen Neuzeit*, Göttingen.

Collin, Peter/Horstmann, Thomas (Hrsg.) (2004), *Das Wissen des Staates: Geschichte, Theorie und Praxis*, Baden-Baden.

Collins, Harry/Pinch Trevor J. (1993/1999), *Der Golem der Forschung: wie unsere Wissenschaft die Natur erfindet*, Berlin.

Conrads, Norbert (1982), *Ritterakademien der Frühen Neuzeit. Bildung als Standesprivileg im 16. und 17. Jahrhundert*, Göttingen.

Conway, Erik M./Oreskes, Naomi (2014), *Die Machiavellis der Wissenschaft. Das Netzwerk des Leugnens*, Weinheim.

Cook, Harold J. (2007), *Matters of exchange. Commerce, medicine, and science in the Dutch Golden Age*, New Haven u. a.

Cook, Harold J./Dupré, Sven (Hrsg.) (2012), *Translating knowledge in the early modern Low Countries*, Wien u. a.

Cooper, Alix (2006), »Homes and Households«, in: Park/Daston (Hrsg.), *Early Modern Science*, S. 224–237.

Cooper, Alix (2007), *Inventing the indigenous. Local knowledge and natural history in early modern Europe*, Cambridge.

Cooper, Frederick/Stoler, Ann Laura (Hrsg.) (1997), *Tensions of empire: colonial cultures in a bourgeois world*. Berkeley [u. a.].

Csendes, Peter (2004), »Metaphern für Archive – Das Archiv als Metapher?«, in: *Historisches Jahrbuch der Stadt Linz* 2003/04, S. 49–56.

Cunningham, Andrew/Williams, Perry (1993), »De-Centring the ›Big Picture‹: ›The Origins of Modern Science‹ and the Modern Origins of Science«, in: *The British Journal for the History of Science* 26, S. 407–432.

Csiszar, Alex (2018), *The scientific journal. Authorship and the politics of knowledge in the nineteenth century*, Chicago/London.

Dalton, Susan (2003), *Engendering the republic of letters. Reconnecting public and private spheres in eighteenth-century Europe*, Montréal.

Damm, Heiko/Thimann, Michael/Zittel, Claus (Hrsg.) (2013), *The artist as reader. On education and non-education of early modern artists*, Leiden.

Dana, Madalina (2014), »Femmes et savoir médical dans les mondes antiques«, in: Adeline Gargam (Hrsg.), *Femmes de sciences de l'Antiquité au XIXe siècle. Réalités et représentations*, Dijon, S. 21–41.

D'Andrade, Roy (1995), *The Development of Cognitive Anthropology*, Cambridge.

Daniel, Ute (1993), »›Kultur‹ und ›Gesellschaft‹. Überlegungen zum Gegenstandsbereich der Sozialgeschichte«, in: *Geschichte und Gesellschaft* 19, S. 69–99.

Danneberg, Lutz u. a. (2002/03), *Säkularisierung in den Wissenschaften seit der frühen Neuzeit*, 3 Bde., Berlin.

Darnton, Robert (1986), *Der Mesmerismus und das Ende der Aufklärung in Frankreich*, Frankfurt a. M./Berlin (West).

Darnton, Robert (1993), *Glänzende Geschäfte. Die Verbreitung von Diderots »Encyclopedie«, oder: Wie verkauft man Wissen mit Gewinn?*, Berlin.

Darnton, Robert (2000), »An early information society: News and the media in eighteenth-century Paris«, in: *American Historical Review* 105, S. 1–35.

Daston, Lorraine (1991), »The ideal and reality of the Republic of Letters in the enlightenment«, in: *Science in context* 4, S. 367–386.

Daston, Lorraine (Hrsg.) (2000), *Biographies of Scientific Objects*, Chicago.

Daston, Lorraine (2001), »Die moralischen Ökonomien der Wissenschaft«, in: Dies., *Wunder, Beweise und Tatsachen. Zur Geschichte der Rationalität*, Frankfurt a. M., S. 157–184.

Daston, Lorraine (2003), »Die wissenschaftliche Persona. Arbeit und Berufung«, in: Theresa Wobbe (Hrsg.), *Zwischen Vorderbühne und Hinterbühne. Beiträge zum Wandel der Geschlechterbeziehungen in der Wissenschaft vom 17. Jahrhundert bis zur Gegenwart*, Bielefeld, S. 109–136.

Daston, Lorraine (Hrsg.) (2004), *Things that talk: object lessons from art and science*, New York.

Daston, Lorraine (2009), »Science Studies and the History of Science«, in: *Critical Inquiry* 35, S. 798–813.

Daston, Lorraine (2015), »Epistemic Images«, in: Alina Payne (Hrsg.), *Vision and Its Instruments: Art, Science, and Technology in Early Modern Europe*, University Park (Pennsylvania), S. 13–35.

Daston, Lorraine (2017), »The History of Science and the History of Knowledge«, in: *KNOW* 1, S. 131–154.

Daston, Lorraine/Galison, Peter (2007), *Objektivität*, Frankfurt a. M.

Daston, Lorraine/Park, Katherine (2002), *Wunder und die Ordnung der Natur 1150–1750*, Berlin.

Daston, Lorraine/Park, Katherine (Hrsg.) (2006), *The Cambridge History of Science*, Bd. 3: *Early Modern Science*, Cambridge.

Daum, Andreas W. (1998), *Wissenschaftspopularisierung im 19. Jahrhundert. Bürgerliche Kultur, naturwissenschaftliche Bildung und die deutsche Öffentlichkeit, 1848–1914*, München.

Daunton, Martin J. (Hrsg.) (2005), *The organisation of knowledge in Victorian Britain*, Oxford.

Dauser, Regina u. a. (Hrsg.) (2008), *Wissen im Netz. Botanik und Pflanzentransfer in europäischen Korrespondenznetzen des 18. Jahrhunderts*, Berlin.

Dear, Peter (2001), *Revolutionizing the sciences: European knowledge and its ambitions, 1500–1700*, Basingstoke (Hampshire).

Décultot, Élisabeth (Hrsg.) (2014), *Lesen, Kopieren, Schreiben: Lese- und Exzerpierkunst in der europäischen Literatur des 18. Jahrhunderts*, Berlin.

Delburgo, James/Dew, Nicholas (Hrsg.) (2008), *Science and empire in the Atlantic world*, New York.

De Munck, Bert/Kaplan Steven L./Soly, Hugo (Hrsg.) (2007), *Learning on the Shop Floor. Historical Perspectives on Apprenticeship*, New York/Oxford.

De Munck, Bert/Romano, Antonella (Hrsg.) (2020), *Knowledge and the early modern city. A history of entanglements*, London/New York.

Despoix, Philippe (2009), *Die Welt vermessen. Dispositive der Entdeckungsreise im Zeitalter der Aufklärung*, Göttingen.

Desrosières, Alain (2005), *Die Politik der großen Zahlen: eine Geschichte der statistischen Denkweise*, Berlin.

Detel, Wolfgang (2002), »Der Sozialkonstruktivismus und die Wissenschaftsgeschichtsschreibung des 17. Jahrhunderts«, in: Claus Zittel (Hrsg.), *Wissen und soziale Konstruktion*, Berlin, S. 67–108.

Deuber-Mankowsky, Astrid/Holzhey, Christoph F. E. (Hrsg.) (2013), *Situiertes Wissen und regionale Epistemologie: zur Aktualität Georges Canguilhems und Donna J. Haraways*, Wien/Berlin.

Didi-Huberman, Georges/Ebeling, Kurt (2007), *Das Archiv brennt*, Berlin.

Dietz, Bettina (2017), *Das System der Natur. Die kollaborative Wissenskultur der Botanik im 18. Jahrhundert*, Köln/Weimar/Wien.

Dillon, John M. (2003), *The Heirs of Plato. A Study in the Old Academy (327–274 BC)*, Oxford.

Dinges, Martin (Hrsg.) (1996a), *Weltgeschichte der Homöopathie: Länder, Schulen, Heilkundige*, München

Dinges, Martin (Hrsg.) (1996b), *Homöopathie: Patienten, Heilkundige, Institutionen; von den Anfängen bis heute*, Heidelberg.

Dinges, Martin (Hrsg.) (2014), *Medical pluralism and homoeopathy in India and Germany (1810–2010): a comparison of practices*, Stuttgart.

Dirks, Nicholas B. (2001), *Castes of mind: colonialism and the making of modern India*, Princeton (NJ).

Dixon, Thomas M./Cantor, Geoffrey N./Pumfrey, Stephen (Hrsg.) (2010), *Science and religion: new historical perspectives*, Cambridge.

Dommann, Monika (2016), »Alles fließt: Soll die Geschichte nomadischer werden?, in: *Geschichte und Gesellschaft* 42/3, S. 516–534.

Dommann, Monika (2018), »Und am Ende kümmerten Sie sich um das Wissenschaftsmuseum ...«, in: *Berichte zur Wissenschaftsgeschichte* 41, S. 333–336.

Dommann, Monika (2020), »Copy Machine«, in: Timon Beyes/Robin Holt/Claus Pias (Hrsg.), *The Oxford Handbook of Media, Technology, and Organization Studies*, Oxford, S. 172–190.

Dorsch, Sebastian (2016), »Translokale Wissensakteure: ein Debattenvorschlag zu Wissens- und Globalgeschichtsschreibung: Besprechungsessay«, in: *Zeitschrift für Geschichtswissenschaft* 64/9, S. 778–795.

Drayton, Richard (2000), *Nature's Government. Science, Imperial Britain and the ›Improvement‹ of the World*, New Haven/London.

Dreesbach, Anne (2005), *Gezähmte Wilde. Die Zurschaustellung »exotischer« Menschen in Deutschland*, Frankfurt a. M.

Dross, Fritz (2014), »Hospital/Krankenhaus«, in: *Europäische Geschichte Online*, http://www.ieg-ego.eu.

Droste, Stefan (2020), *Offensive Engines. Die prekäre Expertise militärtechnischer Projektemacher (1650–1800)*, Diss. Göttingen.

Drucker, Peter F. (1993), *Die postkapitalistische Gesellschaft*, Düsseldorf.

Dülmen, Richard van/Rauschenbach, Sina (Hrsg.) (2004), *Macht des Wissens. Die Entstehung der modernen Wissensgesellschaft*, Köln/Weimar/Wien.

Dürr, Renate (Hrsg.) (2019), *Religiöses Wissen im vormodernen Europa. Schöpfung, Mutterschaft, Passion*, Paderborn.

Dürr, Renate (Hrsg.) (2021), *Threatened Knowledge: Practices of Knowing and Ignoring from the Middle Ages to the Twentieth Century*, London.

Dupré, Sven (2016), »Die Sichtbarkeit und Unsichtbarkeit von Körperwissen in der Kodifikation der Künste in der frühen Neuzeit«, in: *Paragrana* 25, S. 110–129.

Dusil, Stephan/Schwedler, Gerald/Schwitter, Raphael (Hrsg.) (2017), *Exzerpieren – Kompilieren – Tradieren: Transformationen des Wissens zwischen Spätantike und Frühmittelalter*, Berlin.

Duve, Thomas/Danwerth, Otto (Hrsg.) (2020), *Knowledge of the pragmatic. Legal and moral theological literature and the formation of early modern Ibero-America*, Leiden/Boston.

Eamon, William (2006), »Markets, Piazzas and Villages«, in: Daston/Park (Hrsg.), *Early Modern Science*, S. 206–223.

Echterhölter, Anna (2012), *Schattengefechte. Genealogische Praktiken in Nachrufen auf Naturwissenschaftler (1710–1860)*, Göttingen.

Eckel, Jan (2018), »›Alles hängt mit allem zusammen‹. Zur Historisierung des Globalisierungsdiskurses der 1990er und 2000er Jahre«, in: *Historische Zeitschrift* 307, S. 42–78.

Eickmeyer, Jost/Friedrich, Markus/Bauer, Volker (Hrsg.) (2019), *Genealogical knowledge in the making: tools, practices, and evidence in early modern europe*, Berlin.

Eisenstein, Elizabeth L. (1979), *The printing press as an agent of change: communications and cultural transformations in early-modern Europe*, Cambridge.

Elkar, Rainer S. (1999), »Lernen durch Wandern? Einige kritische Anmerkungen zum Thema ›Wissenstransfer durch Migration‹«, in: Knut Schulz (Hrsg.), *Handwerk in Europa. Vom Spätmittelalter bis zur Frühen Neuzeit*, München, S. 213–232.

Elkins, James (1995), »Art History and Images That Are not Art«, in: *Art Bulletin* 77/4, S. 553–571.

Engelhardt, Anina/Kajetzke, Laura (Hrsg.) (2010), *Handbuch Wissensgesellschaft: Theorien, Themen und Probleme*, Bielefeld.

Engelhardt, Dietrich von (1979), *Historisches Bewußtsein in den Naturwissenschaften von der Aufklärung bis zum Positivismus*, Freiburg (Breisgau)/München.

Epple, Moritz/Zittel, Claus (Hrsg.) (2010), *Science as Cultural Practice*, Bd. 1: *Cultures and politics of research from the early modern period to the age of extremes*, Berlin.

Epple, Moritz/Imhausen, Annette/Müller, Falk (Hrsg.) (2020), *Weak Knowledge. Forms, Functions, and Dynamics*, Frankfurt a. M.

Epstein, Steven R./Prak, Maarten (Hrsg.) (2008), *Guilds, Innovation and the European Economy, 1400–1800*, Cambridge.

Erdur, Onur (2018), *Die epistemologischen Jahre: Philosophie und Biologie in Frankreich, 1960–1980*, Zürich.

Ernst, Gerhard (2002), *Das Problem des Wissens*, Paderborn.

Eshleman, Kendra (2012), *The social world of intellectuals in the Roman Empire: sophists, philosophers, and Christians*, Cambridge.

Eskildsen, Kasper Rijsberg (2004), »How Germany left the republic of letters«, in: *Journal of the history of ideas* 65, S. 421–432.

Espahangizi, Kijan/Orland, Barbara/Baier, Sabine (Hrsg.) (2014), *Stoffe in Bewegung. Beiträge zu einer Wissensgeschichte der materiellen Welt*, Zürich.

Espeland, Wendy Nelson/Sauder, Michael (2016), *Engines of Anxiety. Academic Rankings, Reputation, and Accountability*, New York.

Ette, Ottmar (Hrsg.) (2018), *Alexander von Humboldt-Handbuch: Leben – Werk – Wirkung*, Stuttgart.

Faber, Richard (Hrsg.) (2012), *Was ist ein Intellektueller? Rückblicke und Vorblicke*, Würzburg.

Fara, Patricia (2004), *Pandora's breeches: women, science and power in the enlightenment*, London.

Farge, Arlette (1989 [2011]), *Der Geschmack des Archivs*, Göttingen.

Felfe, Robert/Wagner, Kirsten (Hrsg.) (2010), *Museum, Bibliothek, Stadtraum. Räumliche Wissensordnungen 1600–1900*, Berlin.

Felfe, Robert (2014), *Naturform und bildnerische Prozesse. Elemente einer Wissensgeschichte in der Kunst des 16. und 17. Jahrhunderts*, Berlin/Boston (Mass.).

Fell, Ulrike (2000), *Disziplin, Profession und Nation. Die Ideologie der Chemie in Frankreich vom Zweiten Kaiserreich bis in die Zwischenkriegszeit*, Leipzig.

Feichtinger, Johannes/Bhatti, Anil/Hülmbauer, Cornelia (Hrsg.) (2020), *How to Write the Global History of Knowledge-Making: Interaction, Circulation and the Transgression of Cultural Difference*, Cham.

Felsch, Philipp (2010), *Wie August Petermann den Nordpol erfand*, München.

Felt, Ulrike/Nowotny, Helga/Taschwer, Klaus (Hrsg.) (1995), *Wissenschaftsforschung. Eine Einführung*, Frankfurt a. M./New York.

Ferrone, Vincenzo (1998), »Der Wissenschaftler«, in: Michel Vovelle (Hrsg.), *Der Mensch der Aufklärung*, Frankfurt a. M., S. 169–209.

Feyerabend, Paul (1976), *Wider den Methodenzwang. Skizze einer anarchistischen Erkenntnistheorie*, Frankfurt a. M.

Field, Hyman/Powell, Patricia (2001), »Public understanding of science versus public understanding of research«, in: *Public Understanding of Science* 10/4, S. 421–426.

Findlen, Paula (Hrsg.) (2004), *Athanasius Kircher: The last man who knew everything*, New York.

Findlen, Paula (Hrsg.) (2019), *Empires of knowledge: scientific networks in the early modern world*, London/New York.

Finlay, Robert (2000), »China, the West, and World History in Joseph Needham's Science and Civilisation in China«, in: *Journal of World History* 11, S. 265–303.

Fischer, Ernst Peter (2020), *Das wichtigste Wissen: Vom Urknall bis heute*, München.

Fischer, Georg (2017), *Globalisierte Geologie. Eine Wissensgeschichte des Eisenerzes in Brasilien (1876–1914)*, Frankfurt a. M./New York.

Fischer, Hubertus/Remmert, Volker R./Wolschke-Bulmahn, Joachim (Hrsg.) (2016), *Gardens, Knowledge and the Sciences in the Early Modern Period*, Cham.

Fischer-Tiné, Harald (2013), *Pidgin-Knowledge. Wissen und Kolonialismus*, Zürich/Berlin.

Flachowsky, Sören/Hachtmann, Rüdiger/Schmaltz, Florian (Hrsg.) (2016), *Ressourcenmobilisierung. Wissenschaftspolitik und Forschungspraxis im NS-Herrschaftssystem*, Göttingen.

Fleck, Ludwik (1935 [1980]), *Entstehung und Entwicklung einer wissenschaftlichen Tatsache. Einführung in die Lehre vom Denkstil und Denkkollektiv*. Mit einer Einleitung hrsg. von Lothar Schäfer und Thomas Schnelle, Frankfurt a. M.

Fögen, Marie Theres (1993), *Die Enteignung der Wahrsager. Studien zum kaiserlichen Wissensmonopol in der Spätantike*, Frankfurt a. M.

Föllinger, Sabine (2002), »Frau und *Techne*: Xenophons Modell einer geschlechtsspezifischen Arbeitsteilung«, in: Barbara Feichtinger/Georg Wörle (Hrsg.), *Gender Studies in den Altertumswissenschaften: Möglichkeiten und Grenzen*, Trier, S. 49–63.

Fohrmann, Jürgen (Hrsg.) (2005), *Gelehrte Kommunikation. Wissenschaft und Medium zwischen dem 16. und 20. Jahrhundert*, Wien.

Folkers, Andreas (2020), »Was ist das Anthropozän und was wird es gewesen sein? Ein kritischer Überblick über neue Literatur zum kontemporären Erdzeitalter«, in: *NTM. Zeitschrift für Geschichte der Wissenschaften, Technik und Medizin* 28, S. 589–604.

Formisano, Marco/Böhme, Hartmut (Hrsg.) (2011), *War in words: transformations of war from antiquity to Clausewitz*, Berlin.

Foucault, Michel (1963 [1973]), *Die Geburt der Klinik. Eine Archäologie des ärztlichen Blicks*, München.

Foucault, Michel (1966 [1971]), *Die Ordnung der Dinge. Eine Archäologie der Humanwissenschaften*, Frankfurt a. M.

Foucault, Michel (1973), *Archäologie des Wissens*, Frankfurt a. M.

Foucault, Michel (1992), *Was ist Kritik?*, Berlin.

Frängsmyr, Tore/Heilbron, John L./Rider, Robin (Hrsg.) (1990), *The quantifying spirit in the 18th century*, Berkeley.

Franck, Georg (1998), *Ökonomie der Aufmerksamkeit: ein Entwurf*, München.

Freedberg, David (2002), *The eye of the Lynx: Galileo, his friends, and the beginnings of modern natural history*, Chicago/London.

Freudenthal, Gideon (1982), *Atom und Individuum im Zeitalter Newtons. Zur Genese der mechanistischen Natur- und Sozialphilosophie*, Frankfurt a. M.

Fried, Johannes/Johannes Süßmann (Hrsg.) (2001), *Revolutionen des Wissens. Von der Steinzeit bis zur Moderne*, München.

Fried, Johannes/Kailer, Thomas (Hrsg.) (2003), *Wissenskulturen. Beiträge zu einem forschungsstrategischen Konzept*, Berlin.

Friedrich, Markus (2011), *Der lange Arm Roms? Globale Verwaltung und Kommunikation im Jesuitenorden 1540–1773*, Frankfurt a. M.

Friedrich, Markus (2013), *Die Geburt des Archivs. Eine Wissensgeschichte*, München.

Friedrich, Markus (2014), »Vom Exzerpt zum Photoauftrag zur Datenbank. Technische Rahmenbedingungen historiographischer Forschung in Archiven und Bibliotheken und ihr Wandel seit dem 19. Jahrhundert«, in: *Historische Anthropologie* 22/2, S. 278–297.

Friedrich, Markus/Zedelmaier, Helmut (2017), »Bibliothek und Archiv«, in: Sommer/Müller-Wille/Reinhardt (Hrsg.), *Handbuch Wissenschaftsgeschichte*, S. 265–275.

Friedrich, Susanne/Brendecke, Arndt/Ehrenpreis, Stefan (Hrsg.) (2015), *Transformations of knowledge in Dutch expansion*, Berlin.

Fuchs, Ralf-Peter/Schulze, Winfried (Hrsg.) (2002), *Wahrheit, Wissen, Erinnerung. Zeugenverhörprotokolle als Quellen für soziale Wissensbestände in der Frühen Neuzeit*, Münster/Hamburg/London.

Füssel, Marian (2006a), *Gelehrtenkultur als symbolische Praxis, Rang, Ritual und Konflikt an der Universität der Frühen Neuzeit*, Darmstadt.

Füssel, Marian (2006b), »Die Kunst der Schwachen. Zum Begriff der ›Aneignung‹ in der Geschichtswissenschaft«, in: *Sozial.Geschichte* 21/3, S. 7–28.

Füssel, Marian (2007), »Auf dem Weg zur Wissensgesellschaft. Neue Forschungen zur Kultur des Wissens in der Frühen Neuzeit«, in: *Zeitschrift für historische Forschung* 34/2, S. 273–289.

Füssel, Marian (2014), »Die symbolischen Grenzen der Gelehrtenrepublik. Gelehrter Habitus und moralische Ökonomie des Wissens im 18. Jahrhundert«, in: Martin Mulsow/Frank Rexroth (Hrsg.), *Was als wissenschaftlich gelten darf. Praktiken der Grenzziehung in Gelehrtenmilieus der Vormoderne*, Frankfurt a. M./New York, S. 413–437.

Füssel, Marian (2015a), »Lehre ohne Forschung? Die Praxis des Wissens an der vormodernen Universität«, in: Martin Kintzinger/Sita Steckel (Hrsg.), *Akademische Wissenskulturen. Praktiken des Lehrens und Forschens vom Mittelalter bis zur Moderne*, Basel, S. 59–87.

Füssel, Marian (2015b), »Praxeologische Perspektiven in der Frühneuzeitforschung«, in: Arndt Brendecke (Hrsg.), *Praktiken der Frühen Neuzeit. Akteure – Handlungen – Artefakte*, Köln/Weimar/Wien, S. 21–33.

Füssel, Marian (2016), »Verkörperungen der Wissenschaft? Persistenz und Wandel des Gelehrtenbildes von Thomasius bis Tournesol«, in: Brigitta Schmidt-Lauber (Hrsg.), *Doing University. Reflexionen universitärer Alltagspraxis*, Wien, S. 27–54.

Füssel, Marian/Rexroth, Frank/Schürmann, Inga (Hrsg.) (2019), *Praktiken und Räume des Wissens. Expertenkulturen in Geschichte und Gegenwart*, Göttingen.

Füssel, Marian (2019a), »Wissensgeschichten der Frühen Neuzeit: Begriffe – Themen – Probleme«, in: Ders. (Hrsg.), *Wissensgeschichte* (Basistexte Frühe Neuzeit, Bd. 5), Stuttgart, S. 7–39.

Füssel, Marian (2019b), »Die Kunst der Unterscheidung. Professorenporträts in der Frühen Neuzeit«, in: Christian Vogel/Sonja E. Nökel (Hrsg.), *Gesichter der Wissenschaft. Repräsentanz und Performanz von Gelehrten in Porträts*, Göttingen, S. 59–78.

Fumaroli, Marc (1988), »The Republic of Letters«, in: *Diogenes* 143, S. 129–152.

Fyfe, Aileen (2016), »Journals and Periodicals«, in: Bernard Lightman (Hrsg.), *A Companion to the History of Science*, London, S. 387–399.

Gänger, Stefanie (2017), »Circulation: reflections on circularity, entity, and liquidity in the language of global history«, in: *Journal of Global History* 12, S. 303–318.

Galison, Peter/Hevly, Bruce (Hrsg.) (1992), *Big science. The growth of large-scale research*, Stanford (Cal.).

Gantet, Claire (2010), *Der Traum in der Frühen Neuzeit: Ansätze zu einer kulturellen Wissenschaftsgeschichte*, Berlin.

Gantet, Claire/Krämer, Fabian (2021), »Wie man mehr als 9000 Rezensionen schreiben kann. Lesen und Rezensieren in der Zeit Albrecht von Hallers«, in: *Historische Zeitschrift*, 312/2, S. 364–399.

Garber, Klaus/Wismann, Heinz (Hrsg.) (1996), *Europäische Sozietätsbewegung und demokratische Tradition. Die europäischen Akademien der Frühen Neuzeit zwischen Frührenaissance und Spätaufklärung*, 2 Bde., Tübingen.

Gardey, Delphine (2019), *Schreiben, Rechnen, Ablegen. Wie eine Revolution des Bürolebens unsere Gesellschaft verändert hat*, Göttingen.

Garfinkel, Harold (1973), »Das Alltagswissen über soziale und innerhalb sozialer Strukturen«, in: Arbeitsgruppe Bielefelder Soziologen (Hrsg.), *Alltagswissen, Interaktion und gesellschaftliche Wirklichkeit*, Bd. 1: *Symbolischer Interaktionismus und Ethnomethodologie*, Reinbek bei Hamburg, S. 189–262.

Gascoigne, John (1998), *Science in the service of Empire: Joseph Banks, the British State and the uses of science in the age of revolution*, Cambridge.

Geertz, Clifford (1983), *Dichte Beschreibung. Beiträge zum Verstehen kultureller Systeme*, Frankfurt a. M.

Geimer, Peter (Hrsg.) (2001), *Ordnungen der Sichtbarkeit. Fotografie in Wissenschaft, Technologie und Kunst*, Frankfurt a. M.

Gelhard, Andreas/Hackler, Ruben/Zanetti, Sandro (Hrsg.) (2019), *Epistemische Tugenden: zur Geschichte und Gegenwart eines Konzepts*, Zürich.

Geppert, Alexander C. T. (2010), *Fleeting Cities. Imperial Expositions in Fin-de-Siècle Europe*, Basingstoke.

Gettier, Edmund L. (1963 [2019]), *Is Justified True Belief Knowledge? Ist gerechtfertigte, wahre Überzeugung Wissen?*, hrsg. und übersetzt von Marc Andree Weber und Nadja-Mira Yolcu, Stuttgart.

Geulen, Christian (2004), *Wahlverwandte: Rassendiskurs und Nationalismus im späten 19. Jahrhundert*, Hamburg.

Giebel, Marion (1999), *Reisen in der Antike*, Düsseldorf/Zürich.

Giedion, Sigfried (1948 [1987]), *Die Herrschaft der Mechanisierung. Ein Beitrag zur anonymen Geschichte*, Frankfurt a. M.

Gierl, Martin (1997), *Pietismus und Aufklärung. Theologische Polemik und die Kommunikationsreform der Wissenschaft am Ende des 17. Jahrhunderts*, Göttingen.

Gieryn, Thomas F. (1983), »Boundary-work and the demarcation of science from non-science: strains and interests in professional ideologies of scientists«, in: *American Sociological Review* 48/6, S. 781–795.

Giesecke, Michael (1991), *Der Buchdruck in der frühen Neuzeit. Eine historische Fallstudie über die Durchsetzung neuer Informations- und Kommunikationstechnologien*, Frankfurt a. M.

Gigon, Annette u. a. (Hrsg.) (2018), *Bibliotheksbauten*, Zürich.

Gindhart, Marion/Ursula Kundert (Hrsg.) (2010), *Disputatio 1200–1800. Form, Funktion und Wirkung eines Leitmediums universitärer Wissenskultur*, Berlin.

Gingerich, Owen (2004), *The book nobody read. Chasing the revolutions of Nicolaus Copernicus*, London.

Ginzburg, Carlo (1979), *Der Käse und die Würmer: die Welt eines Müllers um 1600*, Frankfurt a. M.

Göderle, Wolfgang (Hrsg.) (2018), *Dynamiken der Wissensproduktion: Räume, Zeiten und Akteure im 19. und 20. Jahrhundert*, Bielefeld.

Goering, Daniel Timothy (Hrsg.) (2017), *Ideengeschichte heute: Traditionen und Perspektiven*, Bielefeld.

Goldgar, Anne (1995), *Impolite Learning. Conduct and community in the republic of letters 1680–1775*, New Haven/London.

Goldgar, Anne (2007), *Tulipmania. Money, Honor, and Knowledge in the Dutch Golden Age*, Chicago/London.

Golinski, Jan (1992), *Science as public culture. Chemistry and enlightenment in Britain, 1760–1820*, Cambridge.

Golinski, Jan (1998), *Making natural knowledge: constructivism and the history of science*, Cambridge u. a.

Golinski, Jan (2007), *British Weather and the Climate of Enlightenment*, Chicago.

Goodhart, David (2021), *Kopf, Hand, Herz – Das neue Ringen um Status. Warum Handwerks- und Pflegeberufe mehr Gewicht brauchen*, München.

Gould, Stephen Jay (1983), *Der falsch vermessene Mensch*, Basel.

Grafton, Anthony (1991), *Defenders of the text. The traditions of scholarship in an age of science. 1450–1800*, Cambridge (Mass.).

Grafton, Anthony (1990 [1991]), *Fälscher und Kritiker. Der Betrug in der Wissenschaft*, Berlin.

Grafton, Anthony (1995), *Die tragischen Ursprünge der deutschen Fußnote*, Berlin.

Gregory, Stephan (2009), *Wissen und Geheimnis: das Experiment des Illuminatenordens*, Frankfurt a. M.

Grewe, Cordula (Hrsg.) (2006), *Die Schau des Fremden: Ausstellungskonzepte zwischen Kunst, Kommerz und Wissenschaft*, Stuttgart.

Greyerz, Kaspar von/Flubacher, Silvia/Senn, Philipp (Hrsg.) (2013), *Wissenschaftsgeschichte und Geschichte des Wissens im Dialog: Schauplätze der Forschung = Connecting science and knowledge*, Göttingen.

Groesen, Michiel van (2008), *The representations of the overseas world in the De Bry collection of voyages (1590–1634)*, Leiden.

Grote, Andreas (Hrsg.) (1994), *Macrocosmos in Microcosmo. Die Welt in der Stube. Zur Geschichte des Sammelns 1450 bis 1800*, Opladen.

Grove, Richard H. (1996), *Green imperialism: colonial expansion, tropical island Edens and the origins of environmentalism, 1600–1860*, Cambridge.

Gruber, Doris (2020), *Frühneuzeitlicher Wissenswandel. Kometenerscheinungen in der Druckpublizistik des Heiligen Römischen Reiches*, Bremen.

Grüttner, Michael/Kinas, Sven (2007), »Die Vertreibung von Wissenschaftlern aus den deutschen Universitäten 1933–1945«, in: *Vierteljahrshefte für Zeitgeschichte* 55, S. 123–186.

Grunert, Frank/Syndikus, Anette (Hrsg.) (2015), *Wissensspeicher der Frühen Neuzeit: Formen und Funktionen*, Berlin.

Günergun, Feza/Raina, Dhruv (Hrsg.) (2011), *Science between Europe and Asia: historical studies on the transmission, adoption and adaptation of knowledge*, Dordrecht.

Gumbrecht, Hans Ulrich/Reichardt, Rolf/Schleich, Thomas (1981), »Für eine Sozialgeschichte der französischen Aufklärung«, in: Dies. (Hrsg.), *Sozialgeschichte der Aufklärung in Frankreich. 12 Originalbeiträge*, Teil 1: *Synthese und Theorie. Trägerschichten*, München/Wien, S. 3–51.

Ha, Kien Nghi (2005), *Hype um Hybridität. Kultureller Differenzkonsum und postmoderne Verwertungstechniken im Spätkapitalismus*, Bielefeld.

Haar, Ingo/Fahlbusch, Michael/Pinwinkler, Alexander (Hrsg.) (2017), *Handbuch der völkischen Wissenschaften: Personen, Institutionen, Forschungsprogramme, Stiftungen*, 2 Bde., 2. Aufl., München.

Habermas, Jürgen (1962 [2018]), *Strukturwandel der Öffentlichkeit: Untersuchungen zu einer Kategorie der bürgerlichen Gesellschaft: mit einem Vorwort zur Neuauflage 1990*, 15. Aufl., Frankfurt a. M.

Habermas, Rebekka/Przyrembel, Alexandra (Hrsg.) (2013), *Von Käfern, Märkten und Menschen. Kolonialismus und Wissen in der Moderne*, Göttingen.

Häberlein, Mark (2012), »Macht und Ohnmacht der Worte. Kulturelle Vermittler in gewaltsamen Konflikten zwischen Europäern und Außereuropäern«, in: Dierk Walter/Birthe Kundrus (Hrsg.), *Waffen, Wissen, Wandel. Anpassung und lernen in transkulturellen Erstkonflikten*, Hamburg, S. 76–99.

Häberlein, Mark/Paulus, Stefan/Weber, Gregor (Hrsg.) (2015), *Geschichte(n) des Wissens: Festschrift für Wolfgang E. J. Weber zum 65. Geburtstag*, Augsburg.

Haeberli, Simone (2010), *Der jüdische Gelehrte im Mittelalter. Christliche Imaginationen zwischen Idealisierung und Dämonisierung*, Ostfildern.

Haefs, Wilhelm/Mix, York-Gothart (Hrsg.) (2007), *Zensur im Jahrhundert der Aufklärung: Geschichte – Theorie – Praxis*, Göttingen.

Hagel, Michael Dominik (2016), *Fiktion und Praxis. Eine Wissensgeschichte der Utopie, 1500–1800*, Göttingen.

Hagner, Michael (2001), *Ansichten der Wissenschaftsgeschichte*, Frankfurt a. M.

Hagner, Michael (2004), *Geniale Gehirne. Zur Geschichte der Elitegehirnforschung*, Göttingen.

Hagner, Michael (2008), »Bye bye science, welcome pseudoscience? Reflexionen über einen beschädigten Status«, in: Dirk Rupnow u. a. (Hrsg.), *Pseu-*

dowissenschaft. Konzeptionen von Nichtwissenschaftlichkeit in der Wissenschaftsgeschichte, Frankfurt a. M., S. 21–50.

Hagner, Michael (2020), »Anstatt einer Einleitung: Rückblick auf die Wissensgeschichte«, in: *Nach Feierabend. Züricher Jahrbuch für Wissensgeschichte* 15, S. 35–47.

Hagner, Michael/Hörl, Erich (Hrsg.) (2008), *Die Transformation des Humanen. Beiträge zur Kulturgeschichte der Kybernetik*, Frankfurt a. M.

Hahn, Roger (1971), *The Anatomy of a Scientific Institution. The Paris Academy of Sciences, 1666–1803*, Berkeley.

Hall, Alfred Rupert (1965), *Die Geburt der naturwissenschaftlichen Methode 1630–1720. Von Galilei bis Newton*, Gütersloh.

Hammerstein, Notker, *Die Deutsche Forschungsgemeinschaft in der Weimarer Republik und im Dritten Reich: Wissenschaftspolitik in Republik und Diktatur; 1920–1945*, München 1999.

Hammerstein, Notker (2004), »Innovation und Tradition. Akademien und Universitäten im Heiligen Römischen Reich deutscher Nation«, in: *Historische Zeitschrift* 278, S. 591–625.

Haraway, Donna (1984/85), »Teddy Bear Patriarchy: Taxidermy in the Garden of Eden, New York City, in: *Social Text* 11, S. 20–64.

Haraway, Donna (1985 [1995a]), »Ein Manifest für Cyborgs. Feminismus im Streit mit den Technowissenschaften«, in: Dies., *Die Neuerfindung der Natur: Primaten, Cyborgs und Frauen*, Frankfurt a. M., S. 33–72.

Haraway, Donna (1988 [1995b]), »Situiertes Wissen. Die Wissenschaftsfrage im Feminismus und das Privileg einer partialen Perspektive«, in: Dies., *Die Neuerfindung der Natur: Primaten, Cyborgs und Frauen*, Frankfurt a. M., S. 73–97.

Harding, Sandra (1994), *Das Geschlecht des Wissens. Frauen denken die Wissenschaft neu*, Frankfurt. a. M.

Hardy, Jörg u. a. (2004), »Wissen«, in: Joachim Ritter/Karlfried Gründer/Gottfried Gabriel (Hrsg.), *Historisches Wörterbuch der Philosophie*, Bd. 12: *W–Z*, Darmstadt, Sp. 855–902.

Harlizius-Klück, Ellen (2004), *Weberei als episteme und die Genese der deduktiven Mathematik. In vier Umschweifen entwickelt aus Platons Dialog Politikos*, Berlin.

Harrasser, Karin (Hrsg.) (2017), *Auf Tuchfühlung. Eine Wissensgeschichte des Tastsinns*, Frankfurt a. M.

Harris, Ruth (2010), *The man on Devil's Island. Alfred Dreyfus and the affair that divided France*, London.

Haug, Christine/Mayer, Franziska/Schröder, Winfried (Hrsg.) (2011), *Geheimliteratur und Geheimbuchhandel in Europa im 18. Jahrhundert*, Wiesbaden.

Hausmann, Frank-Rutger (2011), *Die Geisteswissenschaften im »Dritten Reich«*, Frankfurt a. M.

Head, Randolph C. (2019), *Making archives in early modern europe: proof, information, and political record-keeping, 1400–1700*, Cambridge.

Heilbron, John L. (Hrsg.) (2003), *The Oxford companion to the history of modern science*, Oxford.

Headrick, Daniel R. (1981), *The Tools of Empire. Technology and European Imperialism in the 19th Century*, Oxford.

Heé, Nadine (2017), »Postkoloniale Ansätze«, in: Sommer/Müller-Wille/Reinhardt, *Handbuch Wissenschaftsgeschichte*, S. 80–92.

Heesen, Anke te (2006), *Der Zeitungsausschnitt. Ein Papierobjekt der Moderne*, Frankfurt a. M.

Heesen, Anke te u. a. (Hrsg.) (2007), *Auf – zu. Der Schrank in den Wissenschaften*, Berlin.

Heesen, Anke te/Spary, Emma C. (Hrsg.) (2001), *Sammeln als Wissen. Das Sammeln und seine wissenschaftsgeschichtliche Bedeutung*, Göttingen.

Heinecke, Berthold/Rößler, Hole/Schock, Flemming (Hrsg.) (2013), *Residenz der Musen. Das barocke Schloss als Wissensraum*, Berlin.

Hering Tores, Max (2006), *Rassismus in der Vormoderne. Die »Reinheit des Blutes« im Spanien der Frühen Neuzeit*, Frankfurt a. M.

Hemelrijk, Emily A. (1999), *Matrona docta. Educated Women in the Roman Elite from Cornelia to Julia Domna*, London/New York.

Hess, Volker/Mendelsohn, J. Andrew (2013), »Paper Technology und Wissensgeschichte«, in: *NTM. Zeitschrift für Geschichte der Wissenschaften, Technik und Medizin* 21, S. 1–10.

Hessen, Boris (1971/1974), »Die sozialen und ökonomischen Wurzeln von Newtons ›Principia‹«, in: Peter Weingart (Hrsg.), *Wissenschaftssoziologie II. Determinanten wissenschaftlicher Entwicklung*, Frankfurt a. M., S. 262–325.

Hilaire-Pérez, Liliane/González-Bernaldo, Pilar (Hrsg.) (2015), *Les savoirs-mondes: mobilités et circulation des savoirs depuis le Moyen Âge*, Rennes.

Hildbrand, Thomas (1996), *Herrschaft, Schrift und Gedächtnis: das Kloster Allerheiligen und sein Umgang mit Wissen in Wirtschaft, Recht und Archiv (11.–16. Jahrhundert)*, Zürich.

Hirsch, Luise (2010), *Vom Schtetl in den Hörsaal. Jüdische Frauen und Kulturtransfer*, Berlin.

Hirschauer, Stefan (2005), »Publizierte Fachurteile. Lektüre und Bewertungspraxis im Peer Review«, in: *Soziale Systeme* 11/1, S. 52–82.

Hirschi, Caspar (2011), »Piraten der Gelehrtenrepublik. Die Norm des sachlichen Streitens und ihre polemische Funktion«, in: Kai Bremer/Carlos Spoerhase (Hrsg.), *Gelehrte Polemik. Intellektuelle Konfliktverschärfungen um 1700* (Themenheft der *Zeitsprünge* 15, Heft 2/3), Frankfurt a. M., S. 176–213.

Hirschi, Caspar (2020), »Wissensgeschichte: das geisteswissenschaftliche Beiboot des Neoliberalismus«, in: *Nach Feierabend. Zürcher Jahrbuch für Wissensgeschichte* 15, S. 25–33.

Hochadel, Oliver (2003), *Öffentliche Wissenschaft. Elektrizität in der deutschen Aufklärung*, Göttingen.

Höfert, Almut (2003), *Den Feind beschreiben. »Türkengefahr« und europäisches Wissen über das Osmanische Reich 1450–1600*, Frankfurt a. M.

Höffner, Eckhard (2010), *Geschichte und Wesen des Urheberrechts*, 2 Bde., München.

Hoffmann, Dieter/Kolboske, Birgit/Renn, Jürgen (Hrsg.) (2017), *»Dem Anwenden muss das Erkennen vorausgehen«. Auf dem Weg zu einer Geschichte der Kaiser-Wilhelm-/Max-Planck-Gesellschaft*, Berlin.

Hoffmann-Ocon, Andreas/De Vincenti, Andrea/Grube, Norbert (Hrsg.) (2020), *Praxeologie in der Historischen Bildungsforschung: Möglichkeiten und Grenzen eines Forschungsansatzes*, Bielefeld.

Hohkamp, Michaela/Jancke, Gabriele (Hrsg.) (2004), *Nonne, Königin und Kurtisane. Wissen, Bildung und Gelehrsamkeit von Frauen in der Frühen Neuzeit*, Königstein (Taunus).

Hohrath, Daniel (Hrsg.) (1990), *Die Bildung des Offiziers in der Aufklärung. Ferdinand Friedrich von Nicolai (1730–1814) und seine Enzyklopädischen Sammlungen. Eine Ausstellung der Württembergischen Landesbibliothek*, Stuttgart.

Hohrath, Daniel (2004), »Die Beherrschung des Krieges in der Ordnung des Wissens. Zur Konstruktion und Systematik der militairischen Wissenschaften im Zeichen der Aufklärung«, in: Theo Stammen/Wolfgang E. J. Weber (Hrsg.), *Wissenssicherung, Wissensordnung und Wissensverarbeitung. Das europäische Modell der Enzyklopädien*, Berlin, S. 371–386.

Holenstein, André/Steinke, Hubert/Stuber, Martin (Hrsg.) (2013), *Scholars in action. The practice of knowledge and the figure of the savant in the 18th century*, 2 Bde., Leiden.

Hollstein, Betina/Schütze, Yvonne (2004), »Selbstdarstellungen in der Wissenschaft am Beispiel von Danksagungen in der Soziologie«, in: Sonja Häder/Heinz-Elmar Tenorth (Hrsg.), *Der Bildungsgang des Subjekts. Bildungstheoretische Analysen*, Weinheim, S. 153–182.

Holzem, Andreas (2013), »Die Wissensgesellschaft der Vormoderne. Die Transfer- und Transformationsdynamik des religiösen Wissens«, in: Klaus Ridder/Steffen Patzold (Hrsg.), *Die Aktualität der Vormoderne. Epochenentwürfe zwischen Alterität und Kontinuität*, Berlin, S. 233–265.

Horn, Eva/Gisi, Lucas Marco (Hrsg.) (2009), *Schwärme – Kollektive ohne Zentrum. Eine Wissensgeschichte zwischen Leben und Information*, Bielefeld.

Hotson, Howard/Wallnig, Thomas (Hrsg.) (2019), *Reassembling the republic of letters in the digital age: standards, systems, scholarship*, Göttingen.

Hüntelmann, Axel C. (2008), *Hygiene im Namen des Staates. Das Reichsgesundheitsamt 1876–1933*, Göttingen.

Huhle, Teresa (2017), *Bevölkerung, Fertilität und Familienplanung in Kolumbien. Eine transnationale Wissensgeschichte im Kalten Krieg*, Bielefeld.

Hunter, Lynette/Hutton, Sarah (Hrsg.) (1997), *Women, science and medicine, 1500–1700: mothers and sisters of the Royal Society*, Thrupp u.a.

Hunter, Michael (1989), *Establishing the New Science. The Experience of the Early Royal Society*, Woodbridge.

Impey, Oliver/MacGregor Arthur (Hrsg.) (1985), *The Origins of Museums. The cabinet of curiosities in sixteenth- and seventeenth century Europe*, Oxford.

Inkster, Ian (2006), »Potentially Global: ›Useful and Reliable Knowledge‹ and Material Progress in Europe, 1474–1914«, in: *International History Review* 28/2, S. 237–286.

Ismard, Paulin (2015), *La Démocratie contre ses experts. Les esclaves publics en Grèce ancienne*, Paris.

Jacob, Christian (Hrsg.) (2007–2011), *Lieux de savoir*, Bd. 1: *Espaces et communautés*; Bd. 2: *Les mains de l'intellect*, Paris.

Jacob, Christian (2018), *Des mondes lettrés aux lieux de savoir*, Paris.

Jacob, Margaret C. (2014), *The first knowledge economy: human capital and the European economy, 1750–1850*, New York.

Jank, Marlen (2014), *Der homme machine des 21. Jahrhunderts. Von lebendigen Maschinen im 18. Jahrhundert zur humanoiden Robotik der Gegenwart*, Paderborn.

Jardine, Nicholas/Secord, James A./Spary, Emma C. (Hrsg.) (1996), *Cultures of natural history*, Cambridge.

Jasanoff, Sheila (Hrsg.) (2006), *States of knowledge: the co-production of science and social order*, London.

Jaumann, Herbert (1998), »Gab es eine katholische ›Respublica litteraria‹? Zum problematischen Konzept der Gelehrtenrepublik in der Frühen Neuzeit«, in: Ders. (Hrsg.), *Kaspar Schoppe (1576–1649), Philologe im Dienste der Gegenreformation*, Frankfurt a. M., S. 361–379.

Jeismann, Karl-Ernst (1996), *Das preußische Gymnasium: Bd. 1, Die Entstehung des Gymnasiums als Schule des Staates und der Gebildeten, 1787–1817, Bd. 2, Höhere Bildung zwischen Reform und Reaktion, 1817–1859*, Stuttgart.

Jessen, Ralph/Vogel, Jakob (Hrsg.) (2002), *Wissenschaft und Nation in der europäischen Geschichte*, Frankfurt a. M./New York.

Joas, Christian/Krämer, Fabian/Nickelsen, Kärin (Hrsg.) (2019), History of Science or History of Knowledge? (Themenheft von *Berichte zur Wissenschaftsgeschichte* 42, 2–3), Weinheim.

Johns, Adrian (1998), *The nature of the book. Print and knowledge in the making*, Chicago (Ill.).

Johns, Adrian (2009), *Piracy. The Intellectual Property Wars from Gutenberg to Gates*, Chicago.

Jütte, Daniel (2011), *Das Zeitalter des Geheimnisses: Juden, Christen und die Ökonomie des Geheimen (1400–1800)*, Göttingen.

Jütte, Robert (1991), *Ärzte, Heiler und Patienten. Medizinischer Alltag in der frühen Neuzeit*, München/Zürich.

Jung, Theo (Hrsg.) (2019), *Zwischen Handeln und Nichthandeln: Unterlassungspraktiken in der europäischen Moderne*, Frankfurt a. M./New York.

Kaiser, Ronny u. a. (Hrsg.) (2020), *Wissen und Geltung. Interdisziplinäre Beiträge zur Dynamik kulturellen Wissens in Mittelalter und Neuzeit*, Göttingen.

Kaldewey, David (2013), *Wahrheit und Nützlichkeit: Selbstbeschreibungen der Wissenschaft zwischen Autonomie und gesellschaftlicher Relevanz*, Bielefeld.

Kaldewey, David/Schauz, Désirée (Hrsg.) (2018), *Basic and applied research: the language of science policy in the twentieth century*, New York/Oxford.

Karpenko, Lara/Claggett, Shalyn (Hrsg.) (2017), *Strange science: investigating the limits of knowledge in the Victorian Age*, Ann Arbor.

Kassung, Christian (2007), *Das Pendel. Eine Wissensgeschichte*, Paderborn/München.

Kaufmann, Thomas (2019), *Die Mitte der Reformation. Eine Studie zu Buchdruck und Publizistik im deutschen Sprachgebiet, zu ihren Akteuren und deren Strategien, Inszenierungs- und Ausdrucksformen*, Tübingen.

Keller Evelyn Fox (1983/1995), *Barbara McClintock. Die Entdeckerin der springenden Gene*, Basel u. a.

Keller, Vera (2015), *Knowledge and the public interest, 1575–1725*, Cambridge.

Kelley, Donald R. (Hrsg.) (1997), *History and the Disciplines. The Reclassification of Knowledge in Early Modern Europe*, Rochester.

Kenny, Neil (1998), *Curiosity in early modern Europe: word histories*, Wiesbaden.

Kenny, Neil (2004), *The uses of curiosity in early modern France and Germany*, Oxford.

Kern, Andrea (2006), *Quellen des Wissens. Zum Begriff vernünftiger Erkenntnisfähigkeiten*, Frankfurt a. M.

King, Helen (2013), *The one-sex body on trial. The classical and early modern evidence*, Farnham.

Kintzinger, Martin (1999), »Eruditus in arte. Handwerk und Bildung im Mittelalter, in: Knut Schulz (Hrsg.), *Handwerk in Europa. Vom Spätmittelalter bis zur Frühen Neuzeit*, München, S. 155–187.

Kintzinger, Martin (2003), *Wissen wird Macht: Bildung im Mittelalter*, Ostfildern.

Kintzinger, Martin (2006), »Monastische Kultur und die Kunst des Wissens im Mittelalter«, in: Kruppa/Wilke (Hrsg.), *Kloster und Bildung im Mittelalter*, S. 15–47.

Kitcher, Philip (2011), *Science in a democratic society*, Amherst (NY).

Kittler, Friedrich (1985), *Aufschreibesysteme 1800/1900*, München.

Kivistö, Sari (2014), *The vices of learning: morality and knowledge at early modern universities*, Leiden.

Klein, Ursula (2016), *Nützliches Wissen. Die Erfindung der Technikwissenschaften*, Göttingen.

Klein, Ursula/Lefèvre, Wolfgang (Hrsg.) (2007), *Materials in Eighteenth-Century Science. A Historical Ontology*, London.

Kleinau, Elke/Opitz, Claudia (Hrsg.) (1996), *Geschichte der Mädchen- und Frauenbildung*, Bd. 1: *Vom Mittelalter bis zur Aufklärung*; Bd. 2: *Vom Vormärz bis zur Gegenwart*, Frankfurt a. M./New York.

Klemun, Marianne (2017), »Gärten und Sammlungen«, in: Sommer/Müller-Wille/Reinhardt (Hrsg.), *Handbuch Wissenschaftsgeschichte*, S. 235–244.

Knight, Leah/White, Micheline/Sauer, Elizabeth (Hrsg.) (2018), *Women's bookscapes in early modern Britain: reading, ownership, circulation*, Ann Arbor.

Knoblauch, Hubert (2010), *Wissenssoziologie*, Konstanz.

Knorr-Cetina, Karin (1981 [2002]), *Die Fabrikation von Erkenntnis. Zur Anthropologie der Naturwissenschaft*, Frankfurt a. M.

Knorr-Cetina, Karin (1999 [2002]), *Wissenskulturen. Ein Vergleich naturwissenschaftlicher Wissensformen*, Frankfurt a. M.

Köchy, Kristian (2017), »Feld«, in: Sommer/Müller-Wille/Reinhardt (Hrsg.), *Handbuch Wissenschaftsgeschichte*, S. 255–265.

König, Jason/Whitmarsh, Tim (Hrsg.) (2007), *Ordering knowledge in the Roman Empire*, Cambridge.

Kohl, Stefanie (2020), *Wissenschaftsmuseen, Das Berliner Medizinhistorische Museum der Charité und die Londoner Wellcome Collection als Orte des Wissens*, Bielefeld.

Kohlrausch, Jonathan (2015), *Beobachtbare Sprachen: Gehörlose in der französischen Spätaufklärung. Eine Wissensgeschichte*, Bielefeld.

Košenina, Alexander (2003), *Der gelehrte Narr. Gelehrtensatire seit der Aufklärung*, Göttingen.

Koyré, Alexandre (1957 [1969]), *Von der geschlossenen Welt zum unendlichen Universum*, Frankfurt a. M.

Krämer, Fabian (2014), *Ein Zentaur in London. Lektüre und Beobachtung in der frühneuzeitlichen Naturforschung*, Affalterbach.

Krajewski, Markus (2002), *Zettelwirtschaft. Die Geburt der Kartei aus dem Geiste der Bibliothek*, Berlin.

Krajewski, Markus (Hrsg.) (2006), *Projektemacher. Zur Produktion von Wissen in der Vorform des Scheiterns*, Berlin.

Krajewski, Markus (2016), »Genauigkeit. Zur Ausbildung einer epistemischen Tugend im ›langen 19. Jahrhundert‹«, in: *Berichte zur Wissenschaftsgeschichte* 39 (2016), S. 211–229.

Kramper, Peter (2019), *The Battle of the Standards. Messen, Zählen und Wiegen in Westeuropa 1660–1914*, Berlin/Boston.

Kretschmann, Carsten (Hrsg.) (2003), *Wissenspopularisierung. Konzepte der Wissensverbreitung im Wandel*, Berlin.

Kretschmer, Winfried (1999), *Geschichte der Weltausstellungen*, Frankfurt a. M./New York.

Kreuder-Sonnen, Katharina (2018), *Wie man Mikroben auf die Reise schickt. Zirkulierendes bakteriologisches Wissen und die polnische Medizin 1885–1939*, Tübingen.

Kronick, David A. (1976), *A History of Scientific & Technical Periodicals. The Origins and Development of the Scientific and Technical Press, 1665–1790*, Metuchen (NJ).

Krüger, Klaus/Daston, Lorraine (Hrsg.) (2002), *Curiositas: Welterfahrung und ästhetische Neugierde in Mittelalter und früher Neuzeit*, Göttingen.

Kruppa, Nathalie/Wilke, Jürgen (Hrsg.) (2006), *Kloster und Bildung im Mittelalter*, Göttingen.

Kruse, Britta-Juliane (1996), *Verborgene Heilkünste. Geschichte der Frauenmedizin im Spätmittelalter*, Berlin.

Kühn, Sebastian (2011), *Wissen, Arbeit, Freundschaft. Ökonomien und soziale Beziehungen an den Akademien in London, Paris und Berlin um 1700*, Göttingen.

Kühne-Wespi, Carina/Oschema, Klaus/Quack, Joachim Friedrich (Hrsg.) (2019), *Zerstörung von Geschriebenem: historische und transkulturelle Perspektiven*, Berlin.

Kuhn, Thomas S. (1967), *Die Struktur wissenschaftlicher Revolutionen*, Frankfurt a. M.

Kuhn, Thomas S. (2000), *The road since structure. Philosophical essays, 1970–1993, with an autobiographical interview*, Chicago.

Kupfer, Marica/Cohen, Adam S./Chajes, Jeffrey Howard (Hrsg.) (2020), *The Visualization of Knowledge in Medieval and Early Modern Europe*, Turnhout.

Kury, Patrick (2012), *Der überforderte Mensch. Eine Wissensgeschichte vom Stress zum Burnout*, Frankfurt a. M./New York.

Kusukawa, Sachiko/McLean, Ian (Hrsg.) (2006), *Transmitting knowledge. Words, images, and instruments in early modern Europe*, Oxford.

Kusukawa, Sachiko (2012), *Picturing the book of nature: image, text, and argument in sixteenth-century human anatomy and medical botany*, Chicago (Ill.)/London.

Kwaschik, Anne (2018), *Der Griff nach dem Weltwissen. Zur Genealogie von Area Studies im 19. und 20. Jahrhundert*, Göttingen.

Laak, Dirk van (2004), »Kolonien als ›Laboratorien der Moderne‹?«, in: Sebastian Conrad/Jürgen Osterhammel (Hrsg.), *Das Kaiserreich transnational. Deutschland in der Welt 1871–1914*, Göttingen, S. 257–279.

Labouvie, Eva (2007), »Alltagswissen, Körperwissen, Praxiswissen, Fachwissen – zur Aneignung, Bewertungs- und Orientierungslogik von Wissenskulturen«, in: *Berichte zur Wissenschaftsgeschichte* 30/2, S. 119–134.

Lässig, Simone (2016), »The History of Knowledge and the Expansion of the Historical Research Agenda«, in: *Bulletin of the GHI Washington* 59, S. 29–58.

Landwehr, Achim (2002), »Das Sichtbare sichtbar machen. Annäherungen an ›Wissen‹ als Kategorie historischer Forschung«, in: Ders. (Hrsg.), *Geschichte(n) der Wirklichkeit. Beiträge zur Sozial- und Kulturgeschichte des Wissens*, Augsburg, S. 61–89.

Landwehr, Achim (Hrsg.) (2002), *Geschichte(n) der Wirklichkeit. Beiträge zur Sozial- und Kulturgeschichte des Wissens* (Documenta Augustana, Bd. 11), Augsburg.

Landwehr, Achim (2007), »Wissensgeschichte«, in: Rainer Schützeichel (Hrsg.), *Handbuch Wissenssoziologie und Wissensforschung*, Konstanz, S. 801–813.

Laqueur, Thomas Walter (1990 [1992]), *Auf den Leib geschrieben. Die Inszenierung der Geschlechter von der Antike bis Freud*, Frankfurt a. M.

Latour, Bruno/Woolgar, Steve (1979), *Laboratory life: the construction of scientific facts*, Beverly Hills.

Latour, Bruno (1987), *Science in Action. How to follow scientists and engineers through society*, Milton Keynes.

Latour, Bruno (1991 [1998]), *Wir sind nie modern gewesen. Versuch einer symmetrischen Anthropologie*, Frankfurt a. M.

Latour, Bruno (1999 [2002]), *Die Hoffnung der Pandora*, Frankfurt a. M.

Latour, Bruno (2017), *Kampf um Gaia: Acht Vorträge über das neue Klimaregime*, Berlin.

Law, John (1987 [2006]), »Technik und heterogenes Engineering: Der Fall der portugiesischen Expansion«, in: Andréa Belliger/David J. Krieger (Hrsg.), *ANThology. Ein einführendes Handbuch zur Akteur-Netzwerk-Theorie*, Bielefeld, S. 213–236.

Law, John (1992 [2006]), »Notizen zur Akteur-Netzwerk-Theorie: Ordnung, Strategie und Heterogenität«, in: Andréa Belliger/David J. Krieger (Hrsg.),

ANThology. Ein einführendes Handbuch zur Akteur-Netzwerk-Theorie, Bielefeld, S. 429–446.

Lawrence, Christopher/Shapin, Steven (Hrsg.) (1998), *Science incarnate. Historical embodiments of natural knowledge*, Chicago, Ill.

Lefèvre, Wolfgang/Renn, Jürgen/Schoepflin, Urs (Hrsg.) (2003), *The power of images in early modern science*, Basel.

Le Gars, Stéphane/Aubin, David (2009), »The Elusive Placelessness of the Mont Blanc Observatory (1893–1909): The Social Underpinnings of High-Altitude Observation«, in: *Science in Context* 22, S. 509–531.

Le Goff, Jacques (1957 [1987]), *Die Intellektuellen im Mittelalter*, Stuttgart.

Leemans, Inger/Goldgar, Anne Goldgar (Hrsg.) (2020), *Early modern knowledge societies as affective economies*, London.

Lehmbrock, Verena (2020), *Der denkende Landwirt. Agrarwissen und Aufklärung in Deutschland 1750-1820*, Köln/Weimar/Wien.

Leng, Rainer (2002), *Ars belli. Deutsche taktische und kriegstechnische Bilderhandschriften und Traktate im 15. und 16. Jahrhundert*, 2 Bde., Wiesbaden.

Leong, Elaine Yuen Tien/Rankin, Alisha Michelle (Hrsg.) (2011), *Secrets and knowledge in medicine and science, 1500–1800*, Farnham.

Leong, Elaine (2018), *Recipes and everyday knowledge: medicine, science, and the household in early modern England*, Chicago/London.

Lepenies, Wolf (1978), *Das Ende der Naturgeschichte. Wandel kultureller Selbstverständlichkeiten in den Wissenschaften des 18. und 19. Jahrhunderts*, Frankfurt a. M.

Lepper, Marcel/Raulff, Ulrich (Hrsg.) (2016), *Handbuch Archiv. Geschichte, Aufgaben, Perspektiven*, Stuttgart.

Leuker-Pelties, Maria-Theresia/Arens, Esther Helena/Kießling, Charlotte (Hrsg.) (2020), *Rumphius' Naturkunde. Zirkulation in kolonialen Wissensräumen*, Wiesbaden.

Liebert, Wolf-Andreas (Hrsg.) (2006), *Kontroversen als Schlüssel zur Wissenschaft? Wissenskulturen in sprachlicher Interaktion*, Bielefeld.

Lightman, Bernard V./McOuat, Gordon/Stewart, Larry (Hrsg.) (2013), *The circulation of knowledge between Britain, India, and China: the early-modern world to the twentieth century*, Leiden.

Lightman, Bernard (Hrsg.) (2016), *A Companion to the History of Science*, London.

Linz, Erika (2002), »›The warehouse theory of memory is wrong‹. Zur Performativität semantischer Wissensstrukturen«, in: Heike Behrend/Hedwig Pompe/Leander Scholz (Hrsg.) (2002), *Archivprozesse. Die Kommunikation der Aufbewahrung*, Köln, S. 282–296.

Lipphardt, Veronika (2008), »Das ›schwarze Schaf‹ der Biowissenschaftler. Ausgrenzungen und Rehabilitierungen der Rassenforschung im 20. Jahrhundert«, in: Dirk Rupnow u. a. (Hrsg.), *Pseudowissenschaft. Konzeptionen von Nichtwissenschaftlichkeit in der Wissenschaftsgeschichte*, Frankfurt a. M., S. 223–250.

Lipphardt, Veronika/Patel, Kiran Klaus (2008), »Neuverzauberung im Gestus der Wissenschaftlichkeit. Wissenspraktiken im 20. Jahrhundert am Beispiel menschlicher Diversität«, in: *Geschichte und Gesellschaft* 34/4, S. 425–454.

Livingstone, David N. (2003), *Putting science in its place: geographies of scientific knowledge*, Chicago.

Lloyd, Geoffrey Ernest Richard (1996), *Adversaries and authorities. Investigations into ancient Greek and Chinese science*, Cambridge.

Lloyd, Geoffrey Ernest Richard (2002), *The ambitions of curiosity. Understanding the world in ancient Greece and China*, Cambridge.

Lloyd, Geoffrey Ernest Richard/Sivin, Nathan (2002), *The way and the word: science and medicine in early China and Greece*, New Haven (Conn.).

Loch, Thorsten (2021), *Deutsche Generale 1945 bis 1990. Profession – Karriere – Herkunft*, Berlin.

Löffler, Katrin (Hrsg.) (2020), *Wissen in Bewegung. Gelehrte Journale, Debatten und der Buchhandel der Aufklärung*, Stuttgart.

Loenhoff, Jens (Hrsg.) (2012), *Implizites Wissen. Epistemologische und handlungstheoretische Perspektiven*, Weilerswist.

Lohmann, Ingrid (2010), »Schule. 2. Judentum«, in: *Enzyklopädie der Neuzeit* Bd. 11, Stuttgart, Sp. 929–933.

Long, Kathleen P. (Hrsg.) (2010), *Gender and scientific discourse in early modern culture*, Farnham/Surrey.

Lorenz, Maren (2018), *Menschenzucht. Frühe Ideen und Strategien 1500–1870*, Göttingen.

Lucca, Dennis de (2012), *Jesuits and fortifications. The contribution of the Jesuits to military architecture in the Baroque age*, Boston.

Lüthy, Christoph/Smets, Alexis (2009), »Words, Lines, Diagrams, Images: Towards a History of Scientific Imagery«, in: *Early Science and Medicine* 14, S. 398–439.

Luhmann, Niklas (1990), *Die Wissenschaft der Gesellschaft*, Frankfurt a. M.

Lundgreen, Peter (1980-1981), *Sozialgeschichte der deutschen Schule im Überblick*, 2 Bde. Göttingen.

Lutter, Christina (2005), *Geschlecht & Wissen, Norm & Praxis, Lesen & Schreiben. Monastische Reformgemeinschaften im 12. Jahrhundert*, Wien.

Lykknes, Annette/Opitz, Donald L./Tiggelen, Brigitte van (Hrsg.) (2012), *For better or for worse? Collaborative couples in the sciences*, Basel/Heidelberg.

Maaser, Michael/Walther, Gerrit (Hrsg.) (2011), *Bildung: Ziele und Formen, Traditionen und Systeme, Medien und Akteure*, Stuttgart/Weimar.

Macherey, Pierre (2007), »Histoire des savoirs et épistémologie«, in: *Revue d'histoire des sciences* 60/1, S. 217–236.

MacLeod, Roy M. (2001), *Nature and Empire: Science and the Colonial Enterprise*, Chicago.

Maeder, Christoph/Brosziewski, Achim (2007), »Kognitive Anthropologie«, in: Schützeichel (Hrsg.), *Handbuch Wissenssoziologie*, S. 268–275.

Mahler, Andreas/Mulsow, Martin (Hrsg.) (2014), *Texte zur Theorie der Ideengeschichte*, Stuttgart.

Mahr, Dominik (2014), *Citizen Science. Partizipative Wissenschaft im späten 19. und frühen 20. Jahrhundert*, Baden-Baden.

Manguel, Alberto (2012), *Eine Geschichte des Lesens*, Frankfurt a. M.

Mannheim, Karl (1964), *Wissenssoziologie. Auswahl aus dem Werk eingeleitet und herausgegeben von Kurt H. Wolff*, Berlin (West)/Neuwied.

Manning, Patrick/Owen, Abigail (Hrsg.) (2018), *Knowledge in Translation. Global Patterns of Scientific Exchange, 1000–1800 CE*, Pittsburgh.

Marchand, Suzanne L. (2009), *German orientalism in the age of empire: religion, race, and scholarship*, Washington (DC).

Marchand, Suzanne L. (2019), »How Much Knowledge is Worth Knowing? An American Intellectual Historian's Thoughts on the *Geschichte des Wissens*«, in: *Berichte zur Wissenschaftsgeschichte* 42/2–3, S. 126–149.

Marcon, Federico (2017), *The knowledge of nature and the nature of knowledge in early modern Japan*, Chicago.

Margócsy, Dániel/Somos, Mark/Joffe, Stephen N. (Hrsg.) (2018), *The »Fabrica« of Andreas Vesalius. A worldwide descriptive census, ownership, and annotations of the 1543 and 1555 editions*, Leiden/Boston.

Mariss, Anne (2015), *»A world of new things«. Praktiken der Naturgeschichte bei Johann Reinhold Forster*, Frankfurt a. M./New York.

Marr, Alexander (2016), »Knowing Images«, in: *Renaissance Quarterly* 69/3, S. 1000–1013.

Marroquín Arredondo, Jaime (2014), *Diálogos con Quetzalcóatl: humanismo, etnografía y ciencia (1492–1577)*, Madrid/Frankfurt a. M.

Martschukat, Jürgen/Stieglitz, Olaf (2018), *Geschichte der Männlichkeiten*, Frankfurt a. M./New York.

Marx, Barbara (Hrsg.) (2006), *Sammeln als Institution. Von der fürstlichen Wunderkammer zum Mäzenatentum des Staates*, München u. a.

Masseau, Didier (1994), *L'invention de l'intellectuel dans l'Europe du XVIIIe siècle*, Paris.

Mauelshagen, Franz (2003), »Netzwerke des Vertrauens. Gelehrtenkorrespondenzen und wissenschaftlicher Austausch in der Frühen Neuzeit«, in: Ute Frevert (Hrsg.), *Vertrauen. Historische Annäherungen*, Göttingen, S. 119–151.

Maurer, Trude (Hrsg.) (2010), *Der Weg an die Universität. Höhere Frauenstudien vom Mittelalter bis zum 20. Jahrhundert*, Göttingen.

Mayer, Alexander (2019), *Universitäten im Wettbewerb. Deutschland von den 1980er Jahren bis zur Exzellenzinitiative.* Stuttgart.

Mazzotti, Massimo (2004), »Newton for Ladies: Gentility, Gender and Radical Culture«, in: *The British Journal for the History of Science* 37/2, S. 119–146.

McCarthy, Elizabeth Doyle (1996), *Knowledge as culture: the new sociology of knowledge*, London/New York.

McClellan III, James (1985), *Science Reorganized: Scientific Societies in the Eighteenth Century*, New York.

McClelland, Charles E. (1991), *The German experience of professionalization: modern learned professions and their organizations from the early nineteenth century to the Hitler era*, Cambridge.

McCorduck, Pamela (1987), *Denkmaschinen. Die Geschichte der künstlichen Intelligenz*, Haar bei München.

McCracken, Donal P. (1997), *Gardens of Empire: botanical institutions of the Victorian British Empire,* London.

McDermott, Joseph Peter (2006), *A Social History of the Chinese Book: Books and Literati Culture in Late Imperial China*, Hongkong.

McDermott, Joseph Peter/Burke, Peter (Hrsg.) (2015), *The book worlds of East Asia and Europe, 1450–1850: connections and comparisons*, Hongkong.

McLuhan, Marshall (1968), *Die Gutenberg-Galaxis. Das Ende des Buchzeitalters*, Düsseldorf.

McNeely, Ian F./Wolverton, Lisa (2008), *Reinventing knowledge. From Alexandria to the Internet*, New York.

Meißner, Burkhard (1999), *Die technologische Fachliteratur der Antike. Struktur, Überlieferung und Wirkung technischen Wissens in der Antike (ca. 400 v. Chr.–ca. 500 n. Chr.)*, Berlin.

Mendelsohn, J. Andrew/Kinzelbach, Annemarie (2017), »Common Knowledge: Bodies, Evidence and Expertise in Early Modern Germany«, in: *Isis* 108/2, S. 259–279.

Merton, Robert K. (1938), *Science, technology and society in seventeenth century England,* New York.

Merton, Robert K. (1942/1985), »Die normative Struktur der Wissenschaft«, in: Ders., *Entwicklung und Wandel von Forschungsinteressen. Aufsätze zur Wissenschaftssoziologie*, Frankfurt a. M., S. 86–99.

Messerli, Alfred/Chartier, Roger (Hrsg.) (2000), *Lesen und Schreiben in Europa 1500–1900: vergleichende Perspektiven*, Basel.

Metzler, Gabriele (2000), *Internationale Wissenschaft und nationale Kultur. Deutsche Physiker in der internationalen Community 1900–1960*, Göttingen.

Meyer, Ulrich (1998), *Soziales Handeln im Zeichen des ›Hauses‹. Zur Ökonomik in der Spätantike und im frühen Mittelalter*, Göttingen.

Meyer-Zwiffelhoffer, Eckhard (2009), »Die Bibliothek von Alexandria – ein antiker und neuzeitlicher Gedächtnisort«, in: Jens-Frederik Eckholdt/Marcus Sigismund/Susanne Sigismund (Hrsg.), *Geschehen und Gedächtnis. Die hellenistische Welt und ihre Wirkung. Festschrift für Wolfgang Orth zum 65. Geburtstag*, Berlin, S. 299–340.

Mielsch, Harald (1987), *Die römische Villa. Architektur und Lebensform*, München.

Mignolo, Walter D. (2012), *Epistemischer Ungehorsam. Rhetorik der Moderne, Logik der Kolonialität und Grammatik der Dekolonialität*, Wien.

Mierke, Gesine/Fasbender, Christoph (Hrsg.) (2013), *Wissenspaläste: Räume des Wissens in der Vormoderne*, Würzburg.

Mittag, Achim (2012), »Wissenssysteme, außereuropäische. 4. China«, in: *Enzyklopädie der Neuzeit*, Bd. 15, Stuttgart/Weimar, Sp. 156f.

Mittelstraß, Jürgen (2001), »Krise des Wissens? Über Erosionen des Wissens- und Forschungsbegriffs, Wissen als Ware, Information statt Wissen und drohende Forschungs- und Wissenschaftsverbote«, in: Ders., *Wissen und Grenzen. Philosophische Studien*, Frankfurt a. M., S. 33–56.

Mittelstraß, Jürgen/Rüdiger, Ulrich (Hrsg.) (2016), *Die Zukunft der Wissensspeicher. Forschen, Sammeln und Vermitteln im 21. Jahrhundert*, Konstanz.

Mody, Cyrus M. (2016), »The Professional Scientist«, Bernard Lightman (Hrsg.), *A Companion to the History of Science*, London, S. 164–177.

Mokyr, Joel (1999), »The Second Industrial Revolution, 1870–1914«, in: Valerio Castronovo (Hrsg.), *Storia dell'economia Mondiale*, Rom, S. 219–245.

Mokyr, Joel (2002), *The gifts of Athena. Historical origins of the knowledge economy*, Princeton (NJ) u. a.

Mol, Annemarie (2002), *The Body Multiple. Ontology in Medical Practice*, Durham/London.

Mol, Annemarie (2017), »Krankheit tun«, in: Bauer/Heinemann/Lemke (Hrsg.), *Science and Technology Studies*, S. 429–467.

Mommertz, Monika (2002), »Schattenökonomie der Wissenschaft. Geschlechterordnung und Arbeitssysteme in der Astronomie der Berliner Akademie der Wissenschaften im 18. Jahrhundert«, in: Theresa Wobbe (Hrsg.), *Frauen in Akademie und Wissenschaft. Arbeitsorte und Forschungspraktiken 1700–2000*, Berlin, S. 31–63.

Momigliano, Arnaldo (1950 [1999]), »Alte Geschichte und antiquarische Forschung«, in: Ders., *Ausgewählte Schriften zur Geschichte und Geschichtsschreibung*, Bd. 2: *Spätantike bis Spätaufklärung*, hrsg. von Anthony Grafton, Stuttgart/Weimar, S. 1–37.

Moran, Bruce T. (2005), *Distilling knowledge: alchemy, chemistry, and the scientific revolution*, Cambridge (Mass.).

Moran, Bruce T. (2006), »Courts and Academies«, in: Daston/Park (Hrsg.), *Early Modern Science*, S. 251–271.

Morat, Daniel (2019), »Katalysator wider Willen. Das Humboldt Forum in Berlin und die deutsche Kolonialvergangenheit«, in: *Zeithistorische Forschungen* 16, S. 140–153.

Moulier-Boutang, Yann (2012), *Cognitive capitalism*, Oxford.

Müller, Bertrand (2009), »Les Lieux de savoir: un entretien avec Christian Jacob«, in: *Genèses* 76, S. 116–136.

Müller, Miriam (2020), *Der sammelnde Professor. Wissensdinge an Universitäten des Alten Reichs im 18. Jahrhundert*, Stuttgart.

Müller, Philipp (2019), *Geschichte machen. Historisches Forschen und die Politik der Archive*, Göttingen.

Müller, Susanne (2012), *Die Welt des Baedeker. Eine Medienkulturgeschichte des Reiseführers 1830–1945*, Frankfurt a. M.

Müller-Bahlke, Thomas (1998), *Die Wunderkammer. Die Kunst- und Naturalienkammer der Franckeschen Stiftungen zu Halle (Saale)*, Halle (Saale).

Müller-Wille, Staffan (2001), »Carl von Linnés Herbarschrank. Zur epistemischen Funktion eines Sammlungsmöbels«, in: te Heesen/Spary (Hrsg.), *Sammeln als Wissen*, S. 22–38.

Müller-Wille, Staffan (2008), »Naturgeschichte«, in: *Enzyklopädie der Neuzeit*, Bd. 8, Stuttgart/Weimar, Sp. 1175–1196.

Müller-Wille, Staffan (2017), »Der Westen und die Wissenschaftliche Revolution«, in: Sommer/Müller-Wille/Reinhardt (Hrsg.), *Handbuch Wissenschaftsgeschichte*, S. 142–153.

Münch, Richard (2011), *Akademischer Kapitalismus. Zur politischen Ökonomie der Hochschulreform*, Berlin.

Mulsow, Martin (2007), »Der ausgescherte Opponent. Akademische Unfälle und Radikalisierung«, in: Ders., *Die unanständige Gelehrtenrepublik. Wissen, Libertinage und Kommunikation in der Frühen Neuzeit*, Stuttgart/Weimar, S. 191–215.

Mulsow, Martin (2012), *Prekäres Wissen: Eine andere Ideengeschichte der Frühen Neuzeit*, Berlin.

Mulsow, Martin (Hrsg.) (2014), *Kriminelle – Freidenker – Alchemisten: Räume des Untergrunds in der Frühen Neuzeit*, Köln.

Mulsow, Martin (2019), »History of Knowledge«, in: Marek Tamm/Peter Burke (Hrsg.), *Debating new approaches to History*, London/New York, S. 159–173.

Mulsow, Martin/Rexroth, Frank (Hrsg.) (2014), *Was als wissenschaftlich gelten darf. Praktiken der Grenzziehung in Gelehrtenmilieus der Vormoderne*, Frankfurt a. M./New York.

Muri, Allison (2007), *The enlightenment cyborg. A history of communications and control in the human machine, 1660–1830*, Toronto.

Musolff, Hans-Ulrich/Jacobi, Juliane/Le Cam, Jean-Luc (Hrsg.) (2008), *Säkularisierung vor der Aufklärung? Bildung, Kirche und Religion. 1500–1750*, Köln/Weimar/Wien.

Nagel, Jens (2017), »Prüfungspraktiken an Gymnasien und Lateinschulen in der Frühen Neuzeit Musterung, Selektion, Übergangsrituale«, in: *Zeitschrift für Pädagogik* 63/3, S. 259–279.

Nasim, Omar W. (2017), »Observatorium«, in: Sommer/Müller-Wille/Reinhardt (Hrsg.), *Handbuch Wissenschaftsgeschichte*, S. 180–192.

Neddermeyer, Uwe (1998), *Von der Handschrift zum gedruckten Buch. Schriftlichkeit und Leseinteresse im Mittelalter und in der frühen Neuzeit; quantitative und qualitative Aspekte*, Wiesbaden.

Neri, Janice (2011), *The insect and the image: visualizing nature in early modern Europe, 1500–1700*, Minneapolis.

Neumann, Birgit (2006), »Kulturelles Wissen und Literatur«, in: Marion Gymnich u. a. (Hrsg.), *Kulturelles Wissen und Intertextualität. Theoriekonzeptionen und Fallstudien zur Kontextualisierung von Literatur*, Trier, S. 29–51.

Nichols, Tom (2017), *The death of expertise: the campaign against established knowledge and why it matters*, New York.

Nievergelt, Andreas u. a. (Hrsg.) (2015), *Scriptorium: Wesen – Funktion – Eigenheiten*, München.

Nikolow, Sybilla/Schirrmacher, Arne (Hrsg.) (2007), *Wissenschaft und Öffentlichkeit als Ressourcen füreinander. Studien zur Wissenschaftsgeschichte im 20. Jahrhundert*, Frankfurt a. M.

Nolte, Karen (2017), »Hospital und Klinik«, in: Sommer/Müller-Wille/Reinhardt (Hrsg.), *Handbuch Wissenschaftsgeschichte*, S. 201–210.

Nummedal, Tara (2007), *Alchemy and authority in the Holy Roman Empire*, Chicago.

Nutz, Thomas (2009), *»Varietäten des Menschengeschlechts«. Die Wissenschaften vom Menschen in der Zeit der Aufklärung*, Köln/Weimar/Wien.

Oberkrome, Willi (1993), *Volksgeschichte. Methodische Innovation und völkische Ideologisierung in der deutschen Geschichtswissenschaft 1918–1945*, Göttingen.

O'Brien, Patrick (2013), »Historical foundations for a global perspective on the emergence of a western European regime for the discovery, development, and diffusion of useful and reliable knowledge«, in: *Journal of Global History* 8/1, S. 1–24.

Oelkers, Jürgen (1997), »Wissen«, in: Christoph Wulf (Hrsg.), *Vom Menschen Handbuch Historische Anthropologie*, Weinheim/Basel, S. 1095–1105.

Önnerfors, Andreas (2013), »Secret Savants, Savant Secrets. The Concept of Science in the Imagination of European Freemasonry«, in: Holenstein/Steinke/Stuber (Hrsg.), *Scholars in action*, Leiden, Bd. 1, S. 433–457.

Östling, Johan u.a. (Hrsg.) (2018), *Circulation of knowledge. Explorations in the history of knowledge*, Lund.

Östling, Johan u.a. (Hrsg.) (2020), *Forms of knowledge. Developing the history of knowledge*, Lund.

Östling, Johan (2020), »Circulation, Arenas and the Quest for Public Knowledge: Historiographical currents and Analytical Frameworks«, in: *History and Theory*, 58, S. 111–126.

Oexle, Otto Gerhard (1981), »Die ›Wirklichkeit‹ und das ›Wissen‹. Ein Blick auf das sozialgeschichtliche Oeuvre von Georges Duby«, in: *Historische Zeitschrift* 232, S. 61–91.

Oexle, Otto Gerhard (1987), »Deutungsschemata der sozialen Wirklichkeit im frühen und hohen Mittelalter. Ein Beitrag zur Geschichte des Wissens«, in: Frantisek Graus (Hrsg.), *Mentalitäten im Mittelalter. Methodische und inhaltliche Probleme*, Sigmaringen, S. 65–117.

Omodeo, Pietro Daniel (2019), *Political epistemology: the problem of ideology in science studies*, Cham.

Opitz-Belakhal, Claudia (2018), *Geschlechtergeschichte*, Frankfurt a.M./New York.

Ordine, Nuccio (2014), *Von der Nützlichkeit des Unnützen. Ein Manifest. Warum Philosophie und Literatur lebenswichtig sind; mit einem Essay von Abraham Flexner*, München.

Oreskes, Naomi (1996), »Objectivity or Heroism? On the Invisibility of Women in Science«, in: *Osiris* 11, S. 87–116.

Orland, Barbara (2017), »Gender Studies«, Sommer/Müller-Wille/Reinhardt (Hrsg.), *Handbuch Wissenschaftsgeschichte*, S. 68–80.

Osborne, Michael A. (1994), *Nature, the Exotic, and the Science of French Colonialism*, Bloomington/Indianapolis.

Osterhammel, Jürgen (1998), *Die Entzauberung Asiens. Europa und die asiatischen Reiche im 18. Jahrhundert*, München.

Osterhammel, Jürgen (1999), »Von Kolumbus bis Cook: Aspekte einer Literatur- und Erfahrungsgeschichte des überseeischen Reisens«, in: Michael Maurer (Hrsg.), *Neue Impulse der Reiseforschung*, Berlin, S. 97–134.

Ottersbach, Simon (2018), »Kulturgeschichte des Wissens: Eine Einführung in die Wissensgeschichte«, in: Benjamin Brendel/Corinne Geering/Sebastian Zylinski (Hrsg.), *Perspektiven der Kulturgeschichte. Gegenstände, Konzepte, Quellen*, Trier, S. 57- 76.

Pahl, Henning (2006), *Die Kirche im Dorf. Religiöse Wissenskulturen im gesellschaftlichen Wandel des 19. Jahrhunderts*, Berlin.

Pandora, Katherine (2016), »Amateurs«, in: Bernard Lightman (Hrsg.), *A Companion to the History of Science*, London, S. 139–152.

Paravicini, Werner/Wettlaufer, Jörg (Hrsg.) (2002), *Erziehung und Bildung bei Hofe*, Stuttgart.

Paul, Harry W. (1985), *From knowledge to power: the rise of the science empire in France, 1860–1939*, Cambridge.

Paul, Ina Ulrike (Hrsg.) (2020), *Weltwissen. Das Eigene und das Andere in enzyklopädischen Lexika des langen 18. Jahrhunderts*, Wiesbaden.

Peck, Clemens/Sedlmeier, Florian (Hrsg.) (2015), *Kriminalliteratur und Wissensgeschichte: Genres, Medien, Techniken*, Bielefeld.

Pethes, Nicolas (2003), »Literatur und Wissenschaftsgeschichte. Ein Forschungsbericht«, in: *Internationales Archiv für Sozialgeschichte der deutschen Literatur* 28/1, S. 181–231.

Pestre, Dominique (1995), »Pour une nouvelle histoire sociale et culturelle des sciences. Nouvelles définitions, nouveaux objets, nouvelles pratiques«, in: *Annales HSS* 50, S. 487–522.

Pestre, Dominique u. a. (Hrsg.) (2015), *Histoire des sciences et des saviors*, 3 Bde., Paris.

Pickering, Andrew (Hrsg.) (1992), *Science as practice and culture*, Chicago.

Pickering, Andrew (1995), *The mangle of practice: time, agency, and science*, Chicago (Ill.).

Plachta, Bodo (2006), *Zensur*, Stuttgart.

Polanyi, Michel (1985), *Implizites Wissen*, Frankfurt a. M.

Pomeranz, Kenneth (2000), *The great divergence: China, Europe, and the making of the modern world economy*, Princeton/Oxford.

Pomian, Krzysztof (1998), *Der Ursprung des Museums. Vom Sammeln*, Berlin.

Pomian, Krzysztof (2020-2021), *Le musée, une histoire mondiale*, Bd. 1: *Du trésor au musée*, Bd. 2: *L'ancrage européen, 1789–1850*, Paris.

Poovey, Mary (1998), *A history of the modern fact. Problems of knowledge in the sciences of wealth and society*, Chicago.

Popplow, Marcus (2014), »Vom Nutzen der Wissensgeschichte für die Technikgeschichte der Frühen Neuzeit«, in: *Ferrum* 86, S. 6–14.

Popplow, Marcus (2015), »Formalization and Interaction: Toward a Comprehensive History of Technology-Related Knowledge in Early Modern Europe«, in: *Isis* 106/4, S. 848–856.

Porter, Roy (Hrsg.) (2003), *The Cambridge History of Science*, Bd. 4: *Eighteenth-Century Science*, Cambridge.

Posner, Ernst (1972), *Archives in the ancient world*, Cambridge (Mass.).

Pratt, Mary Louise (1992), *Imperial eyes. Travel writing and transculturation*, London.

Prest, John M. (1981), *The Garten Eden. The Botanic Garden and the Re-Creation of Paradise*, New Haven.

Price, Derek J. de Solla (1974), *Little science, big science: von der Studierstube zur Großforschung*, Frankfurt a. M.

Proctor, Robert N./Schiebinger, Londa (Hrsg.) (2008), *Agnotology: The Making and Unmaking of Ignorance*, Stanford.

Proctor, Robert N. (2011), *Golden Holocaust. Origins of the cigarette catastrophe and the case for abolition*, Berkeley.

Proctor, Robert N. (2019), »Agnotologie. Ein fehlender Ausdruck zur Beschreibung der kulturellen Produktion von Unwissen (und dessen Erforschung)«, in: Andreas Gelhard/Ruben Hackler/Sandro Zanetti (Hrsg.), *Epistemische Tugenden: zur Geschichte und Gegenwart eines Konzepts*, Tübingen, S. 271–293.

Qureshi, Sadiah (2011), *Peoples on Parade: Exhibitions, Empire, and Anthropology in Nineteenth-Century Britain*, Chicago.

Rabin, Sheila A. J. (2014), »Early Modern Jesuit Science. A Historiographical Essay«, in *Journal of Jesuit Studies* 1/1, S. 88–104.

Raj, Kapil (2007), *Relocating modern science. Circulation and the construction of knowledge in South Asia and Europe, 1650–1900*, Houndmills.

Raj, Kapil (2016), »Go-Betweens, Travelers, and Cultural Translators«, in: Bernard Lightman (Hrsg.), *A Companion to the History of Science*, London, S. 39–57.

Raphael, Lutz (1996), »Die Verwissenschaftlichung des Sozialen als methodische und konzeptionelle Herausforderung für eine Sozialgeschichte des 20. Jahrhunderts«, in: *Geschichte und Gesellschaft* 22, S. 165–193.

Rasche, Ulrich (2009), »Seit wann und warum gibt es Vorlesungsverzeichnisse an den deutschen Universitäten?«; in: *Zeitschrift für Historische Forschung* 36 (2009), S. 445–478.

Rau, Susanne (2017), *Räume. Konzepte, Wahrnehmungen, Nutzungen*, Frankfurt a. M./New York.

Rautenberg, Ursula/Schneider, Ute (Hrsg.) (2015), *Lesen. Ein interdisziplinäres Handbuch*, Berlin/Boston.

Reckwitz, Andreas (2008), »Grundelemente einer Theorie sozialer Praktiken«, in: Ders., *Unscharfe Grenzen. Perspektiven der Kultursoziologie*, Bielefeld, S. 97–130.

Reichmuth, Stefan (2010), »Schule. 4. Islam«, in: *Enzyklopädie der Neuzeit* Bd. 11, Stuttgart, Sp. 938–946.

Reimann, Sarah (2017), *Die Entstehung des wissenschaftlichen Rassismus im 18. Jahrhundert*, Stuttgart.

Reinhardt, Carsten (2010), »Historische Wissenschaftsforschung heute. Überlegungen zu einer Geschichte der Wissensgesellschaft«, in: *Berichte zur Wissenschaftsgeschichte* 33, S. 81–99.

Reith, Reinhold (2017), »Werkstatt und Manufaktur«, in: Sommer/Müller-Wille/Reinhardt (Hrsg.), *Handbuch Wissenschaftsgeschichte*, S. 225–234.

Remmert, Volker R. (2005), *Widmung, Welterklärung und Wissenschaftslegitimierung: Titelbilder und ihre Funktionen in der Wissenschaftlichen Revolution*, Wiesbaden.

Renn, Jürgen (Hrsg.) (2012), *The Globalization of Knowledge in History*, Berlin.

Renn, Jürgen (2015), »From the history of science to the history of knowledge – and back«, in: *Centaurus* 57, S. 37–53.

Renn, Jürgen (2020), *The evolution of knowledge. Rethinking science for the Anthropocene*, Princeton/Oxford.

Renn, Jürgen/Osthues, Wilhelm/Schlimme, Hermann (Hrsg.) (2014), *Wissensgeschichte der Architektur*, 3 Bde., Berlin.

Rexroth, Frank/Roick, Matthias/Reich, Björn (Hrsg.) (2012), *Wissen, maßgeschneidert. Experten und Expertenkulturen im Europa der Vormoderne*, München.

Rexroth, Frank (2018), *Fröhliche Scholastik. Die Wissenschaftsrevolution des Mittelalters*, München.

Rheinberger, Hans-Jörg (2001), *Experimentalsysteme und epistemische Dinge: eine Geschichte der Proteinsynthese im Reagenzglas*, Göttingen.

Rheinberger, Hans-Jörg (2003), »Wissensgeschichte und Wissenschaftsgeschichte. Ein Statement«, in: *Geschichte der Germanistik* 23/24, S. 12f.

Rheinberger, Hans-Jörg (2005), »Epistemologica: Präparate«, in: Anke te Heesen/Petra Lutz (Hrsg.), *Dingwelten. Das Museum als Erkenntnisort*, Köln/Weimar/Wien, S. 65–76.

Rheinberger, Hans-Jörg (2006), *Epistemologie des Konkreten. Studien zur Geschichte der modernen Biologie*, Frankfurt a. M.

Rheinberger, Hans-Jörg (2007), *Historische Epistemologie zur Einführung*, Hamburg.

Rheinberger, Hans-Jörg (2012), »Epistemische Dinge«, in: Stefanie Samida u. a. (Hrsg.), *Handbuch Materielle Kultur*, Stuttgart/Weimar, S. 193–197.

Rheinberger, Hans-Jörg (2021), *Spalt und Fuge. Eine Phänomenologie des Experiments*, Berlin.

Rheinberger, Hans-Jörg/Hagner, Michael/Wahrig-Schmidt, Bettina (Hrsg.) (1997), *Räume des Wissens: Repräsentation, Codierung, Spur*, Berlin.

Richards, Robert J./Daston, Lorraine (Hrsg.) (2016), *Kuhn's ›Structure of Scientific Revolutions‹ at Fifty: Reflections on a Science Classic*, Chicago.

Richarz, Monika (1974), *Der Eintritt der Juden in die akademischen Berufe. Jüdische Studenten und Akademiker in Deutschland 1678–1848*, Tübingen.

Richter, Katrin (2020), *Die Medien der Börse. Eine Wissensgeschichte der Berliner Börse 1860–1933*, Berlin.

Ricken, Norbert/Reh, Sabine (2017), »Prüfungen – systematische Perspektiven der Geschichte einer pädagogischen Praxis. Einführung in den Thementeil«, in: *Zeitschrift für Pädagogik* 63/3, S. 247–258.

Rid, Thomas (2016), *Maschinendämmerung. Eine kurze Geschichte der Kybernetik*, Berlin.

Ringer, Fritz K. (1969 [1987]), *Die Gelehrten. Der Niedergang der deutschen Mandarine 1890–1933*, München.

Ringer, Fritz K. (2000), *Toward a social history of knowledge. Collected Essays*, New York [u.a.].

Ritter, Gerhard A. (1992), *Großforschung und Staat in Deutschland. Ein historischer Überblick*, München.

Roberts, Lissa L./Schaffer, Simon/Dear, Peter (Hrsg.) (2007), *The mindful hand. Inquiry and invention from the late Renaissance to early industrialisation*, Amsterdam.

Robinson, Andrew (2006), *Thomas Young, the anonymous polymath who proved Newton wrong, explained how we see, cured the sick, and deciphered the Rosetta Stone, among other feats of genius*, Oxford.

Röckelein, Hedwig (2013), »Wissenschaftliche Preisfragen und Nachwuchsförderung«, in: Christian Starck/Kurt Schönhammer (Hrsg.), *Die Geschichte der Akademie der Wissenschaften zu Göttingen*, Teil 1, Berlin u.a., S. 77–110.

Rößler, Hole (2012), *Die Kunst des Augenscheins. Praktiken der Evidenz im 17. Jahrhundert*, Wien.

Rogge, Jörg (Hrsg.) (2008), *Tradieren – Vermitteln – Anwenden. Zum Umgang mit Wissensbeständen in spätmittelalterlichen und frühneuzeitlichen Städten*, Berlin.

Rohdewald, Stefan u.a. (2019), »Wissenszirkulation«, in: Stefan Rohdewald/Stephan Conermann/Albrecht Fuess (Hrsg.), *Transottomanica – Osteuropäisch-osmanisch-persische Mobilitätsdynamiken. Perspektiven und Forschungsstand*, Göttingen, S. 83–103.

Rohmann, Dirk (2016), *Christianity, book-burning and censorship in late Antiquity: studies in text transmission*, Berlin/Boston.

Romano, Antonella (2008), *Rome et la science moderne, entre Renaissance et Lumières*, Rom.

Romano, Antonella u.a. (Hrsg.) (2014), *Negotiating Knowledge in Early Modern Empires: A Decentered View (1500–1800)*, Basingstoke.

Roque, Ricardo/Wagner, Kim A. (Hrsg.) (2012), *Engaging colonial knowledge: reading European archives in world history*, Basingstoke.

Rosenberg, Daniel (2003), »Early Modern Information Overload«, in: *Journal of the History of Ideas* 64/1, S. 1–9.

Rossi, Paolo (1997), *Die Geburt der modernen Wissenschaft in Europa*, München.

Roßbach, Nikola (2018), *Achtung Zensur! Über Meinungsfreiheit und ihre Grenzen*, Berlin.

Rudwick, Martin (1976), »The Emergence of a Visual Language for Geological Science 1760–1840«, in: *History of Science* 14, S. 149–195.

Rüegg, Walter (Hrsg.) (1993–2010), *Geschichte der Universität in Europa*, 4 Bde., München.

Rueschemeyer, Dietrich/Skocpol, Theda (Hrsg.) (1996), *States, social knowledge, and the origins of modern social policies*, Princeton (NJ).

Rupke, Nicolaas/Lauer, Gerhard (Hrsg.) (2019), *Johann Friedrich Blumenbach. Race and natural history, 1750–1850*, London/New York.

Rupnow, Dirk/Lipphardt, Veronika/Thiel, Jens/Wessely, Christina (Hrsg.) (2008), *Pseudowissenschaft. Konzeptionen von Nichtwissenschaftlichkeit in der Wissenschaftsgeschichte*, Frankfurt a. M.

Russo, Lucio (2005), *Die vergessene Revolution oder die Wiedergeburt des antiken Wissens*, Berlin/Heidelberg/New York.

Sachse, Carola/Walker, Mark (2005), *Politics and Science in Wartime: Comparative International Perspectives on the Kaiser Wilhelm Institute*, Chicago.

Said, Edward (1978 [1981]), *Orientalismus*, Frankfurt a. M.

Saladin, Irina (2020), *Karten und Mission. Die jesuitische Konstruktion des Amazonasraums im 17. und 18. Jahrhundert*, Tübingen.

Salinero, Gregorio/Melón Jiménez, Miguel Ángel (Hrsg.) (2018), *Le temps des listes: représenter, savoir et croire à l'époque modern*, Brüssel u. a.

Samida, Stefanie (Hrsg.) (2011), *Inszenierte Wissenschaft. Zur Popularisierung von Wissen im 19. Jahrhundert*, Bielefeld.

Sandkühler, Hans-Jörg (Hrsg.) (2014), *Wissen. Wissenskulturen und die Kontextualität des Wissens*, Frankfurt a. M.

Sarasin, Philipp (2011), »Was ist Wissensgeschichte?«, in: *Internationales Archiv für Sozialgeschichte der deutschen Literatur* 36/1, S. 159–173.

Savoy, Bénédicte (Hrsg.) (2015), *Tempel der Kunst. Die Geburt des öffentlichen Museums in Deutschland 1701–1815*, Köln/Weimar/Wien.

Savoy, Bénédicte (2018), *Die Provenienz der Kultur. Von der Trauer des Verlusts zum universalen Menschheitserbe*, Berlin.

Sawilla, Jan Marco (2009), *Antiquarianismus, Hagiographie und Historie im 17. Jahrhundert. Zum Werk der Bollandisten. Ein wissenschaftshistorischer Versuch*, Tübingen.

Sawilla, Jan Marco (2012), »Vom Ding zum Denkmal. Überlegungen zur Entfaltung des frühneuzeitlichen Antiquarianismus«, in: Thomas Wallnig u. a. (Hrsg.), *Europäische Geschichtskulturen um 1700 zwischen Gelehrsamkeit, Politik und Konfession*, München, S. 403–444.

Schaffer, Simon u. a. (Hrsg.) (2009), *The Brokered World. Go-Betweens and Global Intelligence, 1770–1820*, Sagamore Beach.

Schanz, Georg (1877), »Zur Geschichte der Gesellenwanderung im Mittelalter«, in: *Jahrbücher für Nationalökonomie und Statistik* 28, S. 313–343.

Schatzki, Theodore/Knorr-Cetina, Karin/Savigny, Eike von (Hrsg.) (2001), *The Practice Turn in Contemporary Theory*, London.

Schatzki, Theodore R. (2016), »Praxistheorie als flache Ontologie«, in: Hilmar Schäfer (Hrsg.), *Praxistheorie. Ein soziologisches Forschungsprogramm*, Bielefeld, S. 29–44.

Schauz, Désirée (2020), *Nützlichkeit und Erkenntnisfortschritt: eine Geschichte des modernen Wissenschaftsverständnisses*, Göttingen.

Scheler, Max (1926 [1960]), *Versuch zu einer Soziologie des Wissens*, Bern/München.

Schiebinger, Londa (1993), *Schöne Geister. Frauen in den Anfängen der modernen Wissenschaft*, Stuttgart.

Schiebinger, Londa (1995), *Am Busen der Natur. Erkenntnis und Geschlecht in den Anfängen der Wissenschaft*, Stuttgart.

Schiebinger, Londa (2000), *Frauen forschen anders. Wie weiblich ist die Wissenschaft?*, München.

Schiebinger, Londa (2004), *Plants and empire. Colonial bioprospecting in the Atlantic world*, Cambridge (Mass.).

Schiebinger, Londa (Hrsg.) (2014), *Women and gender in science and technology: critical concepts in historical studies*, 4 Bde., Abingdon.

Schiebinger, Londa/Ruppel, Sophie/Opitz, Claudia (2018), »Über Geschlecht, Wissen und Wissenschaftskarrieren – ein Gespräch mit Londa Schiebinger«, in: *L'Homme* 29/1, S. 119–126.

Schierbaum, Martin (Hrsg.) (2009), *Enzyklopädistik 1550–1650: Typen und Transformationen von Wissensspeichern und Medialisierungen des Wissens*, Berlin.

Schildt, Axel (2020), *Medien-Intellektuelle in der Bundesrepublik*, Göttingen.

Schilling, Heinz/Ehrenpreis, Stefan (Hrsg.) (2003), *Erziehung und Schulwesen zwischen Konfessionalisierung und Säkularisierung: Forschungsperspektiven, europäische Fallbeispiele und Hilfsmittel*, Münster u. a.

Schlich, Thomas (1998), »Wissenschaft: Die Herstellung wissenschaftlicher Fakten als Thema der Geschichtsforschung«, in: Norbert Paul/Thomas Schlich (Hrsg), *Medizingeschichte: Aufgaben, Probleme, Perspektiven*, Frankfurt a.M., S. 107–129.

Schlumbohm, Jürgen (2012), *Lebendige Phantome. Ein Entbindungshospital und seine Patientinnen 1751–1830*, Göttingen.

Schmale, Wolfgang/Dodde, Nan L. (Hrsg.) (1991), *Revolution des Wissens? Europa und seine Schulen im Zeitalter der Aufklärung (1750–1825). Ein Handbuch zur europäischen Schulgeschichte*, Bochum.

Schneider, Helmuth (1992), *Das griechische Technikverständnis. Von den Epen Homers bis zu den Anfängen der technologischen Fachliteratur*, Darmstadt.

Schneider, Ulrich Johannes/ Zedelmaier, Helmut (2004), »Wissensapparate. Die Enzyklopädistik der Frühen Neuzeit«, in: van Dülmen/Rauschenbach (Hrsg.), *Macht des Wissens*, S. 349–363.

Schneider, Ulrich Johannes (Hrsg.) (2005), *Kultur der Kommunikation. Die europäische Gelehrtenrepublik im Zeitalter von Leibniz und Lessing*, Wiesbaden.

Schneider, Ulrich Johannes (Hrsg.) (2008), *Kulturen des Wissens im 18. Jahrhundert*, Berlin.

Schneider, Ulrich Johannes (2010), »Die Geburt des Lesesaals«, in: Robert Felfe/Kirsten Wagner (Hrsg.), *Museum, Bibliothek, Stadtraum. Räumliche Wissensordnungen 1600–1900*, Berlin, S. 153–171.

Schneider, Ulrich Johannes (2013), *Die Erfindung des allgemeinen Wissens. Enzyklopädisches Schreiben im Zeitalter der Aufklärung*, Berlin.

Schock, Flemming (2011), *Die Text-Kunstkammer. Populäre Wissenssammlungen des Barock am Beispiel der »Relationes Curiosae« von E. W. Happel*, Köln.

Schorn-Schütte, Luise (1996), *Evangelische Geistlichkeit in der Frühneuzeit: deren Anteil an der Entfaltung frühmoderner Staatlichkeit und Gesellschaft; dargestellt am Beispiel des Fürstentums Braunschweig-Wolfenbüttel, der Landgrafschaft Hessen-Kassel und der Stadt Braunschweig*, Gütersloh.

Schorn-Schütte, Luise (Hrsg.) (2010), *Intellektuelle in der Frühen Neuzeit*, Berlin.

Schramm, Helmar/Schwarte, Ludger/Lazardzig, Jan (Hrsg.) (2003), *Kunstkammer, Laboratorium, Bühne. Schauplätze des Wissens im 17. Jahrhundert*, Berlin.

Schramm, Helmar/Schwarte, Ludger/Lazardzig, Jan (Hrsg.) (2006), *Spektakuläre Experimente. Praktiken der Evidenzproduktion im 17. Jahrhundert*, Berlin.

Schützeichel, Rainer (Hrsg.) (2007), *Handbuch Wissenssoziologie und Wissensforschung*, Konstanz.

Schulz, Raimund (2016), *Abenteurer der Ferne. Die großen Entdeckungsfahrten und das Weltwissen der Antike*, Stuttgart.

Schurz, Gerhard/Carrier, Martin (Hrsg.) (2013), *Werte in den Wissenschaften. Neue Ansätze zum Werturteilsstreit*, Berlin.

Schwartz, David N. (2017), *The last man who knew everything: the life and times of Enrico Fermi, father of the nuclear age*, New York.

Schwerhoff, Gerd (Hrsg.) (2011), *Stadt und Öffentlichkeit in der Frühen Neuzeit*, Köln u. a.

Schwinges, Rainer Christoph (1986), *Deutsche Universitätsbesucher im 14. und 15. Jahrhundert. Studien zur Sozialgeschichte des Alten Reiches*, Stuttgart.

Schwinges, Rainer Christoph (2001), »Zur Professionalisierung gelehrter Tätigkeit im deutschen Spätmittelalter«, in: Hartmut Boockmann u. a. (Hrsg.), *Recht und Verfassung im Übergang vom Mittelalter zur Neuzeit*, Teil II, Göttingen, S. 473–493.

Schwinges, Rainer Christoph (Hrsg.) (2007), *Examen, Titel, Promotionen. Akademisches und staatliches Qualifikationswesen vom 13. bis zum 21. Jahrhundert*, Basel.

Schwinges, Rainer Christoph (Hrsg.) (2012), *Professorinnen und Professoren gewinnen. Zur Geschichte des Berufungswesen an den Universitäten Mitteleuropas*, Basel.

Scott, James C. (1998), *Seeing like a state: how certain schemes to improve the human condition have failed*, New Haven (Conn.).

Sdvižkov, Denis Anatol'evič (2006), *Das Zeitalter der Intelligenz. Zur vergleichenden Geschichte der Gebildeten in Europa bis zum Ersten Weltkrieg*, Göttingen.

Serrano Velarde, Kathia (2018), »The way we ask for money ... Grant writing practices in academia 1975–2005«, in: *Minerva* 56/1, S. 85–107.

Serres, Michel (Hrsg.) (1994), *Element einer Geschichte der Wissenschaften*, Frankfurt a. M.

Shapin, Steven (1988), »The House of Experiment in Seventeenth-Century England«, in: *Isis* 79/3, S. 373–404.

Shapin, Steven (1989), »The Invisible Technician«, in: *American Scientist* 77/6, S. 554–563.

Shapin, Steven (1992), »Discipline and Bounding: The History and Sociology of Science as Seen through the Externalism-Internalism Debate«, in: *History of Science* 30, S. 333–369.

Shapin, Steven (1994), *A social history of truth: civility and science in seventeenth-century England*, Chicago.

Shapin, Steven (1998), *Die wissenschaftliche Revolution*, Frankfurt a. M.

Shapin, Steven (2008), *The Scientific Life. A Moral History of a Late Modern Vocation*, Chicago.

Shapin, Steven (2010), *Never pure: historical studies of science as if it was produced by people with bodies, situated in time, space, culture, and society, and struggling for credibility and authority*, Baltimore.

Shapin, Steven/Schaffer, Simon (1985), *Leviathan and the air pump*, Princeton.

Shapiro, Barbara A. J. (2000), *A culture of fact: England, 1550–1720*, Ithaca (NY) u. a.

Shortland, Michael/Yeo, Richard Yeo (Hrsg.) (1996), *Telling Lives in Science. Essays on Scientific Biography*, Cambridge.

Sieburg, Heinz/Voltmer, Rita/Weimann, Britta (Hrsg.) (2017), *Hexenwissen. Zum Transfer von Magie- und Zauberei-Imaginationen in interdisziplinärer Perspektive*, Trier.

Sieder, Reinhard (2004), *Die Rückkehr des Subjekts in den Kulturwissenschaften*, Wien.

Sieg, Ulrich (2001), »Strukturwandel der Wissenschaft im Nationalsozialismus«, in: *Berichte zur Wissenschaftsgeschichte* 24/4, S. 255–270.

Siegel, Steffen (2009), *Tabula. Figuren der Ordnung um 1600*, Berlin.

Signori, Gabriela (Hrsg.) (2009), *Die lesende Frau*, Wiesbaden.

Sivasundaram, Sujit (2010), »Sciences and the Global. On Methods, Questions and Theory«, in: *Isis* 101, S. 146–158.

Slotten, Hugh Richard/Numbers, Ronald L./Livingstone, David N. (Hrsg.) (2020), *The Cambridge History of Science*, Bd. 8: *Modern science in national, transnational, and global context*, Cambridge.

Smith, Pamela H. (1994), *The Business of alchemy. Science and culture in the holy roman empire*, Princeton.

Smith, Pamela H. (2004), *The Body of the artisan. Art and experience in the scientific revolution*, Chicago (Ill.) u. a.

Smith, Pamela H. (2009), »Science on the move: recent trends in the history of early modern science«, in: *Renaissance Quarterly* 62/2, S. 345–375.

Smith, Pamela H./Findlen, Paula (Hrsg.) (2002), *Merchants and Marvels: Commerce, Science, and Art in Early Modern Europe*, London.

Smith, Pamela H./Meyers, Amy R. W./Cook, Harold J. (Hrsg.) (2014), *Ways of Making and Knowing: The Material Culture of Empirical Knowledge*, Ann Arbor (Mich.).

Smith, Pamela H./Schmidt, Benjamin (Hrsg.) (2007), *Making knowledge in early modern Europe, Practices, objects, and texts, 1400–1800*, Chicago (Ill.).

Snyder, Jane MacIntosh (1989), *The woman and the lyre: women writers in classical Greece and Rome*, Bristol.

Sørensen, Estrid/Schank, Jan (2017), »Einführung«, in: Susanne Bauer/Torsten Heinemann/Thomas Lemke (Hrsg.), *Science and Technology Studies. Klassische Positionen und aktuelle Perspektiven*, Frankfurt a. M., S. 407–428.

Sokal, Alan D./Bricmont, Jean (1999), *Eleganter Unsinn. Wie die Denker der Postmoderne die Wissenschaften mißbrauchen*, München.

Soll, Jacob (2009), *The Information master. Jean-Baptiste Colbert's secret state intelligence system*, Ann Arbor.

Sombart, Werner (1916), *Der moderne Kapitalismus. Historisch systematische Darstellung des gesamteuropäischen Wirtschaftslebens von seinen Anfängen bis zur Gegenwart*, Bd. 1, 2. Aufl., München/Leipzig.

Sommer, Manfred (1999), *Sammeln: ein philosophischer Versuch*, Frankfurt a. M.

Sommer, Marianne/Müller-Wille, Staffan/Reinhardt, Carsten (Hrsg.) (2017), *Handbuch Wissenschaftsgeschichte*, Stuttgart.

Spary, Emma (2010), *Eating the Enlightenment: Food and Sciences in Paris (1670–1760)*, Chicago.

Speich Chassé, Daniel (2013), *Die Erfindung des Bruttosozialprodukts. Globale Ungleichheit in der Wissensgeschichte der Ökonomie*, Göttingen.

Speich Chassé, Daniel/David Gugerli (2012), »Wissensgeschichte. Eine Standortbestimmung«, in: *Traverse. Zeitschrift für Geschichte* 1, S. 80–100.

Spittler, Gerd (1980), »Abstraktes Wissen als Herrschaftsbasis. Zur Entstehung der bürokratischen Herrschaft im Bauernstaat Preußen«, in: *Kölner Zeitschrift für Soziologie und Sozialpsychologie* 32, S. 574–604.

Spivak, Gayatri Chakravorty (2011), *Can the subaltern speak? Postkolonialität und subalterne Artikulation*, Wien.

Spoerhase, Carlos/Bremer, Kai (Hrsg.) (2011), *Gelehrte Polemik. Intellektuelle Konfliktverschärfungen um 1700* (Zeitsprünge 15/2–3), Frankfurt a. M.

Spoerhase, Carlos/Werle, Dirk/Wild, Markus (Hrsg.) (2009), *Unsicheres Wissen. Skeptizismus und Wahrscheinlichkeit 1550–1850*, Berlin.

Stafford, Barbara Maria (1998), *Kunstvolle Wissenschaft. Aufklärung, Unterhaltung und der Niedergang der visuellen Bildung*, Amsterdam/Dresden.

Stagl, Justin (2002), *Eine Geschichte der Neugier. Die Kunst des Reisens 1550–1800*, Wien.

Staley, Richard (2019), »Partisans and the Use of Knowledge versus Science«, in: *Berichte zur Wissenschaftsgeschichte* 42/2–3, S. 2020–2034.

Stammberger, Birgit (2011), *Monster und Freaks. Eine Wissensgeschichte außergewöhnlicher Körper im 19. Jahrhundert*, Bielefeld.

Stammen, Theo/Weber, Wolfgang E. J. (Hrsg.) (2004), *Wissenssicherung, Wissensordnung und Wissensverarbeitung. Das europäische Modell der Enzyklopädien* (Colloquia Augustana, Bd. 18), Berlin.

Star, Susan Leigh/Grisemer James R. (1989), »Institutional Ecology, ›Translation‹ and Boundary Objects: Amateurs and Professionals in Berkeley's Museum of Vertebrate Zoology, 1907–1939«, in: *Social Studies of Science* 19, S. 387–420.

Steele, Brett D./Dorland, Tamera (Hrsg.) (2005), *The heirs of Archimedes: science and the art of war through the Age of Enlightenment*, Cambridge (Mass.).

Stehr, Nico (1994), *Arbeit, Eigentum und Wissen. Zur Theorie von Wissensgesellschaften*, Frankfurt a. M.

Stehr, Nico (2004), »Wissensgesellschaften«, in: Friedrich Jaeger/Jörn Rüsen (Hrsg.), *Handbuch der Kulturwissenschaften*, Bd. 3, Stuttgart/Weimar, S. 34–49.

Stehr, Nico/Adolf, Marian (2018), *Ist Wissen Macht? Wissen als gesellschaftliche Tatsache*, 2. Aufl., Weilerswist.

Stehr, Nico/Grundmann, Rainer (Hrsg.) (2005), *Knowledge. Critical Concepts*, 5 Bde., London.

Steinle, Friedrich (2008), »Beobachtung«, in: *Enzyklopädie der Neuzeit*, Bd. 2, Stuttgart/Weimar, Sp. 1–8.

Steinle, Friedrich (2012), »Wissenschaftliche Instrumente«, in: *Enzyklopädie der Neuzeit*, Bd. 15, Stuttgart/Weimar, Sp. 69–73.

Stichweh, Rudolf (1984), *Zur Entstehung des modernen Systems wissenschaftlicher Disziplinen: Physik in Deutschland, 1740–1890*, Frankfurt a. M.

Stichweh, Rudolf (1991), *Der frühmoderne Staat und die europäische Universität. Zur Interaktion von Politik und Erziehungssystem im Prozeß ihrer Ausdifferenzierung (16.–18. Jahrhundert)*, Frankfurt a.M.

Stichweh, Rudolf (1994), *Wissenschaft, Universität, Professionen. Soziologische Analysen*, Frankfurt a.M.

Stiening, Gideon (2007), »›Am Ungrund‹ oder: was sind und zu welchem Ende studiert man ›Poetologien des Wissens‹?«, in: *KulturPoetik* 7/2, S. 234–248.

Stoler, Ann Laura (2009), *Along the archival grain. Epistemic anxieties and colonial common sense*, Princeton (NJ)/Oxford.

Stolberg, Michael (2013), »Examining the Body (c. 1500–1750)«, in: Sarah Toulalan/Kate Fisher (Hrsg.), *The Routledge History of Sex and the Body, 1500 to the present*, Oxford, S. 91–105.

Stollberg-Rilinger, Barbara (2010) (Hrsg.), *Ideengeschichte*, Stuttgart.

Stolz, Michael (2004): *Artes-liberales-Zyklen: Formationen des Wissens im Mittelalter*, 2 Bde. Tübingen.

Stuber, Martin/Hächler, Stefan/Lienhard, Luc (Hrsg.) (2005), *»Hallers Netz«. Ein europäischer Gelehrtenbriefwechsel zur Zeit der Aufklärung*, Basel.

Sudan, Rajani (2016), *The Alchemy of empire: Abject materials and the technologies of colonialism*, New York.

Svenbro, Jesper (2005), *Phrasikleia. Anthropologie des Lesens im Alten Griechenland*, aus dem Französischen von Peter Geble, München.

Szöllösi-Janze, Margit (Hrsg.) (2001), *Science in the Third Reich*, Oxford.

Szöllösi-Janze, Margit (2004), »Wissensgesellschaft in Deutschland: Überlegungen zur Neubestimmung der deutschen Zeitgeschichte über Verwissenschaftlichungsprozesse«, in: *Geschichte und Gesellschaft* 30, S. 275–311.

Szöllösi-Janze, Margit/Trischler, Helmuth (Hrsg.) (1990), *Großforschung in Deutschland*, Frankfurt a.M.

Tänzler, Dirk/Soeffner, Hans-Georg/Knoblauch, Hubert (Hrsg.) (2006), *Zur Kritik der Wissensgesellschaft*, Konstanz.

Tantner, Anton/Hübel, Thomas/Brandstetter, Thomas (Hrsg.) (2012), *Vor Google. Eine Mediengeschichte der Suchmaschine im analogen Zeitalter*, Bielefeld.

Têng, Ssu-yü (1943), »Chinese Influence on the Western Examination System«, in: *Harvard Journal of Asiatic Studies* 7, S. 267–312.

Terkessidis, Mark (2004), *Die Banalität des Rassismus. Migranten zweiter Generation entwickeln eine neue Perspektive*, Bielefeld.

Tilley, Helen (2011), *Africa as Living Laboratory: Empire, Development, and the Problem of Scientific Knowledge*, Chicago.

Titzmann, Michael (1989), »Kulturelles Wissen – Diskurs – Denksystem. Zu einigen Grundbegriffen der Literaturgeschichtsschreibung«, in: *Zeitschrift für französische Sprache und Literatur* 99, 47–61.

Trepp, Anne-Charlott (2009), *Von der Glückseligkeit alles zu wissen. Die Erforschung der Natur als religiöse Praxis in der Frühen Neuzeit*, Frankfurt a. M.

Tricoire, Damien (2018), *Der koloniale Traum. Imperiales Wissen und die französisch-madagassischen Begegnungen im Zeitalter der Aufklärung*, Köln/Weimar/Wien.

Trischler, Helmuth (1999), »Geschichtswissenschaft – Wissenschaftsgeschichte: Koexistenz oder Konvergenz?«, in: *Berichte zur Wissenschaftsgeschichte* 22, S. 239–256.

Trischler, Helmuth (2016), »The Antropocene: A Challenge for the History of Science, technology, and the Environment«, in: *NTM. Zeitschrift für Geschichte der Wissenschaften, Technik und Medizin* 24/3, S. 309–335.

Trischler, Helmuth/Bruch, Rüdiger vom (1999), *Forschung für den Markt. Geschichte der Fraunhofer-Gesellschaft*, München.

Tooze, Adam J. (2001), *Statistics and the German State, 1900–1945: the Making of Modern Economic Knowledge*, Cambridge.

Uekötter, Frank (2010), *Die Wahrheit ist auf dem Feld. Eine Wissensgeschichte der deutschen Landwirtschaft*, Göttingen.

Ullrich, Wolfgang (Hrsg.) (2009), *Hubert Burda. Mediale Wunderkammern*, München.

Umlauf, Konrad/Gradmann, Stefan (Hrsg.) (2012), *Handbuch Bibliothek. Geschichte, Aufgaben, Perspektiven*, Stuttgart.

Van Damme, Stéphane (2005), *Paris, capitale philosophique: de la Fronde à la Revolution*, Paris.

Van Damme, Stéphane (Hrsg.) (2015), *Histoire des sciences et des savoirs*, Bd. I.: *De la Renaissance aux Lumières*, Paris.

Van Damme, Stéphane (2020), »When Practices, Places and Materiality Matter: A French Trajectory in the History of Knowledge«, in: *Journal for the History of Knowledge* 1/1, S. 1–8 (DOI: https://doi.org/10.5334/jhk.26).

Van Doren, Charles Lincoln (2000), *Geschichte des Wissens*, München.

Vatai, Frank Leslie (1984), *Intellectuals in politics in the Greek world: from early times to the Hellenistic age*, London.

Velten, Hans Rudolf (2002), »Die Autodidakten. Zum Aufkommen eines wissenschaftlichen Diskurses über Intellektuelle gegen Ende des 17. Jahrhunderts«, in: Jutta Held (Hrsg.), *Intellektuelle in der frühen Neuzeit*, München, S. 55–81.

Vennen, Mareike (2018), *Das Aquarium. Praktiken, Techniken und Medien der Wissensproduktion (1840–1910)*, Göttingen.

Verger, Jacques (1997), *Les gens de savoir en Europe de la fin du Moyen Age*, Paris.

Vernant, Jean-Pierre (1973), »Arbeit und Natur in der griechischen Antike«, in: Klaus Eder (Hrsg.), *Seminar: Die Entstehung von Klassengesellschaften*, Frankfurt a. M., S. 246–270.

Viala, Alain (1985), *Naissance de l'écrivain: sociologie de la littérature à l'âge classique*, Paris.

Vila, Anne C. (2018), *Suffering scholars: pathologies of the intellectual in Enlightenment France*, Philadelphia.

Vismann, Cornelia (2000), *Akten. Medientechnik und Recht*, Frankfurt a. M.

Vismann, Cornelia (2011), »Bildungsinstitutionen«, in: Maaser/Walther, *Bildung*, S. 287–293.

Vogel, Jakob (2004), »Von der Wissenschafts- zur Wissensgeschichte. Für eine Historisierung der ›Wissensgesellschaft‹«, in: *Geschichte und Gesellschaft* 30, S. 639–660.

Vogel, Jakob (2008), *Ein schillerndes Kristall. Eine Wissensgeschichte des Salzes zwischen Früher Neuzeit und Moderne*, Köln.

Vogl, Joseph (Hrsg.) (1999), *Poetologien des Wissens um 1800*, München.

Vogl, Joseph (2002), *Kalkül und Leidenschaft. Poetik des ökonomischen Menschen*, München 2002.

Wade Chambers, David/Gillespie, Richard (2000), »Locality in the History of Science: Colonial Science, Technoscience, and Indigenous Knowledge«, in: *Osiris* 15, S. 221–240.

Wadle, Elmar (1996–2003), *Geistiges Eigentum. Bausteine zur Rechtsgeschichte*, 2 Bde., Weinheim.

Wagner, Kirsten (2009), »Architekturen des Wissens. Bibliotheksräume in der Frühen Neuzeit«, in: *Morgen-Glantz. Zeitschrift der Christian Knorr von Rosenroth-Gesellschaft* 19, S. 275–308.

Wagner, Peter (1990), *Sozialwissenschaften und Staat. Frankreich, Italien, Deutschland 1870–1980*, Frankfurt a. M.

Wagner-Hasel, Beate (2017), *Antike Welten. Kultur und Geschichte*, Frankfurt a. M./New York.

Wallnig, Thomas (2019), *Critical Monks. The German Benedictines, 1680–1740s*, Leiden/Boston.

Wallravens, Hartmut (2007), *Buch- und Druckwesen im kaiserlichen China sowie in Zentralasien, Korea und Japan: eine annotierte Bibliographie*, Stuttgart.

Walther, Gerrit (2004), »Fürsten, Höfe und Naturwissenschaften in der Frühen Neuzeit. Versuch einer Systematik«, in: Barbara Mahlmann-Bauer (Hrsg.), *Scientia et artes. Die Vermittlung alten und neuen Wissens in Literatur, Kunst und Musik*, 2 Bde., Bd. 1, Wiesbaden, S. 143–159.

Wang, Rui (2013), *The Chinese Imperial Examination System: An Annotated Bibliography*, Lanham.

Warren, Leonard (1998), *Joseph Leidy: the last man who knew everything*, New Haven.

Waßer, Fabian (2020), *Von der »Universitätsfabrick« zur »Entrepreneurial University«. Konkurrenz unter deutschen Universitäten von der Spätaufklärung bis in die 1980er Jahre*, Stuttgart.

Waquet, Françoise (2003), *Parler comme un livre: l'oralité et le savoir; XVIe–XXe siècle*, Paris.

Waquet, Françoise (2010), *Respublica academia. Rituels universitaires et genres du savoir (XVII–XXIe siècles)*, Paris.

Waquet, Françoise (2015), *L'ordre matériel du savoir: comment les savants travaillent, XVIe–XXIe siècles*, Paris.

Watts, Edward Jay (2008), *City and school in late antique Athens and Alexandria*, Berkeley.

Weber, Max (1922 [1976]), *Wirtschaft und Gesellschaft*, 5. Aufl., Tübingen.

Weber, Wolfgang E. J. (1984), *Priester der Klio. Historisch-sozialwissenschaftliche Studien zu Herkunft und Karriere deutscher Historiker und zur Geschichte der Geschichtswissenschaft 1800–1970*, Frankfurt a. M.

Wedekind, Klemens (2020), *Impfe und herrsche. Veterinärmedizinisches Wissen und Herrschaft im kolonialen Namibia 1887–1929*, Göttingen.

Wehling, Peter/Böschen, Stefan (Hrsg.) (2015), *Nichtwissenskulturen und Nichtwissensdiskurse. Über den Umgang mit Nichtwissen in Wissenschaft und Öffentlichkeit*, Baden-Baden.

Weingart, Peter (1983), »Verwissenschaftlichung der Gesellschaft. Politisierung der Wissenschaft«, in: *Zeitschrift für Soziologie* 12, S. 225–241.

Weingart, Peter (2005), *Die Wissenschaft der Öffentlichkeit. Essays zum Verhältnis von Wissenschaft, Medien und Öffentlichkeit*, Weilerswist.

Wellmon, Chad (2016), *Organizing enlightenment. Information overload and the invention of the modern research university*, Baltimore.

Wels, Volkhard (2015), »Die Alchemie der Frühen Neuzeit als Gegenstand der Wissensgeschichte«, in: Peter-André Alt (Hrsg.), *Magia daemoniaca, magia naturalis, zouber: Schreibweisen von Magie und Alchemie in Mittelalter und Früher Neuzeit*, Wiesbaden, S. 233–266.

Werkstetter, Christine (2001), *Frauen im Augsburger Zunfthandwerk. Arbeit, Arbeitsbeziehungen und Geschlechterverhältnisse im 18. Jahrhundert*, Berlin.

Werle, Dirk (2007), *Copia librorum. Problemgeschichte imaginierter Bibliotheken 1580–1630*, Tübingen.

Weststeijn, Thijs (Hrsg.) (2014), *Art and knowledge in Rome and the early modern republic of letters: 1500–1750*, Turnhout.

White, Paul (2016), »The Man of Science«, in: Bernard Lightman (Hrsg.), *A Companion to the History of Science*, London, S. 153–163.

Wiedemann, Julius (Hrsg.) (2019), *History of information graphics*, Köln.

Wilder, Gary (2012), »From Optic to Topic: The Foreclosure Effect of Historiographic Turns«, in: *The American Historical Review* 117/3, S. 723–745.

Williams, Abigail (2017), *The social life of books: reading together in the eighteenth-century home*, New Haven/London.

Wilson, Catherine (1995), *The invisible world. Early modern philosophy and the invention of the microscope*, Princeton (NJ).

Wilson, Catherine (2012), »Wissen«, in: *Enzyklopädie der Neuzeit*, Bd. 15, Stuttgart/Weimar, Sp. 1–30.

Winterbottom, Anna (2016), *Hybrid knowledge in the early East India Company world*, Basingstoke (Hampshire)/New York.

Wintroub, Michael (2000), Art. »Court Society«, in: Arne Hessenbruch (Hrsg.), *Reader's Guide to The History of Science*, Chicago/London, S. 154–157.

Wise, Norton (Hrsg.) (1995), *The Values of Precision*, Princeton.

Wolf, Hubert (Hrsg.) (2009–2011), *Römische Inquisition und Indexkongregation: Grundlagenforschung: 1701–1813*, 6 Bde., Paderborn.

Woolf, Greg (2013), »Female Mobility in the Roman West«, in: Emily Hemelrijk/Greg Woolf (Hrsg.), *Women and the Roman City in the Latin West*, Leiden, S. 351–368.

Wooton, David (2016), *The invention of science: a new history of the scientific revolution*, London.

Wouters, Paul (2006), »Aux origines de la scientométrie: la naissance du Science Citation Index«, in: *Actes de la recherche en science sociale* 164, S. 11–21.

Yeo, Richard R. (2001), *Encyclopaedic visions: scientific dictionaries and enlightenment culture*, Cambridge.

Zanker, Paul (1995), *Die Maske des Sokrates. Das Bild des Intellektuellen in der antiken Kunst*, München.

Zedelmaier, Helmut (1992), *Biblioteca universalis und biblioteca selecta. Das Problem der Ordnung des gelehrten Wissens in der frühen Neuzeit*, Köln u. a.

Zedelmaier, Helmut (2015), *Werkstätten des Wissens zwischen Renaissance und Aufklärung*, Tübingen.

Zingerle, Arnold (1972), *Weber und China. Herrschafts- und religionssoziologische Grundlagen zum Wandel der chinesischen Gesellschaft*, Berlin (West).

Zittel, Claus (Hrsg.) (2002), *Wissen und soziale Konstruktion*, Berlin.

Zittel, Claus (2014), »Wissenskulturen, Wissensgeschichte und historische Epistemologie«, in: *Rivista Internazionale di Filosofia e Psicologia* 5, S. 29–42.

Zwierlein, Cornel (Hrsg.) (2016), *The Dark Side of Knowledge. Histories of Ignorance, 1400 to 1800*, Leiden.

Sach- und Personenregister